improvisa DE VERDAD

Comprende la música que oyes.
Toca la música que imaginas.

David Reed

Improvisa de Verdad

por David Reed

ISBN: 978-0-9846863-9-1

Ilustraciones y diseño de la portada por Mireia Clua Geli

Editado por Amy Nicholson

Traducido por Diana Schleicher-Perez y David Reed

Visítenos en línea en www.ImproviseForReal.com.

Tabla de contenidos

Lo que espero darte

Escribí este libro para todas las personas que sueñan con expresarse creativamente a través de la música. Quiero que sepas que no tienes ningún "problema" si todavía no has encontrado tu camino en la música. Todos los seres humanos somos capaces de imaginar y crear música hermosa, y no hay nada que te impida disfrutar de la emoción de crear tu propia música casi inmediatamente. Lo único que necesitas es una pequeña ayuda en visualizar los materiales de tu arte para que puedas empezar a disfrutar trabajando con ellos.

No necesitas saber nada de nada sobre la teoría musical para empezar. Todo lo que necesitas es tener la mente abierta y tener cualquier instrumento que produzca notas musicales (guitarra, bajo, piano, trompeta, saxofón, violín, etc.). Comenzarás a improvisar el primer día y usarás la improvisación misma como tu propio vehículo personal para moverte y explorar nuestro sistema musical. Aprenderás a conectar con tu imaginación musical y descubrirás que tienes una fuente inagotable de bellas y creativas ideas. Y aprenderás a utilizar un simple pero poderoso *mapa musical* para ir construyendo gradualmente tu propia comprensión personal de la armonía.

Mi método es completamente abierto. Puedes decidir tú hasta qué nivel quieres profundizar en cada actividad que te voy a mostrar. Incluso si nunca vas más allá de los dos primeros ejercicios, ya con esto serás capaz de improvisar con confianza en cualquier situación musical por el resto de tu vida. Pero si vas más lejos verás las cosas con más claridad. Empezarás a reconocer y a entender los sonidos en la música que te rodea. Sabrás tocar cualquier canción que escuches en cualquier tono. Y podrás componer tus propias piezas tan fácilmente como hacer un dibujo.

Pero nada de eso es realmente importante. Lo que de verdad espero darte es la oportunidad de descubrir y conectarte con una parte de ti mismo que no sabías que existía. También espero mostrarte una visión de la armonía no como un conjunto de reglas sobre "notas correctas" y "notas incorrectas", sino como un paisaje infinito y hermoso que puedes descubrir a tu propio ritmo. Sobre todo espero que disfrutes del viaje. La vida es demasiado corta para perder el tiempo imitando a otros. ¡Sé tú mismo y descubre *tu propia música*!

Por qué tocamos

¿Te acuerdas de la primera vez que una pieza musical realmente te emocionó? Quizás fue en ese momento que supiste que querías ser músico. O quizás sólo sentiste el poder de la música sin pensar en sus consecuencias. Pero en ese momento saboreaste algo que luego pasarías una gran parte de tu vida buscando una y otra vez.

Tu experiencia en ese momento no fue complicada por la teoría musical. La magia no estaba en las escalas, en los acordes o en un uso ingenioso de la síncopa. Sentías la música en tu cuerpo y no necesitabas que nadie te dijera que la música era maravillosa.

Este libro rinde homenaje a esa experiencia. Tocamos porque queremos vivir en ese momento. No tocamos para impresionar a los demás con lo que sabemos. Tocamos con humildad y gratitud, agradecidos por cada momento y por cada bellísimo sonido.

Nuestra relación disfuncional con la música

La mayoría de nosotros llevamos una especie de doble vida con respecto a la música. Por una parte, tenemos nuestra experiencia real y natural de la música en nuestras vidas diarias. Tenemos nuestras canciones favoritas y quizás incluso una banda favorita. Escuchamos música en casa, en nuestros coches, en los auriculares y prácticamente en todos los sitios a los que vamos. Cantamos melodías en voz baja para nosotros mismos y tamborileamos los ritmos con nuestras manos y dedos. Incluso asistimos a conciertos sólo para sentarnos en silencio y concentrar toda nuestra atención en escuchar la música. Y cuando la música es buena nos puede dar escalofríos, hacer que se nos llenen los ojos de lágrimas o que nos riamos en voz alta. De todas estas inocentes e inconscientes maneras demostramos tanto nuestro amor por la música como nuestra comprensión de ella.

Pero luego tenemos algo llamado "clases de música". Este extraño ritual, normalmente dirigido por un gruñón llamado "profesor de música", consiste en mirar unos puntitos negros sobre un papel e intentar extraer una dolorosa secuencia de notas de nuestro instrumento sin violar ninguna de las sagradas leyes de la postura y de la digitación. Nuestros padres nos inscriben en esta tortura porque inocentemente suponen que debe de haber algún tipo de conexión entre recibir clases de música y entender la música.

Pero no parece que haya ninguna conexión en absoluto. Al contrario, parece que no importa cuánta formación musical formal soportemos, nunca llegamos a contemplar y comprender toda esa música que nos rodea y que impregna todos los aspectos de nuestras vidas. Esta pequeña omisión da lugar a una multitud de extrañas contradicciones:

- Niños que aman la música pero que odian las clases de música
- Profesores de "teoría de la música" que no saben crear música
- Brillantes intérpretes de música clásica que se sienten intimidados por una amistosa "jam session"
- "Improvisadores" de jazz que no pueden tocar de oído las sencillas canciones y melodías de la radio
- Concertistas de piano que no pueden tocar "Cumpleaños Feliz" sin partitura

¿Qué está pasando aquí? ¿Cómo es posible "estudiar música" durante diez años o más y todavía no comprender canciones *infantiles*? ¿Por qué la mayoría de los profesores de música no podrían componer una canción para salvar sus vidas cuando hay tantos compositores exitosos que no han recibido educación formal alguna?

Y lo más importante, ¿por qué tantos músicos se sienten avergonzados por su nivel actual de conocimiento y habilidad? En África puedes reconocer a los músicos por sus cálidas sonrisas y su tremenda energía positiva. En Nueva York puedes reconocer a los músicos por sus caras preocupadas y por su necesidad de fumar un cigarrillo tras otro. ¿Qué pasa con nuestro sistema educativo que está convirtiendo a tantos niños hermosos y sensibles en adultos frustrados y auto-abusivos?

Lo que voy a intentar mostrarte en este libro es que nuestra situación no sólo tiene una explicación perfectamente lógica, sino lo que es más importante, que también tiene *solución.* La explicación es bastante sencilla: en realidad no hemos estado estudiando música. La mayoría de nosotros nunca ha tenido la menor idea de cómo estudiar música, así que estudiamos otra cosa llamada "teoría musical".

La solución es igual de sencilla: estudiar música.

Los orígenes de la educación musical

Nuestra manera tradicional de enseñar música tiene algunas cosas maravillosas y deberíamos tener mucho cuidado de preservarlas. Pero también contiene algunos fracasos bastante espectaculares, y creo que es importante reconocerlos antes de seguir avanzando. Pienso que si puedes entender *por qué* enseñamos música de la forma en que lo hacemos, será mucho más fácil para ti encontrar tu propio camino, tanto en la música como en la vida.

Comencemos por reconocer algunas cosas que hacemos muy bien. Hacemos un gran trabajo enseñando a los alumnos a tocar sus instrumentos. Nuestros métodos didácticos han sido refinados y perfeccionados durante muchas generaciones. Y continuamos mejorando nuestros métodos gracias a las nuevas investigaciones sobre el aprendizaje en la primera infancia, la psicología motivacional, la mecánica corporal, las lesiones por movimiento repetitivo y otros temas. Estamos empezando incluso a incorporar tradiciones didácticas e innovaciones de otras partes del mundo (e.g. Suzuki, El Sistema, etc.) con resultados muy interesantes. También tenemos muy buenos métodos para enseñar habilidades generales como la teoría básica, el entrenamiento de oído, leer y escribir partituras, etc.

Pero increíblemente, a pesar de todos nuestros avances parece que hemos pasado totalmente por alto la cuestión de enseñar cómo *crear* música. En todas las demás formas de arte, los alumnos comienzan a practicar su propia expresión creativa desde el primer día. En casi cualquier curso de pintura, dibujo, escultura, poesía o escritura creativa, los alumnos tienen la oportunidad de experimentar el proceso creativo como una parte básica de su aprendizaje.

Es solamente en la música que el proceso creativo permanece envuelto en misterio, el dominio exclusivo de los antiguos "compositores" y el ocasional niño prodigio. Podrías hasta pensar que los profesores de música son un colectivo de ogros que se niegan a permitir que sus alumnos se expresen de forma creativa. Pero al contrario, ¡a la mayoría de los profesores de música les encantaría incorporar estas actividades creativas en sus aulas! Y muchos de ellos ya se están aventurando con valentía dentro de este territorio por su propia cuenta. Pero no es tan obvio el cómo hacerlo. La mayoría de los profesores de música simplemente no tienen ninguna metodología para capacitar a sus alumnos a crear su *propia* música.

¿Pero cómo puede existir una omisión tan evidente? Casi todos los músicos fantasean con crear su propia música algún día. ¿Cómo es posible tener toda una industria dedicada a "enseñar música" y nunca llegar a enseñar a nadie cómo crear música?

Yo creo que la respuesta a esta pregunta se halla en los orígenes europeos de nuestras ideas más básicas sobre lo que significa "enseñar música". Recuerda que durante siglos el objetivo principal de la educación musical clásica era producir músicos de orquesta que fueran capaces de leer una partitura y tocar correctamente las ideas del compositor. Y esta no es una tarea pequeña. Requiere tanto un formidable control sobre el instrumento como un nivel muy alto de agilidad mental. También requiere una gran sensibilidad y capacidad expresiva, ya que sin ellas la música sonaría plana y sin vida.

Esta curiosa raza de músico reúne varios rasgos de personalidad que son muy contradictorios. Debe tener la precisión de un atleta de categoría mundial para ejecutar los movimientos de motricidad fina que se necesitan para tocar su instrumento. Pero también debe tener una extrema rapidez mental para poder descifrar al instante los ritmos y otras indicaciones que están codificados en símbolos sobre una partitura. El músico tiene que ser lo suficientemente sensible para sentir y expresar la belleza en cada línea que toca, pero a la vez tiene que ser lo suficientemente desapegado para tocar cualquier pieza que le pidan sin quejarse.

Este es el contexto en el que nuestro sistema de educación musical evolucionó. El objetivo era crear una especie de super-máquina-intérprete que pudiera tocar cualquier pieza musical a petición y hacer que sonara celestial. Hubo, sin embargo, una capacidad que no se les requería a estos súper-intérpretes, y era la capacidad de crear música por sí mismos. En la tradición clásica europea, el papel del intérprete es no entender la música sino ejecutarla.

Es fácil de imaginar cómo este conjunto de circunstancias condujo al desarrollo de dos actitudes fundamentales en la enseñanza de la música:

El conocimiento proviene de afuera. Los músicos empiezan inicialmente vacíos. Se les debe enseñar qué tocar y cómo tocarlo. El papel del músico es practicar cada nueva técnica hasta que pueda ejecutarla convincentemente.

Los músicos tocan para otros. La finalidad de un músico es deleitar al público e impresionar a otros músicos. Su éxito se puede medir por el número de conciertos que consigue, por el sueldo que gana y también por el respeto y la fama que goza entre otros músicos.

Ambas actitudes tienen que ver con el proyecto de convertir al joven músico en un profesional capaz de ganar un sueldo trabajando para otros. Esto difiere mucho de nuestra idea moderna del músico como un ser humano pensante y con sentimientos que quiere crecer y experimentar la vida por sí mismo. Lo que estoy intentando sugerir es que desde sus propios orígenes nuestro sistema de educación musical es en realidad un tipo de *escuela de formación profesional*. Fue diseñada para formar empleados cualificados que pudieran realizar una función útil en la sociedad. Y esta actitud está tan arraigada en nuestra cultura que todavía hoy en día seguimos enseñando música de la misma manera a pesar de que ya no tiene ningún sentido en absoluto.

Nuestro mundo entero ha cambiado. Para la mayoría de los músicos, ya no hay más trabajos en orquestas ni más familias reales que encarguen grandes obras de arte. Ni siquiera existen más los grupos de jazz itinerantes que te llamaban en el último minuto para que hicieras una sustitución. Desde el punto de vista profesional, la época dorada del músico como intérprete básicamente se ha acabado.

Pero la mejor parte está sólo empezando. Nos encontramos al borde del momento más increíble de toda nuestra historia, en el cual cada una de las personas en el planeta puede tener acceso a los mismos conocimientos de armonía que poseían Bach o Mozart. Imagina un mundo entero de personas descubriendo la música por sí mismas y creando todo tipo de fantásticas y locas composiciones. ¿Te imaginas si todas las personas que conoces pudieran coger un instrumento e improvisar juntas libremente? Podrías estar en casa con tu familia un domingo tranquilo por la mañana y de repente tu abuela se vuelve hacia ti y te dice: "¿Quieres hacer una jam?" O imagínate si pudieras recrear los momentos más poderosos de los más bellos conciertos que hayas escuchado, esos momentos que te dieron escalofríos o que te humedecieron los ojos. Imagínate si pudieras entrar en ese mundo cuando quisieras.

Este fascinante mundo de sonidos está abierto a todo el mundo 24 horas al día, y la entrada es gratuita. Lo único que tenemos que hacer es perdonarnos a nosotros mismos por los errores que hayamos cometido en el pasado y aprender a pensar sobre la música de dos maneras fundamentalmente nuevas:

Todo conocimiento es autoconocimiento. Dentro de la imaginación de cada persona existe todo un universo de sonidos, pensamientos, sentimientos y deseos. Este universo se expande con cada nuevo sonido que oímos y cada emoción que sentimos. El camino del músico es descubrir estos elementos dentro de sí mismo y aprender a expresarlos.

Tocamos para nosotros mismos. Estudiar música es para nosotros una forma de contemplar la belleza de la naturaleza, y también es una práctica diaria que nos permite conectarnos en privado con nosotros mismos. Esta práctica está disponible para todo el mundo como un medio de disfrute y crecimiento personal, independientemente de su nivel de conocimiento o habilidad. El éxito de un músico se puede medir solamente por la propia satisfacción que siente por la relación que tiene con la música.

Si estás abierto a estas nuevas ideas, entonces estás listo para comenzar el viaje liberador hacia tu propia creatividad musical. La ruta te puede resultar bastante sorprendente. Por eso me gustaría empezar por explicarte cómo se enseña normalmente la improvisación y por qué tomaremos una ruta tan diferente.

El paradigma de las reglas y fórmulas

La mayoría de los cursos de improvisación modernos no son el mejor ambiente para un sensible amante de la música. Los alumnos vienen a descubrir el hermoso mundo de la armonía pero de repente se encuentran ahogados en un mar de reglas, fórmulas y definiciones. Se les enseña a confiar en la teoría musical para determinar las "notas correctas" para improvisar en cualquier situación musical. Y están obligados a memorizar un interminable inventario de escalas, patrones, licks y frases que deben soltar durante sus solos para demostrar su "dominio" de la materia. El paradigma entero de estos cursos no es ayudarte a *descubrir la armonía* sino simplemente decirte *qué tocar*.

Irónicamente los dos recursos más potentes que posees como músico, tu *oído* y tu *imaginación*, casi no tienen ningún papel en toda esta formación musical. Los alumnos aprenden a leer partituras y a tocar escalas apropiadas, pero nunca aprenden a *oír* los elementos más básicos que componen todo este material musical. Esta es la razón por la que tantos músicos de jazz no pueden tocar ni su canción favorita en un tono diferente. Solamente pueden tocarla en el tono en el que la memorizaron porque en realidad no comprenden sus sonidos. Además, sobra decir que no tienen ni por dónde empezar para improvisar en otros estilos como el flamenco, la música clásica, la música oriental o la improvisación libre. Las reglas y las fórmulas no funcionan cuando no hay un cifrado de acordes para leer.

Pero el mayor problema con este enfoque de usar fórmulas para crear música es que no nos da la satisfacción artística que anhelamos. Si tenías la esperanza de que la improvisación musical iba a ser una manera de desarrollar tu lado creativo y expresar tus *propias* ideas musicales, entonces este enfoque mecánico de tocar escalas y escupir frases hechas te puede parecer una estafa muy grande.

Lo que falta en casi todos los cursos de improvisación que he visto es la idea del improvisador como una persona sensible y pensante con sus *propias* ideas y valores. Si tus profesores sólo te dieran la información básica que realmente necesitas para poder empezar a expresarte creativamente a través de la música, te sorprendería ver lo sencilla que realmente es la armonía. La única razón por la que la improvisación parece complicada es que a los alumnos se les pide que memoricen una lista interminable de trucos y fórmulas solamente para que puedan sonar exactamente como todos los demás. Es decir, nos hemos obsesionado tanto en sonar "bien" que nos hemos olvidado de la idea de tocar *nuestra* música, a pesar de que esto fue lo que nos atrajo a la improvisación musical en primer lugar.

Lo más irónico de todo es que ninguno de los grandes improvisadores a lo largo de la historia estudió música de esta forma mecánica. Todos ellos relatan experiencias muy personales de explorar y descubrir la armonía por sí mismos. Hablan de haber pasado incontables horas tocando melodías sencillas y meditando sobre el sonido de cada nota. Desde los músicos de jazz de clase obrera hasta los artistas más célebres del siglo XX, una imagen es absolutamente constante. Es la imagen de un ser humano solitario, perdido en sus pensamientos y completamente absorto en el mundo de los sonidos. Ni uno solo de estos grandes músicos habla de aprender trucos y fórmulas. Nunca oíste a Miles Davis decir: "Las cosas realmente empezaron a irme bien cuando encontré ese libro de escalas de jazz".

En otras palabras, los estudios musicales de estos grandes improvisadores no estaban dirigidos hacia el exterior en busca de técnicas y fórmulas. Su búsqueda era interior, un tipo de *práctica* meditativa y personal que les daba un poderoso dominio de los sonidos de nuestro sistema musical. Hoy en día no hay nada que nos impida a ninguno de nosotros cultivar esta misma práctica diaria en nuestras propias vidas. La clave está en dejar de buscar respuestas en el paradigma de las reglas y fórmulas. Todas las respuestas se encuentran en el mundo de los sonidos, y tú tienes que descubrir este mundo por ti mismo.

Improvisa de Verdad trata de volver a nuestro sueño original, a lo que nos atrajo a la improvisación musical en primer lugar. No nos metimos en esto buscando trucos y fórmulas para impresionar a los demás con nuestros conocimientos. Queríamos improvisar porque nos imaginábamos lo maravilloso que se debe de sentir el expresarse creativamente a través de la música. Soñábamos con realizar hermosos conciertos espontáneos con otras personas, expresando la música única que se halla dentro de nosotros. ¿Por qué cambiaríamos este sueño por un puñado de fórmulas? Si ni siquiera podemos ser nosotros mismos cuando estamos tocando música, entonces ¿para qué tocar?

La improvisación musical verdadera es tan hermosa y tan emocionante como te la imaginaste. Y la apasionante experiencia de improvisar de verdad está disponible para todo el mundo, independientemente de su experiencia o nivel de habilidad. Si siempre has pensado que la armonía y la improvisación deben de ser muy difíciles, entonces te está esperando una maravillosa sorpresa. La improvisación musical es la cosa más fácil del mundo. Sencillamente te relajas, escuchas esa voz interior que todos tenemos, y tocas lo que oyes.

Si eres como la mayoría de las personas, probablemente no tengas ni idea de lo que te estoy hablando o de cómo jamás podrías hacer esto. Pero no te preocupes. Este es el tema de este libro. Estás a punto de descubrir una emocionante alternativa al paradigma de las reglas y fórmulas. Estudiar música de verdad no significa acumular más técnicas para usar en tus solos. Significa aprender a usar esos dos asombrosos recursos que son la esencia misma de un artista musical: tu oído y tu imaginación.

Crear una nueva práctica musical

Empecemos nuestro viaje juntos con un momento de honestidad brutal. Cuando miras tu instrumento, ¿qué sientes?

¿Sientes amor?

¿Sientes emoción y asombro?

¿Ves tu instrumento como la puerta de entrada a tu propio paraíso personal?

Por desgracia, no todos pueden contestar "sí" a todas estas preguntas. Algunos sienten una vaga sensación de aburrimiento o indiferencia hacia su instrumento, como si no estuvieran encontrando su verdadero propósito en la música. Y algunas personas sienten frustración, culpa o incluso miedo.

Cabe recordar que la música fue la primera fisioterapia del mundo. La única razón por la que los seres humanos comenzaron a cantar, a bailar y a tocar instrumentos musicales fue el intenso placer físico que sentían cuando lo hacían. Si ya no sentimos más este éxtasis cuando tocamos nuestros instrumentos hoy, entonces quizás hayamos olvidado algo importante. Me pregunto qué pensaría un músico primitivo que vivió hace 30,000 años sobre la idea de que la música podría ser una fuente de culpa o miedo.

Durante los próximos meses quiero proponer un experimento. Quiero que hagas un pequeño espacio en tu vida para una nueva actividad musical que no tenga nada que ver con tu vida musical actual. No te preocupes por intentar comprender cómo esta nueva práctica encajará con las otras cosas que has estudiado. Sólo piensa en ello como una afición musical que vas a probar durante un tiempo.

No necesitas dejar de hacer tus otras actividades musicales o cambiarlas de ninguna manera. Si ya tienes establecida una rutina de práctica y sientes que es importante continuarla, entonces no dudes en hacerlo. Puedes quedarte con todos tus objetivos y metas, las áreas que quieres mejorar y todo ese material que te gustaría dominar algún día. La única cosa que te pido es que dejes todas esas cosas muy lejos de tu mente cuando practiques mi método. Trabaja en las otras cosas tanto como quieras, pero entonces dedica unos minutos cada día sólo para disfrutar de relacionarte con la música de otra manera.

Nuestro trabajo aquí trata de crear algo muy especial sólo para ti. No tienes que compartirlo con nadie si no quieres. Es completamente tuyo para explorar y disfrutar por el resto de tu vida. Los días que te sientes valiente, te llevará por aventuras fascinantes. Y los días que las cosas que no salen como quieres, será tu confort y protección. Al principio te parecerá como un juego, y poco a poco se convertirá en otra cosa. Pero en ningún momento te pediré que toques bien o que impresiones a los demás con tus habilidades. Esta nueva práctica musical es exclusivamente para tu propio disfrute.

Los Cinco Ejercicios

Si le has echado una ojeada a la tabla de contenidos de este libro, puede que te hayas dado cuenta de que en todo el método de *Improvisa de Verdad* hay solamente cinco ejercicios. Probablemente está demás decir que estos ejercicios no son como tareas para completar y tachar de tu lista. En realidad representan cinco niveles diferentes de abstracción musical, y juntos forman un método completo de crecimiento musical para toda la vida. Cada ejercicio es un área completa de estudio musical, y he incluido en este libro las actividades más esenciales para trabajar en cada una de las cinco áreas.

Los Cinco Ejercicios se presentan en un orden específico porque cada ejercicio se construye basándose en los anteriores. Pero no "avanzas" de un ejercicio al siguiente, sino los vas acumulando. La meta es aprender todos los cinco para poder tomar el control de tu propio desarrollo musical. Cada vez que te sientes a practicar, *tú* decidirás dónde enfocar tus energías.

Cada uno de los Cinco Ejercicios descritos en este libro contiene suficientes ideas y actividades para mantenerte ocupado durante toda tu vida. No cometas el error de pensar que tienes que dominar cada ejercicio completamente antes de pasar al siguiente. ¡No funciona de esa manera! Continuarás aprendiendo y creciendo en las cinco áreas por el resto de tu vida. Por lo tanto, puedes ir aprendiendo los ejercicios al ritmo que te apetezca según tu propia comodidad y curiosidad. Recuerda que siempre eres libre para decidir hasta qué nivel profundizar en cada ejercicio.

También tienes total libertad para decidir lo lejos que vayas en IFR (el nombre abreviado que le damos al método por sus siglas en inglés). Muchos alumnos nunca van más allá del Ejercicio 2 porque no sienten la necesidad personal de conocer todos los detalles de la armonía que les rodea. Ya pueden improvisar con confianza total sobre cualquier canción en cualquier tono, y para ellos este es el nivel adecuado de comprensión que les proporciona una agradable experiencia musical. Si tu meta es ser capaz de participar en "jam sessions" o improvisar solos en un grupo musical, lo conseguirás con el Ejercicio 2. Aprenderás a orientarte de oído en cualquier canción y a expresar tus propias ideas en cualquier contexto musical.

Si en cambio tu meta es lograr una formación completa como artista musical, entonces el Ejercicio 2 es sólo el comienzo. Para alcanzar tu máximo potencial como músico, improvisador, compositor y profesor de música, necesitarás convertirte en un maestro de la armonía. Este es el trabajo que hacemos en los Ejercicios 3 y 4. Estos ejercicios son especialmente importantes para los músicos que crean el ambiente armónico en cualquier grupo musical (bajistas, guitarristas y pianistas). Pero son también para todo aquel que quiera descubrir y comprender el hermoso mundo de la armonía tonal.

En el Ejercicio 5 aprenderás a liberarte de algunas de las ideas que aprendiste en los ejercicios anteriores. En los Ejercicios 3 y 4 habrás aprendido a organizar la armonía de una forma visual que te permite comprenderla. Esto es un avance importante en sí mismo, que te permitirá liberar de la teoría y empezar a desarrollar tu percepción. Pero, de hecho, es esta *percepción* que fue la verdadera meta desde el principio. La experiencia máxima de improvisación es dejar de pensar en la armonía y aprender a confiar enteramente en tu oído y en tu imaginación. Este es el trabajo que hacemos en el Ejercicio 5.

Estos son los ejercicios que me han ayudado a mí y a mis alumnos a comprender la música y a disfrutar de crearla. Sin embargo, al final cada artista es autodidacta. Espero poder ayudarte a descubrir la armonía por ti mismo y a conectar con tu propia imaginación musical. Pero no te puedo decir lo que deberías *sentir* respecto a cualquier sonido en particular. Te puedo acompañar durante una parte de tu viaje, pero tu vida es tuya. Tú eres el que tiene que decidir lo que es importante, lo que es hermoso, y lo que necesitas aprender para crecer. Tu libertad como artista empieza con la libertad de estudiar lo que *tú* quieres estudiar, en la forma en que resulte más agradable para ti.

Espero que este libro te dé muchas nuevas ideas que te permitan conectarte inmediatamente con tu instrumento y disfrutar de muchas aventuras musicales fascinantes. Si te gusta mi método, te invito a visitar nuestra escuela de improvisación en línea. Allí encontrarás un ambiente mucho más dinámico e interactivo que te apoyará en tu crecimiento musical. Es como un mundo virtual construido exclusivamente para los amantes de la improvisación. Puedes venir en cualquier momento 24 horas al día y siempre encontrarás algo que te inspira a coger tu instrumento y hacer música.

Estas son algunas de las cosas que encontrarás en nuestra escuela en línea:

- Video-clases y demostraciones adaptadas a *tu* instrumento
- Pistas de acompañamiento de audio en todos los estilos y tonos
- Más de 100 de los más conocidos "standards" de jazz, analizados en el lenguaje tonal de IFR
- Mi curso de "piano para no-pianistas" con el cual *todos* aprenden piano básico
- Ejercicios de composición que te enseñarán a componer tus propias piezas
- Meditaciones de audio descargables para sumergir tu oído en los sonidos que estudiamos
- Decenas de juegos y ejercicios adicionales que no aparecen en este libro
- Un foro interactivo donde los alumnos intercambian ideas y preguntas
- El apoyo personal ilimitado de mí y de mi equipo vía chat y correo electrónico

Encontrarás todo esto en www.ImproviseForReal.com.

Nota especial para los guitarristas y bajistas: Por favor, sáltense el siguiente capítulo y vayan directamente a la versión del Ejercicio 1 escrita específicamente para su instrumento. Practicamos el Ejercicio 1 de forma diferente con estos instrumentos.

Ejercicio 1: Terreno (para todos los instrumentos)

Objetivo: Mejorar continuamente tu capacidad de...

> Visualizar claramente tu registro musical completo y moverte por él sin esfuerzo.

Ya que la música improvisada se crea en la imaginación, la destreza técnica más importante para el improvisador es la capacidad de tocar instantáneamente cualquier sonido que imagine. Es importante entender que esta capacidad es puramente mental. No tiene nada que ver con tocar rápidamente. Volar por las escalas con el metrónomo repiqueteando a 200 pulsos por minuto quizás impresione a los vecinos pero no te ayudará a improvisar mejor.

El objetivo del improvisador no es la velocidad de ejecución sino la claridad de visión. Imagínate ser capaz de ver en tu mente el mapa completo de una gran ciudad a la vez. Así es cómo idealmente nos gustaría sentirnos con respecto a nuestro registro musical entero. Nuestro objetivo es desarrollar un profundo sentido de *orientación* que nos acompañe a cualquier parte de nuestro instrumento. Si estás en la nota Ab por ejemplo y tu idea melódica requiere que subas una tercera menor, o que bajes una cuarta justa, no quieres que tu flujo creativo sea interrumpido por tener que romperte la cabeza pensando en estos intervalos. La idea es ser capaz de ver el terreno musical completo al mismo tiempo para que puedas fácilmente imaginar cualquier tipo de movimiento a través de él. De esta forma puedes olvidarte de las complicaciones técnicas y mantenerte centrado en crear tu música.

La clave para el Ejercicio 1 es simplemente relajarte y disfrutar. Lo único que puedes encontrar difícil en el ejercicio es superar el sentimiento de culpa que hace que quieras pasar a hacer algo más "serio". La mayoría de los improvisadores principiantes tienen tanta prisa por hacer música que nunca se toman el tiempo para simplemente disfrutar de moverse por su instrumento. Pero no hay nada más importante a dominar que el propio terreno musical que subyace bajo todo lo que tocarás en el futuro.

En el Ejercicio 1, las notas en tu instrumento no tienen ningún significado musical. Olvídate de la música por el momento. No te distraigas con pensamientos sobre melodía, armonía, tonalidad, escalas, etc. Trata de relajarte y divertirte moviéndote por tu instrumento como si fueras un niño jugando en el campo. La única meta es ganar confianza moviéndote libremente por tu registro musical.

Te recomiendo que te concentres exclusivamente en el Ejercicio 1 durante unos días, y que luego lo uses como tu calentamiento diario. Si eres un principiante, quizás quieras pasar el periodo inicial solamente haciendo las primeras dos actividades (Descubrimiento y Escalera). Si ya eres un músico muy experimentado quizás pases directamente al Ejercicio 1 - Nivel Maestría. Pero sea cual sea tu situación, investiga a fondo el Ejercicio 1 durante unos días y luego úsalo sólo como un placentero calentamiento diario. También puedes pensar en el Ejercicio 1 como un lugar al que siempre puedes volver para mejorar tu claridad de pensamiento y rapidez mental.

Una de las metas más importantes del Ejercicio 1 es aprender a ver las notas en tu instrumento como una sola cadena ininterrumpida de semitonos. Esta es una parte importante de nuestro proyecto de liberarnos de la tiranía de las armaduras y de la teoría. La idea es ver todas las notas como iguales. Tu registro entero debería sentirse como una larga y conectada escalera que puedes subir o bajar a tu gusto. Empecemos por simplemente tocar todas estas notas en su orden consecutivo natural. Yo llamo a este sencillo ejercicio "Descubrimiento".

Descubrimiento

1. Cierra los ojos.
2. Toca la nota más grave que puedas cómodamente tocar en tu instrumento. Trata de producir el sonido más hermoso que puedas. Disfruta de esta nota y préstale tu atención completa.
3. Ahora muévete hacia arriba exactamente un semitono y toca la nueva nota. De nuevo, haz un esfuerzo especial para producir el sonido más hermoso que puedas.
4. Ahora muy lentamente continua moviéndote hacia arriba en semitonos, pausando en cada nota sólo para relajarte y disfrutar del sonido.
5. Sigue moviéndote hacia arriba en semitonos hasta que alcances la nota más aguda que puedas cómodamente tocar sin forzar.
6. Ahora empieza a bajar muy despacio, un semitono a la vez hasta que llegues a la nota más grave de tu registro. Trata de no apresurarte al hacer el ejercicio.

Haz este ejercicio durante todo el tiempo que lo encuentres interesante y agradable. Cuando empieces a sentirte muy seguro haciéndolo despacio intenta moverte a través de tu registro con más rapidez. No hay ningún límite a la cantidad de velocidad, fluidez y confianza con la que te puedes mover por tu registro musical. Por lo tanto, nunca puedes dar por verdaderamente "terminado" el ejercicio de arriba. Pero después de hacerlo unas cuantas veces probablemente querrás pasar a hacer algo más interesante, así que en la próxima actividad incorporaremos algo de libertad de movimiento en nuestra práctica.

Escalera

1. Cierra los ojos.
2. Elige una nota al azar en tu instrumento y tócala.
3. Muévete hacia abajo exactamente un semitono y toca la nueva nota.
4. Continúa bajando semitonos hasta que decidas que quieres cambiar de dirección.
5. Cuando lo decidas, comienza a volver hacia arriba en semitonos y sigue subiendo durante todo el tiempo que quieras.

6. Continúa paseando por tu terreno musical en semitonos, cambiando de dirección libremente cuando te apetezca.

Esta es la versión que me recuerda a un niño jugando en la escalera. Sobre todo cuando empieces a ganar confianza y un poco de velocidad, puedes empezar a jugar muy libremente con el ritmo y la síncopa creando frases muy locas que suenan a "bebop".

Si hay alguna zona que encuentres especialmente confusa o difícil, quédate allí. Sigue moviéndote hacia adelante y hacia atrás a través de la zona problemática hasta que se convierta en tu tramo favorito del terreno musical. En mi caso, las regiones que antes me daban más problemas son ahora las partes que más disfruto. Cuando batallas con una extraña digitación o con otro problema técnico que complica tu movimiento en una parte concreta de tu registro, terminas sintiendo una especie de afecto por ese pequeño trozo de terreno. Te animo a que tomes tu tiempo y que disfrutes de tener estas experiencias por ti mismo.

Ejercicio 1 Meditación Diaria

Cuando hayas conseguido una cierta comodidad moviéndote por tu terreno musical, puedes comenzar ya a practicar el Ejercicio 2: Melodía. De aquí en adelante ya no necesitarás más los ejercicios de arriba sino que los reemplazaremos por una sencilla meditación diaria. Sólo lleva unos minutos hacerla y es muy agradable. Dependiendo de tu humor puede ser juguetona, seria, calmada o violenta. Sé creativo y aprovecha la meditación para expresar lo que estés sintiendo en el momento:

1. Cierra los ojos.

2. Escoge una nota, cualquier nota. De ahora en adelante empezaremos cada ejercicio de esta manera. No deberías escoger siempre la misma nota. Pero tampoco pienses demasiado en ello. Simplemente elige una nota totalmente al azar. Esta es una excelente manera de practicar una de las destrezas más esenciales del improvisador, que es la capacidad de orientarse uno mismo instantáneamente con una sola nota. Nunca sabes dónde vas a estar cuando quieras pintar una determinada forma musical en tu instrumento. Por eso es importante que cada ejercicio empiece con un momento de completa desorientación. No huyas de las áreas en las que te sientes menos cómodo. Estos son los *mejores* lugares para comenzar porque de lo que se trata es de llegar a estar igual de cómodo con *todas* las notas en tu instrumento. Si esta es tu primera vez entonces comienza directamente con una nota extraña como G bemol.

G♭

3. Disfruta de esta nota e intenta producir el sonido más bello posible, el ejemplo más puro de cómo tú realmente quieres que suene. Canta junto con la nota si

tu instrumento te permite hacerlo. *Usa* esta nota para que te ayude a relajar y preparar tu mente para el resto del ejercicio.

4. Muévete a la nota que está exactamente un semitono por debajo. Por ejemplo si empezaste en G bemol entonces la nueva nota será F natural. Toca esta nota tal como tocaste la primera, y trata de darte cuenta de las mismas cosas. No te apresures a pasar al siguiente paso. Tómate un momento para simplemente quedarte aquí y disfrutar de esta nota.

F

5. Alterna entre las dos notas. Mientras alternas, date cuenta de lo que realmente estás haciendo físicamente con tus manos y con tu cuerpo para cambiar entre las dos notas. Improvisa durante un minuto con solamente las dos notas. Sé juguetón. Incluso con sólo dos notas puedes expresar un mundo entero de música jugando con el ritmo, el timbre y la dinámica. Piensa en los percusionistas que pueden hacer música durante horas con solamente dos congas enfrente de ellos.

F Gb

6. Ahora tu enfoque se expande para incluir una tercera nota un semitono por encima de las dos que ya tienes. (En nuestro ejemplo la nueva nota sería G natural.) Improvisa libremente con las tres notas. No te limites a solamente pasar cromáticamente por las tres notas. También deberías saltar directamente entre la nota más grave y la más aguda sin pasar por la nota del medio. Pero mientras tocas, concéntrate en visualizar las tres notas al mismo tiempo.

F Gb G

7. Ahora expande el registro de nuevo hacia abajo, añadiendo un semitono más por debajo de las tres. (En nuestro ejemplo la nueva nota sería E natural.) Primero practica moviéndote hacia arriba y hacia abajo a través de la serie completa de las cuatro notas. Luego practica conectando todas las combinaciones posibles de notas. Finalmente improvisa libremente con las cuatro notas, saltando de aquí para allá a tu gusto dentro de esta pequeña zona. Mientras lo haces, continua visualizando las cuatro notas al mismo tiempo. Es la visualización simultánea de todas las notas lo que le hace beneficioso al ejercicio.

E F Gb G

8. Añade una nota final un semitono por encima de las cuatro. (En nuestro ejemplo la nueva nota sería A bemol.) Este paso nos lleva a un total de cinco notas consecutivas separadas por semitonos. Trabaja conectando cada una de estas notas a cada una de las demás. Conviértete en un experto moviéndote por esta pequeña zona como si estuvieras haciendo prácticas en una cancha de baloncesto. Luego improvisa libremente con las 5 notas durante todo el tiempo que quieras. Tómate tu tiempo para disfrutar de los efectos especiales que creamos cuando usamos solamente algunas de las notas y omitimos otras. Por ejemplo, prueba improvisar solamente con las notas E, F y Ab mientras omites la Gb y la G. ¿A qué suena? ¿Cómo suena si usas solamente las notas F, Gb y Ab? Inventa otras combinaciones y desafíate a ver cuánto tiempo puedes hacer música con solamente estos 5 sonidos. Mientras haces esto, intenta mantener las cinco notas en tu consciencia como si estuvieras mirando el terreno musical desde arriba.

E F Gb G Ab

Esencialmente todo lo que estás haciendo en este ejercicio es dirigir tu atención a una sola nota y luego expandir lentamente tu enfoque hasta que estés contemplando una pequeña región del terreno musical. Como eres libre para decidir *cómo* juegas con las notas, incluso los principiantes deberían encontrarlo fácil y relajante. Pero con el tiempo esta sencilla meditación diaria te dará más confianza y claridad de pensamiento que jamás conseguirías practicando escalas.

Ten cuidado con la tentación de avanzar por los pasos demasiado rápidamente. El secreto del ejercicio es tomarte mucho tiempo con cada paso antes de moverte al siguiente. El aprendizaje profundo sólo ocurre *después* de que algo ya es familiar. Para los principiantes esto puede ser un concepto difícil de entender. Estamos acostumbrados a avanzar tan rápidamente como podamos. Pero esto es precisamente lo que bloquea el aprendizaje profundo que procuramos. Si tu mente está siempre trabajando, pensando en la siguiente nota o haciendo algún otro tipo de cálculo, entonces tu atención está siempre en tus propios pensamientos en vez de en la *experiencia* de tocar las notas. Intenta salir de tu propia cabeza. Concéntrate en un par de notas y realmente haz una "jam" con ellas. Escúchalas, exprésate con ellas y olvídate de lo que viene a continuación. Luego cuando estés completamente exhausto, entonces puedes continuar con el siguiente paso.

> **NOTA para los pianistas:** Probablemente estés pensando para ti mismo que este ejercicio es absurdamente fácil para ti, incluso con los ojos cerrados. Y tienes razón. De hecho, una gran parte del Ejercicio 1 es sólo para ayudar a *otros* músicos a ver su registro musical con la misma claridad que tú ya tienes con el tuyo. Pero sigue leyendo porque encontrarás el ejercicio un poco más desafiante cuando entremos en los intervalos más grandes. Y recuerda que puedes pasar al Ejercicio 2 cuando quieras. ¡Haz lo que tenga sentido para ti!
>
> **NOTA para los violinistas, los violistas y los violonchelistas:** Para el ejercicio de arriba no tienes que necesariamente usar la digitación específica que usarías normalmente para tocar la "escala cromática". Sólo

necesitas esta incómoda digitación cuando quieras tocar varios semitonos consecutivamente. Pero cuando quieras moverte por un tono entero, por ejemplo, entonces por supuesto deberías usar la digitación que te resulte más cómoda. Por ejemplo en el Paso 6 de arriba (con las notas F, Gb y G), en cualquier momento que quieras moverte desde la F directamente a la G (sin pasar por la Gb), puedes usar el dedo que normalmente usarías para este movimiento de un tono entero. No hay razón para usar la digitación de la escala cromática excepto cuando quieras tocar notas cromáticas consecutivas (por ejemplo F, luego Gb y al final G.)

Si te gusta practicar de una manera que ofrece más velocidad y estimulación, puede que quieras inventar maneras más desafiantes de moverte por tu terreno musical con semitonos. Pero recuerda que la meta no es simplemente ejecutar la escala cromática con velocidad y fluidez. Lo que estamos persiguiendo es algo mucho más profundo que esto. Nuestra meta es sentirnos orientados y totalmente *como en casa* sin importar dónde estemos en nuestro instrumento. Este proyecto requiere su tiempo pero es algo que todo el mundo puede hacer. Me parece que hay dos claves para lograr la orientación que deseamos:

- Tómate el tiempo para experimentar cada rincón de tu terreno musical.
- Sé juguetón y disfruta plenamente de las notas cualesquiera que estés usando en el momento.

Si eres un principiante o si sólo quieres tocar música como una afición, los ejercicios de arriba te darán todo lo que necesitas para disfrutar de la improvisación musical durante toda tu vida. Pero si quieres convertirte en el mejor improvisador que puedas ser, entonces deberías llevar el Ejercicio 1 a un nivel mucho más profundo. No tienes que necesariamente pasar mucho tiempo con el ejercicio. Incluso unos pocos minutos al día te llevarán muy lejos con el tiempo. Pero mientras el músico casual superará la necesidad del Ejercicio 1 relativamente pronto, tú vas a querer continuar creciendo en esta área por el resto de tu vida. Hacemos esto con el Ejercicio 1: Nivel Maestría.

Ejercicio 1: Nivel Maestría

En el Ejercicio 1: Nivel Maestría, practicamos la misma meditación diaria que aprendiste anteriormente pero la ampliamos para incluir todos los intervalos en la octava musical. El primer intervalo que deberíamos estudiar después del semitono es el tono entero. Para ilustrarlo, aquí están las notas que usarías para realizar la meditación con tonos enteros, partiendo de la misma nota Gb como hicimos anteriormente:

1. La primera nota sería Gb.

Gb

2. La segunda nota sería E, puesto que está a un tono por debajo de Gb.

E Gb

3. La tercera nota sería Ab, puesto que está a un tono por arriba de Gb.

E Gb Ab

4. La cuarta nota sería D, puesto que está a un tono por debajo de E.

D E Gb Ab

5. La quinta y última nota sería Bb, puesto que está un tono por encima de Ab.

D E Gb Ab Bb

Tal como hiciste con los semitonos, deberías practicar esta meditación con tonos enteros en cada parte de tu registro musical hasta que te puedas mover sin esfuerzo por todo tu instrumento en tonos enteros. Entonces puedes aumentar el intervalo a una tercera menor, luego a una tercera mayor, luego a una cuarta justa, etc. Quizás un día practiques con un intervalo muy grande y el día siguiente vuelvas a los semitonos. Más adelante cuando estudiemos las formas armónicas específicas como acordes menores y mayores podrás incorporar también estas formas en el juego. Las posibilidades son infinitas.

Pero no tengas prisa por pasar a intervalos más grandes. Simplemente relájate y permítete pasar cinco minutos al día explorando algún rinconcito de tu terreno musical de la manera que te apetezca en ese momento. La meta de este ejercicio no es “avanzar” a los niveles más altos. La meta es casi exactamente lo opuesto: contemplar amorosamente tu terreno musical desde todos los puntos de vista posibles, sin la más mínima preocupación o prisa.

Nota: El siguiente suplemento es solamente para guitarristas.

Ejercicio 1: Terreno (para guitarra)

Objetivo: Mejorar continuamente tu capacidad de...

> Visualizar claramente tu registro musical completo y moverte por él sin esfuerzo.

Ya que la música improvisada se crea en la imaginación, la destreza técnica más importante para el improvisador es la capacidad de tocar instantáneamente cualquier sonido que imagine. Es importante entender que esta capacidad es puramente mental. No tiene nada que ver con tocar rápidamente. Volar por las escalas con el metrónomo repiqueteando a 200 pulsos por minuto quizás impresione a los vecinos pero no te ayudará a improvisar mejor.

El objetivo del improvisador no es la velocidad de la ejecución sino la claridad de visión. Imagínate ser capaz de ver en tu mente el mapa completo de una gran ciudad a la vez. Así es cómo idealmente nos gustaría sentirnos con respecto a nuestro registro musical entero. La meta es conseguir un profundo sentido de *orientación* que nos acompañe no importa dónde estemos en nuestro instrumento. Si estás en la nota Ab por ejemplo y tu idea melódica requiere que subas una tercera menor, o que bajes una cuarta justa, no quieres que tu flujo creativo sea interrumpido por tener que romperte la cabeza pensando en estos intervalos. La idea es ser capaz de ver el terreno musical completo al mismo tiempo para que puedas fácilmente imaginar cualquier tipo de movimiento a través de él. De esta forma puedes olvidarte de las complicaciones técnicas y mantenerte centrado en crear tu música.

La clave para el Ejercicio 1 es simplemente relajarte y disfrutar. Lo único que puedes encontrar difícil en el ejercicio es superar los sentimientos de culpa que hacen que quieras pasar a hacer algo más "serio". La mayoría de los improvisadores principiantes tienen tanta prisa por hacer música que nunca se toman el tiempo para simplemente disfrutar de moverse por su instrumento. Pero no hay nada más importante a dominar que el propio terreno musical que subyace bajo todo lo que tocarás en el futuro.

En el Ejercicio 1, las notas en tu instrumento no tienen ningún significado musical. Olvídate de la música por el momento. No te distraigas con pensamientos sobre melodía, armonía, tonalidad, escalas, etc. Trata de relajarte y divertirte moviéndote por tu instrumento como si fueras un niño jugando en el campo. La única meta es ganar confianza moviéndote libremente por tu registro musical.

Los guitarristas practican el Ejercicio 1 de una forma especial para aprovechar una maravillosa propiedad que tiene la guitarra. La guitarra es, en algunos aspectos, incluso más visual que el piano. Por "visual", me refiero a que todos los intervalos, melodías, acordes, etc., se corresponden con figuras geométricas muy concretas en el mástil del instrumento. Esto le da al guitarrista una tremenda ventaja para comprender e interiorizar la armonía. Para ti, tu instrumento tiene una doble función. Además de ser tu medio de expresión personal y de creación musical, también sirve como tu propia área de trabajo personal donde puedes colocar visualmente las figuras musicales y contemplar sus sonidos.

Vas a aprender el Ejercicio 1 en dos fases. La primera meta es aprender a visualizar las notas en tu instrumento de una nueva manera, como una cadena ininterrumpida de semitonos. Esta es una parte importante de nuestro proyecto de liberarnos de la tiranía de las armaduras y de la teoría. La idea es ver todas las notas como iguales. Tenemos que aprender a visualizar nuestro registro entero como una escalera conectada que podemos subir o bajar a nuestro gusto. Conseguimos esto en la guitarra practicando una técnica que yo llamo "Nube", que es simplemente una forma de visualizar todas las notas que te rodean en un momento dado. Solamente practicarás esta técnica preliminar durante un tiempo corto en preparación para el ejercicio "Movilidad", que es la verdadera técnica que usaremos como sistema de movimiento por la guitarra. Pero este periodo inicial de practicar la Nube es una importante preparación mental para la Movilidad. Por favor, ¡no te saltes este paso crítico!

Nube

Para empezar, por favor tómate un momento para mirar el siguiente dibujo del mástil de la guitarra. Asegúrate que entiendes su orientación. Representa aproximadamente lo que verías si miraras hacia abajo a tu mano izquierda mientras estás tocando la guitarra.

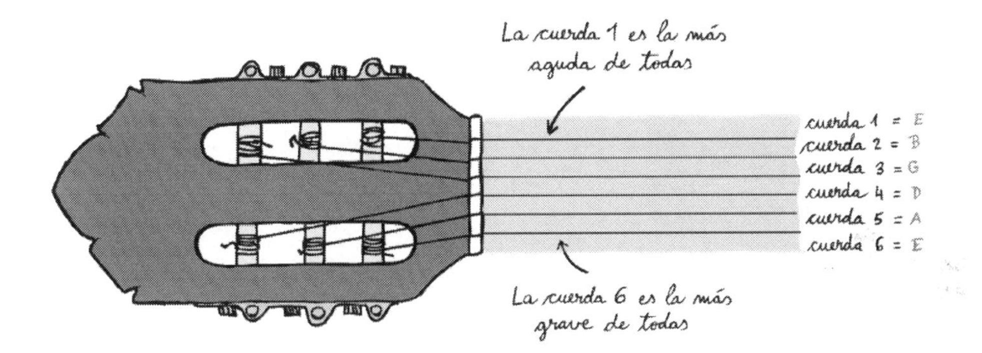

La afinación tradicional de la guitarra (E, A, D, G, B, E) es irregular en el sentido de que no todas las cuerdas están separadas por el mismo intervalo. Algunos guitarristas (como yo) evitamos este inconveniente adoptando una afinación perfectamente regular. Pero voy a suponer que tú usas la afinación tradicional y te mostraré cómo visualizar las notas a través de todas las cuerdas de tu guitarra.

Las cuerdas al aire se afinan de forma que el intervalo entre las cuerdas adyacentes siempre es una cuarta justa, excepto en un lugar. La excepción es el intervalo entre la 2ª y la 3ª cuerda, que es sólo una tercera mayor:

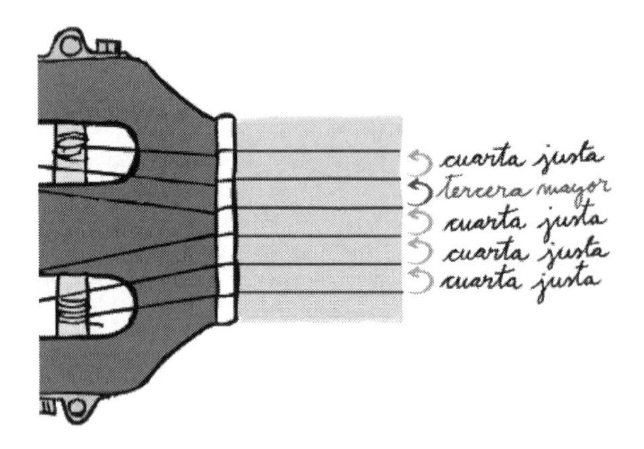

Esta observación tendrá mucho más significado para ti en las próximas semanas. Pero por ahora la única cosa que realmente necesitas sacar en claro de esta discusión es el hecho de que la afinación de la guitarra es irregular, y que la localización exacta de esta irregularidad está en la frontera entre las cuerdas 2 y 3. Por esta razón, la cadena ininterrumpida de semitonos (que también se le puede llamar simplemente la "escala cromática") también es irregular exactamente en el mismo punto. El conjunto entero de notas que están a tu disposición en cualquier momento (o lo que yo llamo "La Nube") adoptan la forma siguiente en la guitarra:

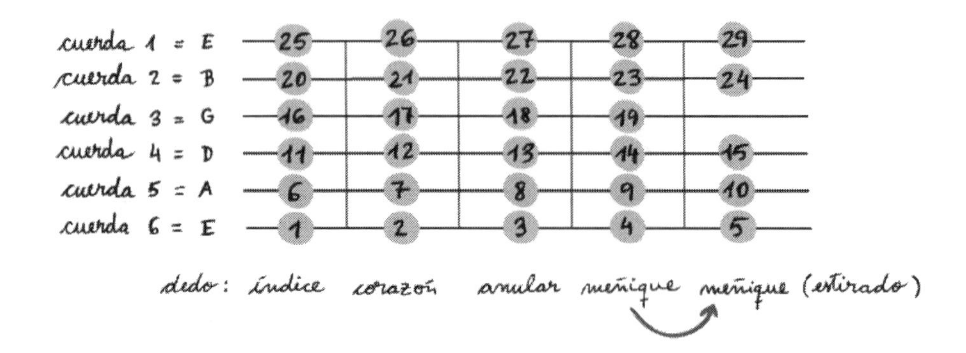

No te sientas abrumado por todos los números que están dentro de los círculos. Sólo los puse ahí para mostrarte el orden de las notas en afinación de grave a aguda. Imagínate tocando estas notas de una en una, empezando con el círculo 1 y terminando con el círculo 29. Esta es la forma en la que visualizamos la cadena ininterrumpida de semitonos en la guitarra.

La indicación de los dedos es muy importante. No importa en qué parte del mástil estés, por ahora debes siempre usar la digitación exacta indicada arriba. Fíjate en que tu meñique tiene la "doble función" de cubrir todas las notas de dos trastes diferentes. Sigue esta regla meticulosamente durante todo el tiempo que practiques la versión "Nube" del Ejercicio 1. Cuando pases a la Movilidad puedes volver a tocar las notas con cualquier dedo que te apetezca usar. Pero para la Nube necesitas usar esta digitación exacta incluso cuando parezca incómoda o ilógica. Utilizamos esta digitación extraña porque nos ayuda a visualizar y a recordar dónde están las notas. Piensa que en el futuro ni siquiera vas a usar esta digitación así que no te estreses por el hecho de que te sientes lento o torpe haciéndolo de esta forma. Hazlo igualmente. Es sólo un truco para ayudar tu memoria, y encontrarás que realmente te ayuda a ver con más claridad lo que estás haciendo.

Lo más importante del dibujo de arriba es que esta "nube" de notas siempre se ve exactamente igual sin importar en qué parte de la guitarra esté tu mano. Si estás tocando muy abajo en la guitarra entonces tu dedo índice se puede corresponder con el 1er traste. Si estás tocando muy alto entonces tu dedo índice puede estar en el 9º traste. Pero en ambos casos las notas que tienes disponibles toman exactamente la misma forma, la forma representada en el dibujo de arriba.

Como puedes ver, no hay un gran misterio con respecto al movimiento por semitonos en una cuerda individual. Si quieres moverte hacia arriba un semitono, simplemente subes un traste. La historia sólo se vuelve interesante en las fronteras entre una cuerda y la siguiente. Presta atención especial a estas fronteras mientras te mueves por la nube. A continuación se muestra una versión para principiantes del Ejercicio 1 para guitarristas que podemos llamar "Nube Práctica 1":

Nube Práctica 1

Paso 1: Escoge una nota, cualquier nota.

> Empezamos cada ejercicio de esta manera. No deberías escoger siempre la misma nota. Pero tampoco pienses demasiado en ello. Simplemente elige una nota totalmente al azar. Esta es una excelente manera de practicar una de las destrezas más esenciales del improvisador, que es la capacidad de orientarse uno mismo instantáneamente con una sola nota. Nunca sabes dónde vas a estar cuando quieras pintar una determinada forma musical en tu instrumento. Por lo tanto, es importante que cada ejercicio empiece con un momento de completa desorientación. Solamente coloca tu mano izquierda en cualquier parte del mástil y alinea tus dedos correctamente para que cada dedo se corresponda con un traste específico. Elige una cuerda al azar y toca cualquier nota en esa cuerda, utilizando el dedo apropiado.

Paso 2: Disfruta de esta nota durante un momento.

> Mientras tocas la nota asegúrate que cada uno de los demás dedos se quede alineado con su correspondiente traste. Ten cuidado de no distorsionar la postura de tu mano. Cierra los ojos. Todavía deberías poder visualizar tu mano con cada dedo alineado con un traste específico. Manteniendo los ojos cerrados, ¿puedes también visualizar todas las demás notas en el dibujo de la nube?

Paso 3: Muévete a la nota que está exactamente un semitono por debajo.

> Por ejemplo, si empezaste en el círculo 22 (tocado con tu dedo anular) entonces la nueva nota sería el círculo 21 (tocado con tu dedo corazón).

Asegúrate que tu mano todavía está perfectamente alineada con un dedo por traste. Mantén los ojos cerrados para este y todos los demás pasos.

Paso 4: Continúa bajando semitonos hasta donde quieras.

Paso 5: Cuando lo decidas, cambia de dirección y empieza a moverte hacia arriba.

Paso 6: Continúa practicando todo el tiempo que quieras, cambiando de dirección cuando te apetezca.

Muévete libremente dentro de la nube con los ojos cerrados, visualizando todo el tiempo exactamente dónde estás en el dibujo de la nube. Si tienes cuidado de mantener tu mano izquierda correctamente alineada con un dedo por traste (excepto el dedo meñique que se estira para realizar su doble función), entonces podrás moverte a donde quieras sin desorientarte. La clave es hacer el ejercicio despacio y visualizar el dibujo de la nube en tu mente en cada momento.

Esta es sólo una de las muchas maneras de practicar la "Nube" pero es la más importante, y es la base de todo lo que haremos más adelante. No te apresures a pasar a la siguiente actividad. Quédate haciendo este ejercicio sencillo hasta que puedas hacerlo sin pensar. Incluso después de haber entendido el ejercicio, sigue practicándolo al menos una vez al día durante las primeras semanas. Puede que captes la idea intelectualmente desde el principio. Pero tu mente subconsciente necesita tiempo para reprogramarse a imaginar esta nube de notas como tu "universo musical". Por eso te aconsejo que tomes unos pocos minutos cada día para realizar este sencillo y relajante ejercicio.

Para que lo disfrutes más puedes tocar libremente con ritmo, fraseo y síncopa. Es decir, no avances penosamente a través de las notas como si estuvieras haciendo una maniobra militar. Sé juguetón y cambia mucho de dirección. En vez de tocar todas las notas en una secuencia aburrida como esta:

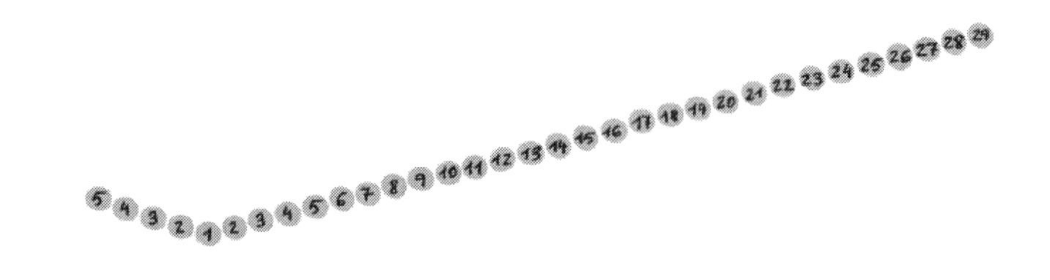

...intenta bailar por toda la nube así:

Una cosa que deberías entender es que el único propósito que tienen los números que están dentro de los círculos es simplemente intentar mostrarte cómo funciona este ejercicio. De hecho, con mis propios alumnos particulares ni siquiera uso estos números porque puedo simplemente mostrarles el ejercicio directamente en la guitarra. Por consiguiente, cuando practiques el Ejercicio 1, por favor, no te esfuerces en recordar los números que están dentro de los círculos. Tu único objetivo es visualizar la nube y practicar moviéndote dentro de ella. De hecho nunca más volveremos a hablar de estos números en mi método.

Trabaja en la Nube Práctica 1 hasta que llegues al punto en el que moverte de una nota a otra no conlleve ningún esfuerzo. Por ejemplo, deberías poder coger la guitarra, colocar tu mano izquierda en cualquier parte del mástil y empezar a moverte a través de la nube en cualquier dirección.

Cuando hayas adquirido este nivel de confianza moviéndote por todas partes dentro de la nube, entonces puedes pasar al siguiente nivel. El próximo paso es separar cada nota por tonos enteros en vez de semitonos. Por ejemplo, si eliges al azar el círculo 22 como punto de partida, entonces la siguiente nota por debajo será el círculo 20, luego el círculo 18, luego el 16, etc. Como con los semitonos, la meta no es meramente arrastrarte por las notas de una forma sistemática y aburrida. Tómate tiempo para disfrutar. Sé rítmico y juguetón, bailando por toda la nube usando pequeños saltos de tonos enteros. Encontrarás que visualizar el salto del tono entero te cuesta más en algunos sitios que en otros. Cuando te encuentres con dificultades, no te estreses. Quédate ahí y disfruta practicando tu salto como si fueras un alumno de las artes marciales entrenándose en el dojo.

Cuando domines los semitonos y los tonos enteros habrás alcanzado una importante meseta. Estos son los dos únicos intervalos que necesitas para tocar todo el material que vas a ver en el Ejercicio 2: Melodía. Por lo tanto, este también es el momento en el que tu práctica se separa en dos caminos paralelos. Puedes comenzar a trabajar en el Ejercicio 2 tan pronto como estés preparado, pero también deberías continuar desarrollando tus destrezas en el Ejercicio 1.

Explicaré el Ejercicio 2 cuando lleguemos a él. Pero ahora mismo quiero continuar con el Ejercicio 1, para mostrarte cómo puedes continuar creciendo en tu dominio del terreno musical básico de tu guitarra. Este nuevo ejercicio que te voy a mostrar ahora se convertirá en nuestra manera principal de ejecutar cualquier movimiento en la guitarra.

Movilidad

El ejercicio de la Movilidad es fácil de hacer pero explicarlo en un libro requiere muchas palabras. Intentaré explicarlo de la manera más clara posible. Una vez que lo entiendas, creo que lo encontrarás tanto fácil como agradable. Es solamente la explicación inicial la que da algo de trabajo. Como con todos los demás ejercicios de mi método, si prefieres aprenderlo a través de clases de vídeo, te invito a hacerte socio de mi sitio web: www.ImproviseForReal.com. En el sitio web te puedo mostrar el ejercicio completo de la Movilidad en cuestión de minutos. Por favor recuerda que estos recursos están siempre disponibles para ti. Pero haré todo lo posible para explicar cómo funciona el ejercicio, y creo que con un poco de paciencia lo entenderás perfectamente.

Movilidad: semitonos

La idea detrás de la Movilidad viene de hacer un par de importantes observaciones sobre la relación entre las notas en la Nube. Al reducir nuestra experiencia con la nube a un par de observaciones claves, podemos llevar estos principios con nosotros a dónde vayamos, y así movernos libremente por toda la guitarra sin ni siquiera molestarnos en visualizar la nube entera. Miremos de nuevo el dibujo de la nube con los números que representan cada nota:

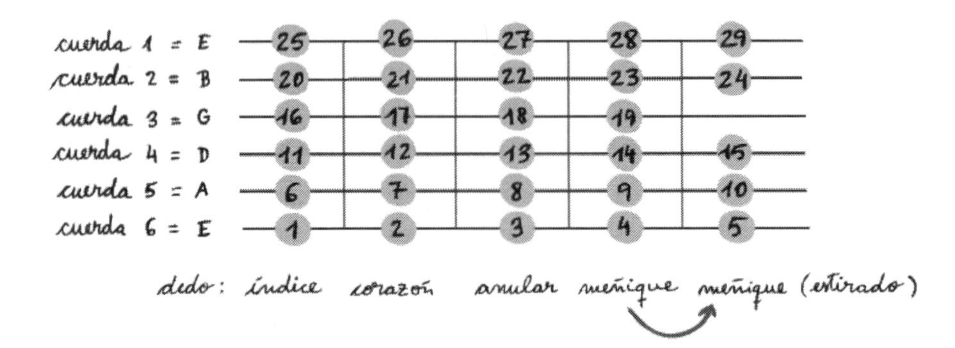

La primera observación que tenemos que hacer sobre el dibujo de arriba es cómo el intervalo de un semitono *se ve* entre una cuerda y la siguiente. Considera cómo se ve el intervalo de un semitono entre la cuerda más grave (cuerda 6) y la siguiente cuerda por arriba (cuerda 5):

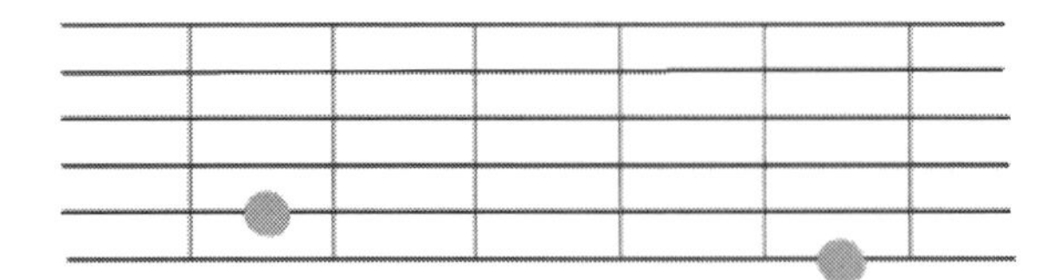

Los dos círculos que se muestran son los círculos numerados con el 5 y el 6 en el dibujo de la nube de arriba. Pero ya no tienen números porque no quiero que visualices más la nube entera. Sólo quiero que te des cuenta de la relación entre las dos notas. Fíjate que están separadas por esa distancia incómoda que se corresponde con el dedo meñique estirándose en el ejercicio de la Nube. En la Movilidad, de hecho no mantenemos este estiramiento incómodo sino que, en lugar de ello, simplemente desplazamos nuestra mano exactamente un traste y *nos relajamos en la nueva posición*. Si no entiendes exactamente la idea, coge tu guitarra y sigue leyendo. Cuando lo hagas por ti mismo verás lo que quiero decir.

¿Tienes tu guitarra? Perfecto. Ahora toca cualquier nota en la cuerda E grave con tu meñique. (Elige una nota que esté lo suficientemente alta en el mástil para que puedas ejecutar el movimiento que se muestra en el dibujo de arriba.) Alinea tu mano izquierda correctamente utilizando un dedo por traste. No debería haber ningún estiramiento en este momento. Simplemente deberías tener todos los cuatro dedos descansando en la cuerda E grave mientras tocas la nota bajo tu dedo meñique.

Ahora, si quisieras moverte hacia *abajo* un semitono, eso sería obvio. Tocarías la nota bajo tu dedo anular en la misma cuerda E grave. Pero si quisieras moverte hacia *arriba* un semitono tendrías dos opciones. Ambas opciones conllevan un cambio de "posición". En la guitarra, una posición significa simplemente el traste con el cual tu dedo índice está alineado. Si desplazas toda tu mano un traste más cerca de la caja de la guitarra, decimos que has subido una posición. En el ejercicio actual, una manera de subir un semitono sería hacer justamente esto, desplazar toda tu mano un traste más cerca de la caja de la guitarra, y tocar la nueva nota que cae bajo tu dedo meñique.

Pero la otra manera de conseguirlo sería hacer un "salto de Movilidad" a la siguiente cuerda. De hecho te desplazarías hacia *abajo* una posición y tocarías la nota que cae bajo tu dedo índice en la siguiente cuerda. En total, el movimiento se siente como abrir la mano para realizar un gran estiramiento, tocar la nueva nota y luego relajarte en la nueva posición.

Si no me sigues, hay una forma muy sencilla para que descubras por ti mismo este mismo movimiento. Sólo vuelve al dibujo de la nube, el que tiene los pequeños números dentro de los círculos. Toca el círculo número 5 con tu dedo meñique y luego el círculo número 6 con tu dedo índice. Alterna entre una nota a otra unas cien veces diciéndote: "Así es cómo se ve el semitono entre las dos cuerdas más graves en mi guitarra". Esto es lo único que te estoy intentando mostrar.

Ahora echemos un vistazo a las próximas dos cuerdas:

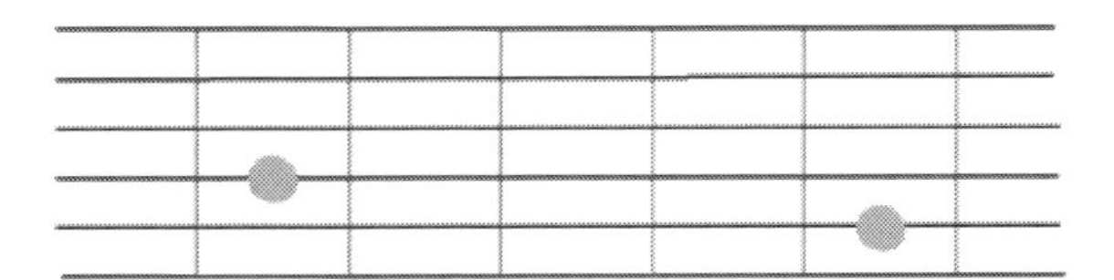

Aquí tenemos exactamente la misma situación. Una vez más podemos concluir que así es cómo se ve el semitono entre las cuerdas 5 y 4. Práctica este movimiento varias veces para que esta idea se introduzca en tu memoria muscular. Mientras alternas entre las notas, recuerda pausar después de cada nota para relajarte en la nueva posición. Esto significa que después de tocar la nueva nota, te tomas un momento para relajarte y alinear tu mano de nuevo en la nueva posición para de esta manera tener exactamente un dedo por traste. No dejes que tu mano "flote" por encima del mástil en una postura de estiramiento intentando cubrir los cinco trastes a la vez.

El movimiento de semitono es también el mismo para las próximas dos cuerdas:

De nuevo, practica este movimiento unas cuantas veces diciéndote: "Así es cómo se ve el semitono entre estas cuerdas también". Pero ahora mira lo que sucede en la región crítica entre la segunda y la tercera cuerda de tu guitarra:

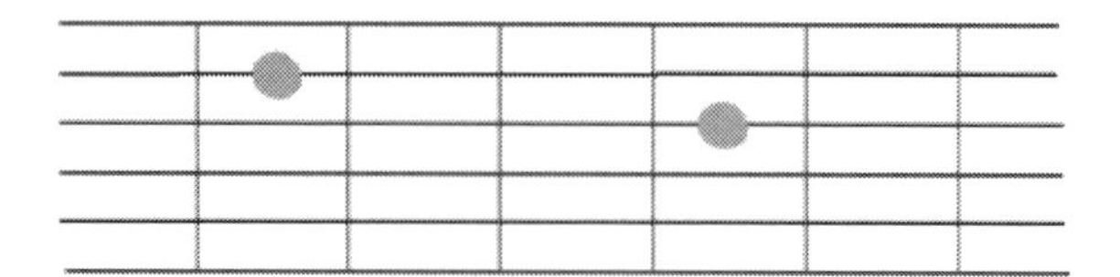

Nota que el movimiento de semitono entre estas cuerdas es diferente. Aquí el semitono es lo que te da tu mano de forma natural, sin ninguna necesidad de cambiar de posición. (Si no ves esto con claridad, simplemente vuelve al dibujo de la nube, el que tiene los pequeños números dentro de los círculos. De lo que estamos hablando ahora mismo es del movimiento entre los círculos numerados con el 19 y el 20 en el dibujo de la nube.) Practica este movimiento alternando varias veces entre las dos notas mientras piensas: "Así es cómo se ve el semitono en esta zona especial de mi guitarra entre la segunda y la tercera cuerda. Entre todas las demás cuerdas necesito estirarme y cambiar de posición, pero aquí el semitono es lo que mi mano me da de forma natural."

Para acabar, echemos un vistazo al último par de cuerdas:

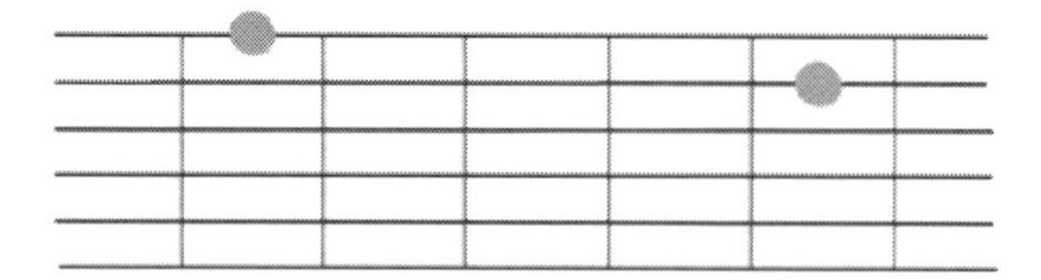

Aquí volvemos a la situación normal. Practica este movimiento varias veces diciéndote: "Las dos cuerdas más agudas son cuerdas normales de nuevo. El semitono aquí requiere que me estire y cambie de posición." Cuando tengas esto claro, vuelve para atrás y practica de nuevo el movimiento de semitono entre todas las otras cuerdas. Recuerda practicar tanto el moverte hacia abajo como el moverte hacia arriba. Es decir, elige una nota al azar para tocarla con tu dedo *índice*, y piensa en cómo saltarías a la siguiente cuerda más grave para moverte hacia *abajo* un semitono. Asegúrate que no tienes ninguna duda en tu mente de cómo moverte en cualquier dirección de una cuerda a otra con el intervalo de un semitono.

Sé que probablemente esta parezca la observación más trivial en la historia de la humanidad, pero es precisamente lo que te va a permitir dominar totalmente tu guitarra en muy poco tiempo. ¡Sé paciente y aprende este concepto con profundidad! A continuación te explico un juego sencillo que puedes hacer para practicar la Movilidad en semitonos.

Movilidad Práctica 1 (semitonos)

Paso 1: Escoge una nota, cualquier nota. (Esto significa cualquier dedo, cualquier cuerda, cualquier traste.)

Paso 2: Muévete hacia abajo un semitono utilizando uno de los *dos* posibles movimientos:

> Misma Cuerda - Sólo muévete hacia abajo un traste por la misma cuerda. Si ya tienes un dedo en el nuevo traste puedes usarlo. Pero también puedes aprovechar este momento para cambiar la posición de tu mano izquierda si tú quieres.
>
> Diferente Cuerda - Si en vez de eso lo que quieres es tocar la nueva nota en la siguiente cuerda que está por debajo, simplemente da un salto de Movilidad para conectar las dos cuerdas. Pero recuerda que los únicos saltos de Movilidad que conocemos están basados en conectar nuestro dedo índice y nuestro dedo meñique. Por lo tanto, sin importar qué dedo usaste para tocar la nota anterior, ahora debes físicamente desplazar tu mano y cambiar de posición para poner tu dedo índice en la última nota que tocaste. (No necesitas tocar la nota anterior de nuevo con tu dedo índice. Simplemente coloca tu dedo índice ahí como un truco de visualización momentánea.) Ahora que tu dedo índice está en la última nota que tocaste, puedes usar los saltos de Movilidad que aprendiste anteriormente para visualizar dónde poner tu dedo meñique en la siguiente cuerda más grave para moverte hacia abajo exactamente un semitono.

Paso 3: Sigue bajando semitonos durante el tiempo que quieras.

> Recuerda que eres libre de moverte hacia abajo por una sola cuerda siempre que quieras (¡hasta que ya no te quede más cuerda!) o de dar en cualquier momento un salto de Movilidad hacia una cuerda más grave.

Paso 4: Cuando lo decidas, cambia de dirección y comienza a moverte hacia arriba utilizando cualquiera de los *dos métodos*:

> Misma Cuerda - Simplemente muévete hacia arriba un traste por la misma cuerda. Puedes usar un dedo que ya esté allí o cambiar de posición si quieres.
>
> Diferente Cuerda - Sin importar qué dedo usaste para tocar la nota anterior, ahora debes físicamente mover tu mano y cambiar de posición para poner tu

dedo meñique en esa nota. (De nuevo, este es nuestro truco de visualización momentánea porque nuestros saltos de Movilidad sólo funcionan entre el dedo índice y el dedo meñique.) Ahora con tu dedo meñique en la última nota que tocaste, puedes utilizar los saltos de Movilidad que aprendiste anteriormente para visualizar dónde poner tu dedo índice sobre la siguiente cuerda más aguda para poder subir exactamente un semitono.

Paso 5: Sigue subiendo en semitonos durante el tiempo que quieras.

Paso 6: Continúa practicando, cambiando de dirección cuando te apetezca.

Siento mucho que requiera tantas palabras explicar un ejercicio tan sencillo. Al principio, sólo intentar seguir mi explicación puede ser bastante agotador. Pero en realidad, lo único que estoy tratando de hacer es animarte a que te muevas libremente por todo el mástil de tu guitarra en *ambas* dimensiones:

- Subir y bajar por los trastes de una sola cuerda
- Hacer saltos de Movilidad de una cuerda a otra

Tendrás que practicar un poco para desarrollar confianza y fluidez. Pero pronto tu mano debería poder flotar por todo el mástil de la guitarra con un movimiento continuo de semitonos. ¡Sé libre y juguetón! Este no es el momento de ser conservador. Celebra tu destreza y sé exagerado, como los niños pequeños que andan en bicicleta sin manos. Si tu mano está muy abajo en el mástil (en la primera posición de la guitarra, por ejemplo), no te sientas como que necesitas quedarte allí. Puedes volar hasta la parte superior de esa cuerda cambiando de posición hasta que alcances los trastes más altos de la guitarra, y sólo entonces hacer un salto de Movilidad a la siguiente cuerda. Ahora no estamos buscando la forma más eficiente y "lógica" de movernos hacia arriba o hacia abajo en semitonos. Lo que queremos conseguir es la libertad total de movimiento. Nuestra idea es flotar sin esfuerzo por todo el mástil de la guitarra, mezclando libremente las dos dimensiones de movimiento.

Antes de continuar, te aconsejo que te tomes unos cuantos días para practicar el movimiento por semitonos en toda la guitarra. Es importante que mantengas tu enfoque en los semitonos hasta que este movimiento se haga fluido y sin esfuerzo por toda la guitarra. Entonces ya estás preparado para pasar a los tonos enteros, que es el otro movimiento esencial que necesitamos dominar. Cuando llegues a dominar tanto los tonos enteros como los semitonos, puedes descansar por un momento porque estos son los únicos dos intervalos que necesitas para tocar todo lo que vamos a ver en el Ejercicio 2: Melodía.

Movilidad: tonos enteros

Para entender el movimiento de un tono entero, tómate un minuto para volver al dibujo de la nube con los círculos numerados. Puedes visualizar el movimiento de tono entero entre la cuerda E grave y la siguiente cuerda que está por arriba mirando los círculos numerados 4 y 6 en el dibujo de la nube. Nota que no se requiere ningún estiramiento. El movimiento se ve así:

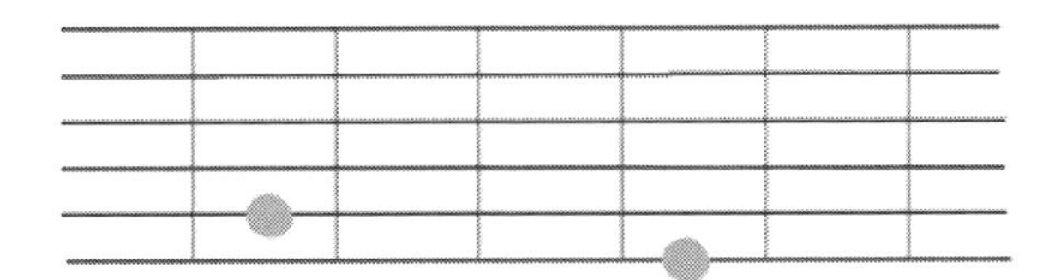

Para probarlo por ti mismo, toca cualquier nota en la cuerda E grave con tu dedo meñique. Alinea tu mano izquierda correctamente para que tengas exactamente un dedo por traste, y luego alterna entre esta nota y la nota que cae directamente bajo tu dedo índice en la siguiente cuerda. Mientras haces esto piensa: "Así es cómo se ve el tono entero entre las dos cuerdas más graves de mi guitarra". Es un movimiento más sencillo que el semitono porque no tienes que cambiar tu posición. Ambas notas caen directamente bajo tus dedos.

Tenemos la misma situación con las siguientes dos cuerdas...

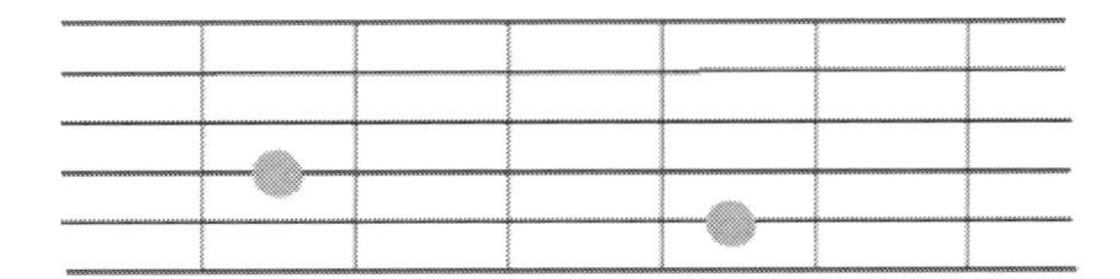

Y las siguientes dos cuerdas...

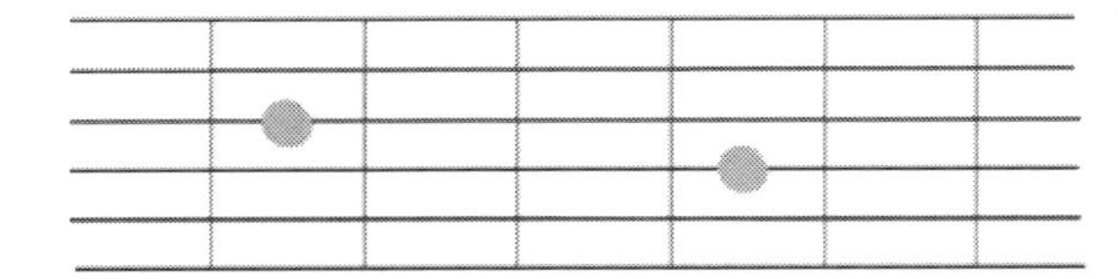

E igual que antes, la situación cambia en la frontera entre las cuerdas 2 y 3:

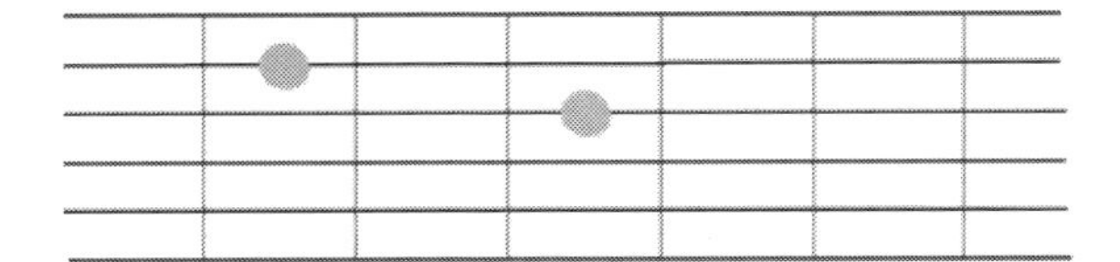

Aquí el intervalo del tono entero ni siquiera requiere toda la distancia que cubre tu mano. Puedes tocar la nota más baja (en la cuerda 3) con tu dedo meñique y la nota más alta (en la cuerda 2) con tu dedo corazón. O puedes tocar la nota más baja con tu dedo anular y la nota más alta con tu dedo índice. De lo que se trata es de simplemente visualizar el desplazamiento físico en el mástil de tu guitarra entre una nota y la otra. Practica este movimiento alternando varias veces entre las dos notas pensando: "Así es cómo se ve el tono entero en esta zona especial entre la segunda y la tercera cuerda".

Por último, entre las dos cuerdas más agudas de la guitarra, la situación vuelve a la normalidad:

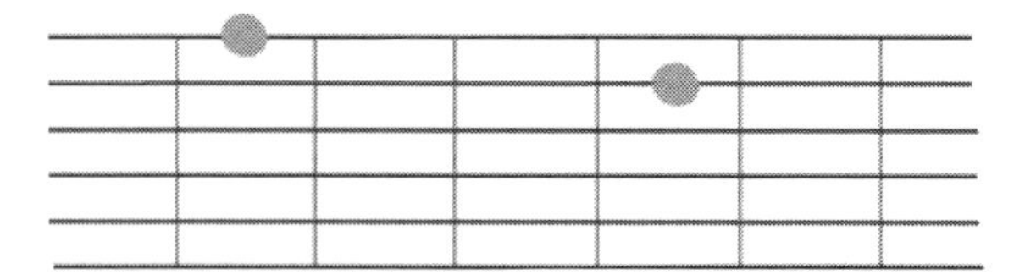

Tómate un minuto para practicar estos movimientos de tono entero entre todas las cuerdas de tu guitarra. Cuando lo tengas claro en tu mente, puedes pasar al siguiente ejercicio que utilizaremos para practicar los movimientos de tono entero por toda la guitarra. (Es exactamente el mismo ejercicio que hicimos para semitonos, pero aquí tienes la explicación detallada de todas formas.)

Movilidad Práctica 2 (tonos enteros)

Paso 1: Escoge una nota, cualquier nota.

Paso 2: Muévete hacia abajo un tono entero utilizando uno de los dos posibles movimientos:

> Misma Cuerda - Simplemente toca la nota dos trastes más abajo en la misma cuerda. Si ya tienes un dedo en ese traste puedes usarlo. Pero si quieres, puedes desplazar tu mano y cambiar de posición.
>
> Diferente Cuerda - Sin importar qué dedo usaste para tocar la nota anterior, ahora físicamente mueve tu mano y cambia de posición para poner tu dedo índice sobre esa nota. (Este es nuestro truco de visualización momentánea.) Ahora puedes utilizar los saltos de Movilidad que aprendiste anteriormente para visualizar dónde tocar en la siguiente cuerda más grave para moverte hacia abajo exactamente un tono entero.

Paso 3: Sigue bajando tonos enteros durante el tiempo que quieras.

> De nuevo, puedes bajar por los trastes de una sola cuerda cuando quieras o hacer un salto de Movilidad en cualquier momento a una cuerda más grave.

Paso 4: Cuando quieras, cambia de dirección y empieza a subir utilizando cualquiera de los dos métodos:

> Misma Cuerda - Sólo sube dos trastes por la misma cuerda. Puedes usar un dedo que ya esté allí o cambiar de posición si quieres.

Diferente Cuerda - Sin importar qué dedo usaste para tocar la última nota, ahora físicamente mueve tu mano para poner tu dedo meñique allí. Ahora puedes usar los saltos de Movilidad que aprendiste anteriormente para visualizar dónde tocar en la siguiente cuerda más aguda para poder subir exactamente un tono entero.

Paso 5: Sigue subiendo tonos enteros el tiempo que quieras.

Paso 6: Continúa practicando todo el tiempo que quieras, cambiando de dirección cuando te apetezca.

En la Movilidad, tal como en la Nube, algún día practicaremos intervalos más grandes como la tercera menor, la tercera mayor, la cuarta, etc. Y más adelante en el libro cuando lleguemos a estudiar las figuras armónicas concretas como los acordes mayores y menores incorporaremos estas figuras en el juego también. Pero ya con los semitonos y los tonos enteros tienes todo lo que necesitas para improvisar por toda tu guitarra en cualquier tono. Por lo tanto, no tengas prisa por avanzar a otra cosa. Tómate tu tiempo para realmente comprender los saltos de Movilidad y para convencerte de que son verdaderos. Vuelve para atrás y practica la Nube, y date cuenta de cómo los saltos de Movilidad están contenidos allí mismo en la Nube. Haz ambos ejercicios cada día con cualquiera de los intervalos que te apetezca practicar. Por ahora ni siquiera te preocupes por entender cómo usarás luego estas habilidades que estás desarrollando. Simplemente piensa en Terreno como una corta meditación diaria que puedes usar para empezar tu sesión de práctica. Durante unos minutos cada día, intenta relajarte y poner toda tu atención en el sencillo acto de moverte por el terreno musical en tu guitarra.

Nota: El siguiente suplemento es solamente para bajistas.

Ejercicio 1: Terreno (para bajo)

Objetivo: Mejorar continuamente tu capacidad de...

> Visualizar claramente tu registro musical completo y moverte por él sin esfuerzo.

Ya que la música improvisada se crea en la imaginación, la destreza técnica más importante para el improvisador es la capacidad de tocar instantáneamente cualquier sonido que imagine. Es importante entender que esta capacidad es puramente mental. No tiene nada que ver con tocar rápidamente. Volar por las escalas con el metrónomo repiqueteando a 200 pulsos por minuto quizás impresione a los vecinos pero no te ayudará a improvisar mejor.

El objetivo del improvisador no es la velocidad de la ejecución sino la claridad de visión. Imagínate ser capaz de ver en tu mente el mapa completo de una gran ciudad a la vez. Así es cómo idealmente nos gustaría sentirnos con respecto a nuestro registro musical entero. La meta es conseguir un profundo sentido de *orientación* que nos acompañe no importa dónde estemos en nuestro instrumento. Si estás en la nota Ab por ejemplo y tu idea melódica requiere que subas una tercera menor, o que bajes una cuarta justa, no quieres que tu flujo creativo sea interrumpido por tener que romperte la cabeza pensando en estos intervalos. La idea es ser capaz de ver el terreno musical completo al mismo tiempo para que puedas fácilmente imaginar cualquier tipo de movimiento a través de él. De esta forma puedes olvidarte de las complicaciones técnicas y mantenerte centrado en crear tu música.

La clave para el Ejercicio 1 es simplemente relajarte y disfrutar. Lo único que puedes encontrar difícil en el ejercicio es superar los sentimientos de culpa que hacen que quieras pasar a hacer algo más "serio". La mayoría de los improvisadores principiantes tienen tanta prisa por hacer música que nunca se toman el tiempo para simplemente disfrutar de moverse por su instrumento. Pero no hay nada más importante a dominar que el propio terreno musical que subyace bajo todo lo que tocarás en el futuro.

En el Ejercicio 1, las notas en tu instrumento no tienen ningún significado musical. Olvídate de la música por el momento. No te distraigas con pensamientos sobre melodía, armonía, tonalidad, escalas, etc. Trata de relajarte y divertirte moviéndote por tu instrumento como si fueras un niño jugando en el campo. La única meta es ganar confianza moviéndote libremente por tu registro musical.

Los bajistas practican el Ejercicio 1 de una forma especial para aprovechar una maravillosa propiedad que tiene el bajo (tanto el contrabajo como el bajo eléctrico). El bajo es, en algunos aspectos, incluso más visual que el piano. Por "visual", me refiero a que todos los intervalos, melodías, acordes, etc., se corresponden con figuras geométricas muy concretas en el mástil del instrumento. Esto le da al bajista una tremenda ventaja para comprender e interiorizar la armonía. Para ti, tu instrumento tiene una doble función. Además de ser tu medio de expresión personal y de creación musical, también sirve como tu propia área de trabajo personal donde puedes colocar visualmente las figuras musicales y contemplar sus sonidos.

Vas a aprender el Ejercicio 1 en dos fases. La primera meta es aprender a visualizar las notas en tu instrumento de una nueva manera, como una cadena ininterrumpida de semitonos. Esta es una parte importante de nuestro proyecto de liberarnos de la tiranía de las armaduras y de la teoría. La idea es ver todas las notas como iguales. Tenemos que aprender a visualizar nuestro registro entero como una escalera conectada que podemos subir o bajar a nuestro gusto. Conseguimos esto en el bajo practicando una técnica que yo llamo "Nube", que es simplemente una forma de visualizar todas las notas que te rodean en un momento dado. Solamente practicarás esta técnica preliminar durante un tiempo corto en preparación para el ejercicio "Movilidad", que es la verdadera técnica que usaremos como sistema de movimiento por el bajo. Pero este periodo inicial de practicar la Nube es una importante preparación mental para la Movilidad. Por favor, ¡no te saltes este paso crítico!

Nube

Para empezar, por favor tómate un momento para mirar el siguiente dibujo del mástil del bajo. Asegúrate que entiendes su orientación. Representa aproximadamente lo que verías si miraras hacia abajo a tu mano izquierda mientras estás tocando un bajo eléctrico. (Si tocas el contrabajo, por favor sigue mi explicación como si tocaras el bajo eléctrico. Todos los conceptos y desplazamientos se aplican de la misma forma al contrabajo, aunque uses dedos diferentes para tocar las notas.)

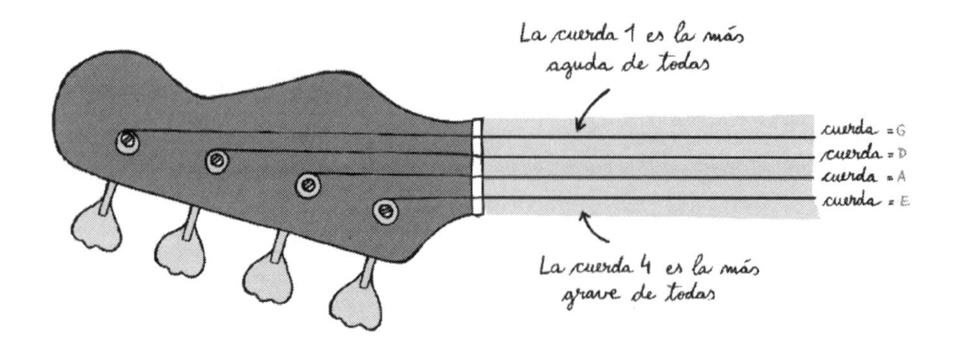

Las cuerdas al aire se afinan de forma que el intervalo entre las cuerdas adyacentes siempre es una cuarta justa. Esta observación tendrá mucho más significado para ti en las próximas semanas. Pero por ahora la única cosa que nos interesa es el conjunto entero de notas que están a tu disposición en cualquier momento. Este conjunto de notas (o lo que yo llamo "La Nube") tiene la siguiente forma en el bajo:

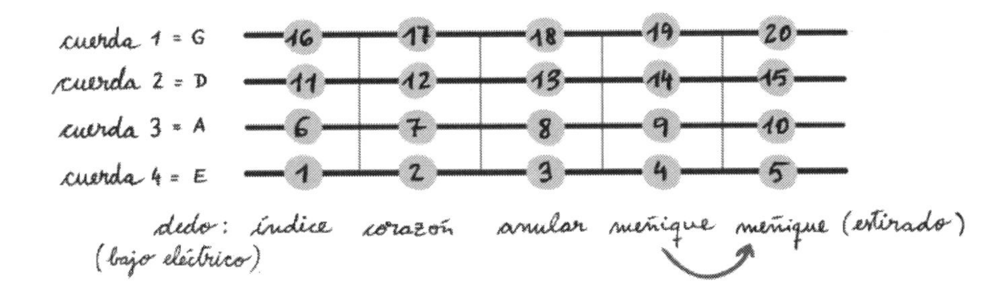

No te sientas abrumado por todos los números que están dentro de los círculos. Sólo los puse ahí para mostrarte el orden de las notas en afinación de grave a aguda. Imagínate tocando estas notas de una en una, empezando con el círculo 1 y terminando con el círculo 20. Esta es la forma en la que visualizamos la cadena ininterrumpida de semitonos en el bajo.

La indicación de los dedos es sólo para el bajo eléctrico. No importa en qué parte del mástil del bajo estés, si tocas bajo eléctrico por ahora debes siempre usar la digitación exacta indicada arriba. Fíjate en que tu meñique tiene la "doble función" de cubrir todas las notas de dos trastes diferentes. Sigue esta regla meticulosamente durante todo el tiempo que practiques la versión "Nube" del Ejercicio 1. Cuando pases a la Movilidad puedes volver a tocar las notas con cualquier dedo que te apetezca usar. Pero para la Nube necesitas usar esta digitación exacta incluso cuando parezca incómoda o ilógica. Utilizamos esta digitación extraña porque nos ayuda a visualizar y a recordar dónde están las notas. Piensa que en el futuro ni siquiera vas a usar esta digitación así que no te estreses por el hecho de que te sientes lento o torpe haciéndolo de esta forma. Hazlo igualmente. Es sólo un truco para ayudar a tu memoria, y encontrarás que realmente te ayuda a ver con más claridad lo que estás haciendo.

Los contrabajistas tendrán que tomar sus propias decisiones sobre digitación usando el concepto (1, 2, 4) o cualquier otra técnica. Pero todavía deberías visualizar el dibujo de la nube tal como los bajistas eléctricos lo hacen. El ejercicio de visualización es el mismo tanto para bajo eléctrico como para contrabajo. Es solamente que los contrabajistas tienen que usar su imaginación un poquito más para visualizar la nube, porque su mano izquierda estará en movimiento mucho más que la mano del bajista de bajo eléctrico.

La cosa más importante sobre el dibujo de arriba es que esta "nube" de notas siempre se ve exactamente igual sin importar en qué parte del bajo esté tu mano. Si estás tocando muy abajo en el mástil entonces tu dedo índice puede corresponder al 1er traste. Si estás tocando muy alto entonces tu dedo índice puede estar en el 9º traste. Pero en ambos casos las notas que tienes disponibles toman exactamente la misma forma, la forma representada en el dibujo de arriba.

Como puedes ver, no hay un gran misterio con respecto al movimiento por semitonos en una cuerda individual. Si quieres moverte hacia arriba un semitono, subes un traste. La historia sólo se vuelve interesante en las fronteras entre una cuerda y la siguiente. Presta atención especial a estas fronteras mientras te mueves por la nube. A continuación se muestra una versión para principiantes de Ejercicio 1 para bajistas que podemos llamar "Nube Práctica 1":

Nube Práctica 1

Paso 1: Escoge una nota, cualquier nota.

> Empezamos cada ejercicio de esta manera. No deberías escoger siempre la misma nota. Pero tampoco pienses demasiado en ello. Simplemente elige una nota totalmente al azar. Esta es una excelente manera de practicar una de las destrezas más esenciales del improvisador, que es la capacidad de orientarse uno mismo instantáneamente con una sola nota. Nunca sabes dónde vas a estar cuando quieras pintar una determinada forma musical en tu instrumento. Por lo tanto, es importante que cada ejercicio empiece con un momento de completa desorientación. Simplemente coloca tu mano izquierda en cualquier parte del mástil y alinea tus dedos correctamente para que cada dedo se corresponda con un traste específico. Elige una cuerda al azar y toca cualquier nota en esa cuerda, utilizando el dedo apropiado.

Paso 2: Disfruta esta nota durante un momento.

> Mientras tocas esta nota asegúrate que cada uno de los demás dedos se quede alineado con su correspondiente traste. Ten cuidado de no distorsionar la postura de tu mano. Cierra los ojos. Todavía deberías poder visualizar tu mano con cada dedo alineado con un traste específico. Manteniendo los ojos cerrados, ¿puedes también visualizar todas las demás notas en el dibujo de la nube de arriba?

Paso 3: Muévete a la nota que está exactamente un semitono por debajo.

> Por ejemplo, si empezaste en el círculo 11 (tocado con tu dedo índice) entonces la nueva nota sería el círculo 10 (tocado con tu dedo meñique en su posición estirada). Los bajistas eléctricos deberían asegurarse que su mano todavía esté perfectamente alineada con 1 dedo por traste, excepto el dedo meñique que a veces se estira para realizar su "doble función". Mantén los ojos cerrados para este y todos los demás pasos.

Paso 4: Continúa bajando semitonos hasta donde quieras.

Paso 5: Cuando lo decidas, cambia de dirección y empieza a moverte hacia arriba.

Paso 6: Continúa practicando, cambiando de dirección cuando te apetezca.

Muévete libremente dentro de la nube con los ojos cerrados, visualizando todo el tiempo exactamente dónde estás en el dibujo de la nube. Para los bajistas eléctricos, si tienes cuidado y mantienes tu mano izquierda correctamente alineada con un dedo por traste (excepto el dedo meñique que a veces necesita estirarse), entonces deberías poder moverte por dónde quieras sin desorientarte. Los contrabajistas tendrán que trabajar un poco más duro para imaginar el mapa de la nube todo el tiempo. Pero en ambos casos la clave es hacer el ejercicio lentamente y visualizar el dibujo de la nube en tu mente en cada paso del proceso.

Esta es sólo una de las muchas maneras de practicar la “Nube” pero es la más importante, y es la base de todo lo que haremos más adelante. No te apresures a pasar a la siguiente actividad. Quédate haciendo este ejercicio sencillo hasta que puedas hacerlo sin pensar. Incluso después de haber entendido el ejercicio, sigue practicándolo al menos una vez al día durante las primeras semanas. Puede que captes la idea intelectualmente desde el principio. Pero tu mente subconsciente necesita tiempo para reprogramarse a imaginar esta nube de notas como tu “universo musical”. Por lo tanto, te animo a tomar unos pocos minutos cada día para realizar este sencillo y relajante ejercicio.

Para que lo disfrutes más puedes tocar libremente con ritmo, fraseo y síncopa. En otras palabras, no avances penosamente a través de las notas como si estuvieras haciendo una maniobra militar. Sé juguetón y cambia mucho de dirección. En vez de tocar todas las notas en una secuencia aburrida como esta:

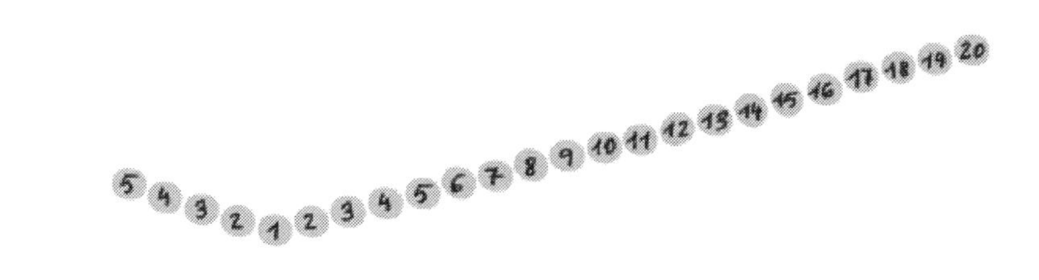

...intenta bailar por toda la nube así:

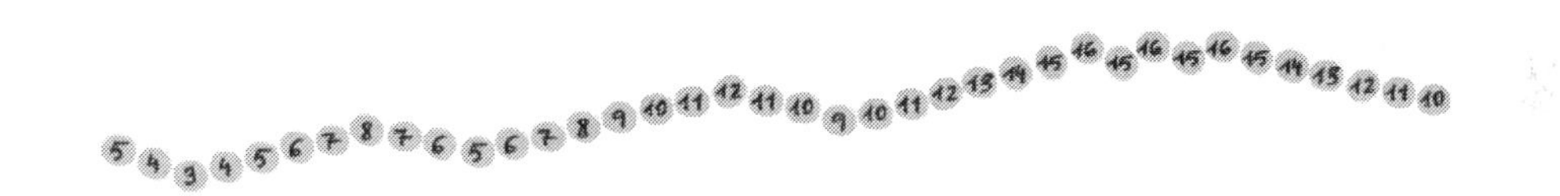

Una cosa que deberías entender es que el único propósito que tienen los números que están dentro de los círculos es simplemente intentar mostrarte cómo funciona este ejercicio. De hecho, con mis propios alumnos particulares ni siquiera uso estos números porque puedo simplemente mostrarles el ejercicio directamente en el bajo. Por consiguiente, cuando practiques el Ejercicio 1, por favor, no te esfuerces en recordar los números que están dentro de los círculos. Tu único objetivo es visualizar la nube y practicar moviéndote dentro de ella. De hecho nunca más volveremos a hablar de estos números en mi método.

Trabaja en la Nube Práctica 1 hasta que llegues al punto en el que moverte de una nota a otra no conlleve ningún esfuerzo. Por ejemplo, deberías poder coger el bajo, colocar tu mano izquierda en cualquier parte del mástil y empezar a moverte a través de la nube en cualquier dirección.

Cuando hayas adquirido este nivel de confianza moviéndote por todas partes dentro de la nube, entonces puedes pasar al siguiente nivel. El próximo paso es separar cada nota por tonos enteros en vez de semitonos. Por ejemplo, si eliges al azar el círculo 17 como punto de partida, entonces la siguiente nota por debajo será el círculo 15, luego el círculo 13, luego el 11, etc. Como con los semitonos, la meta no es meramente arrastrarte por las notas de una forma sistemática y aburrida. Tómate tiempo para disfrutar. Sé rítmico y juguetón, bailando por toda la nube usando pequeños saltos de tonos enteros. Encontrarás que visualizar este salto del tono entero te cuesta más en unos sitios que en otros. Cuando te encuentres con dificultades, no te estreses. Quédate ahí y disfruta practicando tu salto como si fueras un alumno de artes marciales entrenándose en el dojo.

Cuando domines los semitonos y los tonos enteros, habrás alcanzado una importante meseta. Estos son los dos únicos intervalos que necesitas para tocar todo el material que vamos a ver en el Ejercicio 2: Melodía. Por lo tanto, este también es el momento en el que tu práctica se separa en dos caminos paralelos. Puedes comenzar a trabajar en el Ejercicio 2 tan pronto como estés preparado, pero también deberías continuar desarrollando tus destrezas en el Ejercicio 1.

Explicaré el Ejercicio 2 cuando lleguemos a él. Pero ahora mismo quiero continuar con el Ejercicio 1, para mostrarte cómo puedes continuar creciendo en tu dominio del terreno musical básico de tu bajo. Este nuevo ejercicio que te voy a mostrar se convertirá en nuestra manera principal de ejecutar cualquier movimiento en el bajo.

Movilidad

El ejercicio de la Movilidad es fácil de hacer pero explicarlo en un libro requiere muchas palabras. Intentaré explicarlo de la manera más clara posible. Una vez que lo entiendas, creo que lo encontrarás tanto fácil como agradable. Es solamente la explicación inicial la que da algo de trabajo. Como con todos los demás ejercicios de mi método, si prefieres aprenderlo a través de clases de vídeo, te invito a hacerte socio de mi sitio web: www.ImproviseForReal.com. En el sitio web te puedo mostrar el ejercicio completo de la Movilidad en cuestión minutos. Por favor recuerda que estos recursos están siempre disponibles para ti. Pero haré todo lo posible para explicar cómo funciona el ejercicio, y creo que con un poco de paciencia lo entenderás perfectamente.

Movilidad: semitonos

* Una nota especial para los contrabajistas:

> La siguiente descripción del ejercicio de la Movilidad incluye muchos comentarios sobre la posición de los dedos que son solamente para los bajistas eléctricos. Esto es porque en el bajo eléctrico los saltos de Movilidad corresponden a movimientos exactos de los dedos, y quiero hacer que estos movimientos sean claros. Obviamente no vas a utilizar tú las mismas digitaciones, pero por favor sigue de todas formas la explicación e intenta imaginar cómo harías el ejercicio de la Movilidad en el bajo

eléctrico. Esto te ayudará a visualizar los saltos de Movilidad en tu contrabajo porque los desplazamientos son idénticos, aunque la digitación sea diferente. Debido a la libertad del movimiento de la mano izquierda que requiere el contrabajo, tendrás que concentrarte mucho más al principio para visualizar los saltos de Movilidad. Pero con un poco de práctica puedes hacer el ejercicio con tanta facilidad como los bajistas eléctricos. El primer paso es simplemente tener claro los desplazamientos mismos, y para hacerlo te pediré que imagines por un momento que eres un bajista eléctrico, y que sigas los ejemplos que se encuentran a continuación.

La idea detrás del ejercicio Movilidad viene de hacer un par de importantes observaciones sobre las relaciones entre las notas en la Nube. Al reducir nuestra experiencia con la nube a un par de observaciones claves, podemos llevar estos principios con nosotros a dónde vayamos, y así movernos libremente por de todo el bajo sin ni siquiera molestarnos en visualizar la nube entera. Miremos de nuevo el dibujo de la nube con los números que representan cada nota:

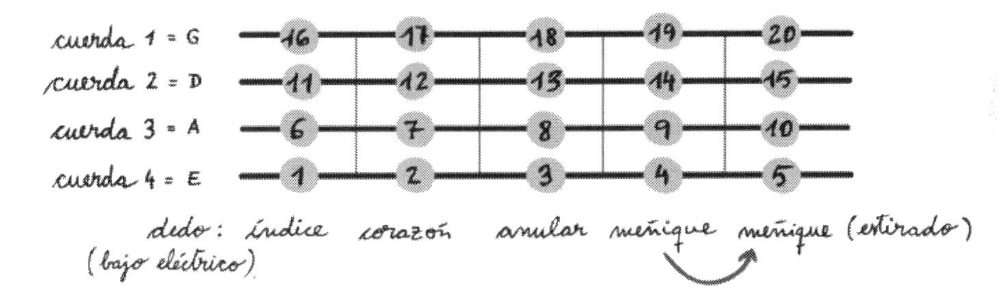

La primera observación que tenemos que hacer sobre el dibujo de arriba es cómo el intervalo de un semitono *se ve* entre una cuerda y la siguiente. Considera cómo se ve el intervalo de un semitono entre la cuerda más grave (cuerda 4) y la siguiente cuerda por arriba (cuerda 3):

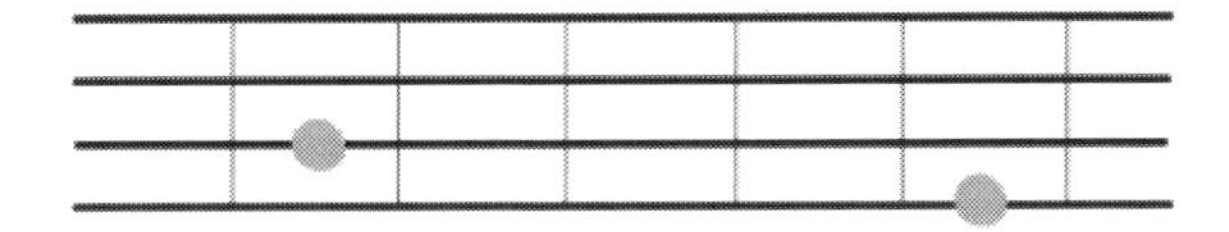

Los dos círculos que se muestran son los círculos numerados con el 5 y el 6 en el dibujo de la nube de arriba. Pero ya no tienen números porque no quiero que visualices más la nube entera. Sólo quiero que te fijes en la relación entre las dos notas. Nota que están separadas por esa distancia incómoda que se corresponde con el dedo meñique estirándose en el ejercicio Nube. En la Movilidad, de hecho no mantenemos este estiramiento incómodo sino que, en lugar de ello, simplemente desplazamos nuestra mano exactamente un traste y *nos relajamos en la nueva posición*. Si no entiendes exactamente lo que quiero decir, coge tu bajo y sigue leyendo. Cuando lo hagas por ti mismo lo verás enseguida.

¿Tienes tu bajo? Perfecto. Ahora toca cualquier nota en la cuerda E grave con tu meñique. (Elige una nota que esté lo suficientemente alta en el mástil para que puedas ejecutar el movimiento que se muestra en el dibujo de arriba.) Alinea tu mano izquierda correctamente utilizando un dedo por traste. No debería haber ningún estiramiento en este momento. Simplemente deberías tener todos los cuatro dedos descansando en la cuerda E grave mientras tocas la nota bajo tu dedo meñique.

Ahora, si quisieras moverte hacia *abajo* un semitono, eso sería obvio. Tocarías la nota bajo tu dedo anular en la misma cuerda E grave. Pero si quisieras moverte hacia *arriba* un semitono tendrías dos opciones. Ambas opciones conllevan un cambio de "posición". En el bajo, una posición significa simplemente el traste con el cual tu dedo índice está alineado. Si desplazas toda tu mano un traste más cerca del cuerpo del bajo, decimos que has subido una posición. En el ejercicio actual, una manera de subir un semitono sería hacer justamente esto, desplazar toda tu mano un traste más cerca del cuerpo del bajo, y tocar la nueva nota que cae bajo tu dedo meñique.

Pero la otra manera de conseguirlo sería hacer un "salto de Movilidad" a la siguiente cuerda. De hecho te desplazarías hacia *abajo* una posición y tocarías la nota que cae bajo tu dedo índice en la siguiente cuerda. En total, el movimiento se siente como abrir la mano para realizar un gran estiramiento, tocar la nueva nota y luego relajarte en la nueva posición.

Si no me sigues, hay una forma muy sencilla para que descubras por ti mismo este mismo movimiento. Sólo vuelve al dibujo de la nube, el que tiene los pequeños números dentro de los círculos. Toca el círculo número 5 con tu dedo meñique y luego el círculo número 6 con tu dedo índice. Alterna entre una nota a otra unas cien veces diciéndote: "Así es cómo se ve el semitono entre cualquier par de cuerdas en mi bajo". Esto es lo único que te estoy intentando mostrar.

Ahora echemos un vistazo a las próximas dos cuerdas:

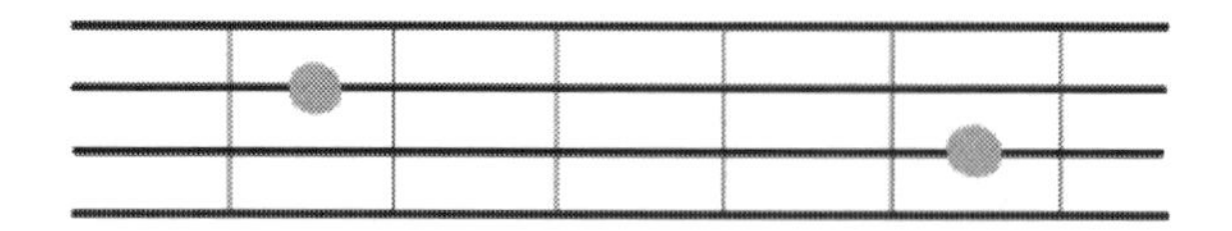

Aquí tenemos exactamente la misma situación. Pero practica este movimiento igualmente para que se introduzca en tu memoria muscular. Piensa: "Así se ve el semitono entre estas cuerdas también". Mientras alternas entre las notas, recuerda pausar después de cada nota para relajarte en la nueva posición. Esto significa que después de tocar la nueva nota, te tomes un momento para relajarte y alinear tu mano de nuevo en la nueva posición para de esta manera tener exactamente un dedo por traste. No dejes que tu mano "flote" por encima del mástil en una postura de estiramiento intentando cubrir los cinco trastes a la vez.

El movimiento de semitono es el mismo para las últimas dos cuerdas también:

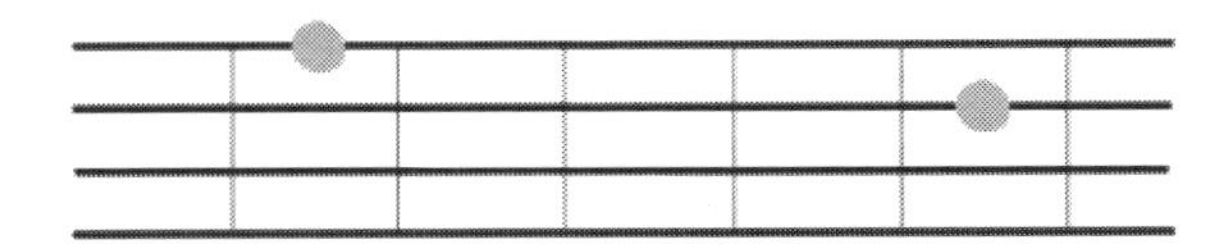

De nuevo, practica este movimiento unas cuantas veces diciéndote: "Así es cómo se ve el semitono entre estas cuerdas también".

Sé que probablemente esta parezca la observación más trivial en la historia de la humanidad, pero es precisamente lo que te va a permitir dominar totalmente tu bajo en muy poco tiempo. ¡Sé paciente y aprende este concepto con profundidad! A continuación te explico un juego sencillo que puedes hacer para practicar la Movilidad en semitonos.

Movilidad Práctica 1 (semitonos)

Paso 1: Escoge una nota, cualquier nota. (Esto significa cualquier dedo, cualquier cuerda, cualquier traste.)

Paso 2: Muévete hacia abajo un semitono utilizando uno de los *dos* posibles movimientos:

> Misma Cuerda - Sólo baja un traste por la misma cuerda. Si ya tienes un dedo en el nuevo traste puedes usarlo. Pero también puedes aprovechar este momento para cambiar la posición de tu mano izquierda si tú quieres.
>
> Diferente Cuerda - Si en vez de eso lo que quieres es tocar la nueva nota en la siguiente cuerda por debajo, puedes dar un salto de Movilidad para conectar las dos cuerdas. Pero recuerda que los únicos saltos de Movilidad que conocemos están basados en conectar nuestro dedo índice y nuestro dedo meñique. Por lo tanto, sin importar qué dedo usaste para tocar la nota anterior, ahora debes físicamente desplazar tu mano y cambiar de posición para poner tu dedo índice en la última nota que tocaste. (No necesitas tocar la nota anterior de nuevo con tu dedo índice. Simplemente coloca tu dedo índice ahí como un truco de visualización momentánea.) Ahora que tu dedo índice está en la última nota que tocaste, puedes usar los saltos de Movilidad que aprendiste anteriormente para visualizar dónde poner tu dedo meñique en la siguiente cuerda más grave para moverte hacia abajo exactamente un semitono.

Paso 3: Sigue bajando semitonos durante el tiempo que quieras.

> Recuerda que eres libre de moverte hacia abajo por una sola cuerda siempre que quieras (¡hasta que ya no te quede más cuerda!) o de dar en cualquier momento un salto de Movilidad hacia una cuerda más grave.

Paso 4: Cuando lo decidas, cambia de dirección y comienza a moverte hacia arriba utilizando cualquiera de los *dos métodos*:

Misma Cuerda - Simplemente sube un traste por la misma cuerda. Puedes usar un dedo que ya esté allí o cambiar de posición si quieres.

Diferente Cuerda - Sin importar qué dedo usaste para tocar la nota anterior, ahora debes físicamente mover tu mano y cambiar de posición para poner tu dedo meñique en esa nota. (De nuevo, este es nuestro truco de visualización momentánea porque nuestros saltos de Movilidad sólo funcionan entre el dedo índice y el dedo meñique.) Ahora con tu dedo meñique sobre la última nota que tocaste, puedes utilizar los saltos de Movilidad que aprendiste anteriormente para visualizar dónde poner tu dedo índice sobre la siguiente cuerda más aguda para poder subir exactamente un semitono.

Paso 5: Sigue subiendo en semitonos durante el tiempo que quieras.

Paso 6: Continúa practicando, cambiando de dirección cuando te apetezca.

Siento mucho que requiera tantas palabras explicar este ejercicio. Al principio, sólo intentar seguir mi explicación puede ser bastante agotador. Pero en realidad, lo único que estoy tratando de hacer es animarte a que te muevas libremente por todo el mástil de tu bajo en *ambas* dimensiones:

- Subir y bajar por los trastes en una sola cuerda
- Hacer saltos de Movilidad de una cuerda a otra

Tendrás que practicar un poco para desarrollar confianza y fluidez. Pero pronto tu mano debería poder flotar por todo el mástil del bajo con un movimiento continuo de semitonos. ¡Sé libre y juguetón! Este no es el momento de ser conservador. Celebra tu destreza y sé exagerado, como los niños pequeños que andan en bicicleta sin manos. Si tu mano está muy abajo en el mástil (en la primera posición del bajo, por ejemplo), no te sientas como que necesitas quedarte allí. Puedes volar hasta la parte superior de esa cuerda cambiando de posición hasta que alcances los trastes más altos del bajo, y sólo entonces hacer un salto de Movilidad a la siguiente cuerda. Ahora no estamos buscando la forma más eficiente y "lógica" de movernos hacia arriba o hacia abajo por semitonos. Lo que queremos conseguir es la libertad total de movimiento. Nuestra idea es flotar sin esfuerzo por todo el mástil del bajo, mezclando libremente las dos dimensiones de movimiento.

Movilidad: tonos enteros

Cuando puedas moverte sin esfuerzo por todo tu bajo por semitonos ya estarás preparado para pasar a los tonos enteros, que es el otro movimiento esencial que necesitamos dominar. Cuando llegues a dominar tanto los tonos enteros como los semitonos, puedes descansar por un momento porque estos son los únicos dos intervalos que necesitas para el Ejercicio 2: Melodía.

Para entender el movimiento de un tono entero, tómate un minuto para volver al dibujo de la nube con los círculos numerados. Puedes visualizar el movimiento del tono entero entre la cuerda E y la cuerda A mirando los círculos numerados 4 y 6 en el dibujo de la nube. Nota que no se requiere ningún estiramiento. El movimiento se ve así:

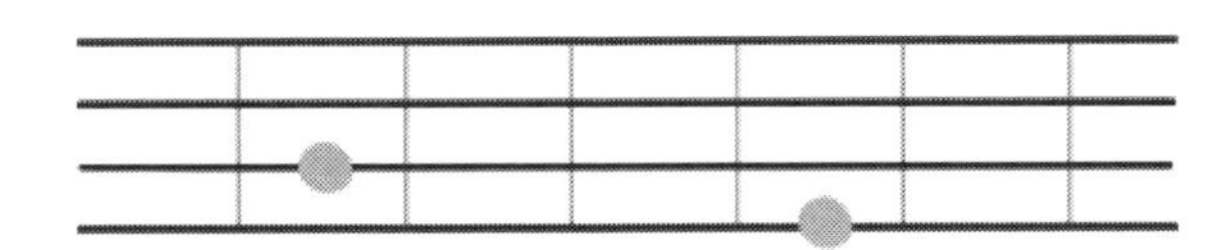

Para probarlo por ti mismo, toca cualquier nota sobre la cuerda E con tu dedo meñique. Alinea tu mano izquierda correctamente para que tengas exactamente un dedo por traste, y luego alterna entre esta nota y la nota que cae directamente bajo tu dedo índice en la siguiente cuerda. Mientras haces esto piensa: "Así es cómo se ve el tono entero entre cualquier par de cuerdas en mi bajo". Es un movimiento más sencillo que el semitono porque no necesitas cambiar la posición. Ambas notas caen directamente bajo tus dedos.

Tenemos la misma situación con las siguientes dos cuerdas...

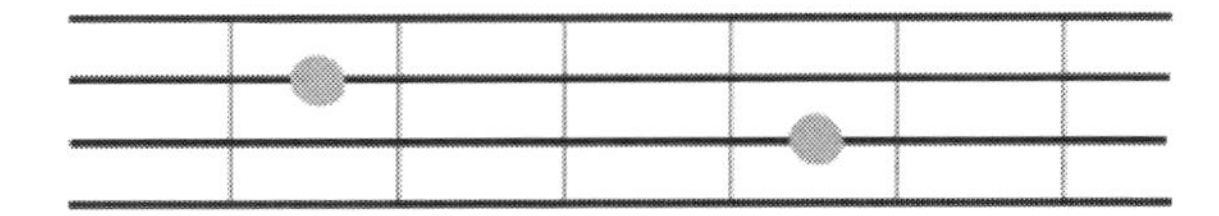

Y con las últimas dos cuerdas...

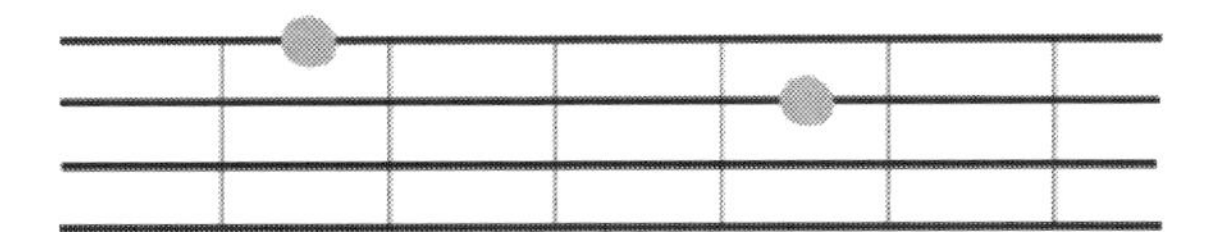

Tómate un minuto para practicar estos movimientos de tono entero a través de todas las cuerdas de tu bajo. Cuando que lo tengas claro en tu mente, échale un vistazo al siguiente ejercicio que utilizaremos para practicar movimientos de tono entero por toda el bajo. (Es exactamente el mismo ejercicio que hicimos para semitonos, pero aquí tienes la explicación detallada de todas formas.)

Movilidad Práctica 2 (tonos enteros)

Paso 1: Escoge una nota, cualquier nota.

Paso 2: Muévete hacia abajo un tono entero utilizando uno de los *dos* posibles movimientos:

> Misma Cuerda - Simplemente toca la nota dos trastes más abajo en la misma cuerda. Si ya tienes un dedo en ese traste puedes usarlo. Pero si tú quieres, puedes desplazar tu mano y cambiar de posición.

Diferente Cuerda - Sin importar qué dedo usaste para tocar la nota anterior, ahora físicamente mueve tu mano y cambia de posición para poner tu dedo índice sobre esa nota. (Este es nuestro truco de visualización momentánea.) Ahora puedes utilizar los saltos de Movilidad que aprendiste anteriormente para visualizar dónde tocar en la siguiente cuerda más grave para bajar exactamente un tono entero.

Paso 3: Sigue bajando tonos enteros durante el tiempo que quieras.

De nuevo, puedes bajar por los trastes de una sola cuerda siempre que quieras o hacer un salto de Movilidad en cualquier momento hacia una cuerda más grave.

Paso 4: Cuando quieras, cambia de dirección y empieza a subir utilizando cualquiera de los dos métodos:

Misma Cuerda - Sólo sube dos trastes por la misma cuerda. Puedes usar un dedo que ya esté allí o cambiar de posición si quieres.

Diferente Cuerda - Sin importar qué dedo usaste para tocar la última nota, ahora físicamente mueve tu mano para poner tu dedo meñique allí. Ahora puedes usar los saltos de Movilidad que aprendiste anteriormente para visualizar dónde tocar en la siguiente cuerda más aguda para poder subir exactamente un tono entero.

Paso 5: Sigue subiendo tonos enteros el tiempo que quieras.

Paso 6: Continúa practicando, cambiando de dirección cuando te apetezca.

En la Movilidad, tal como en la Nube, algún día practicaremos intervalos más grandes como la tercera menor, la tercera mayor, la cuarta, etc. ¿Puedes ya imaginarte cómo se ven estos saltos de Movilidad en el bajo?

Aquí te muestro algunos ejemplos:

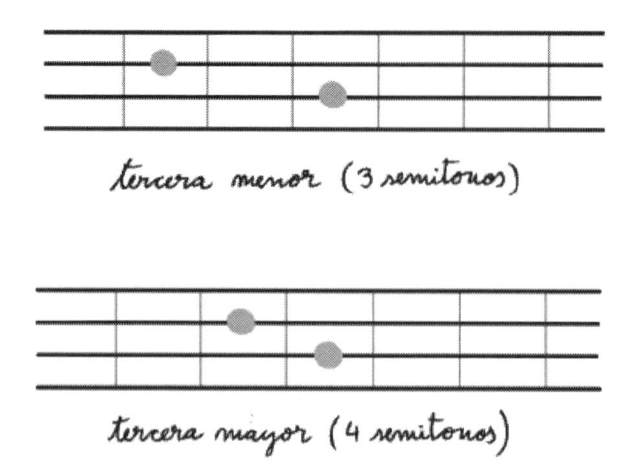

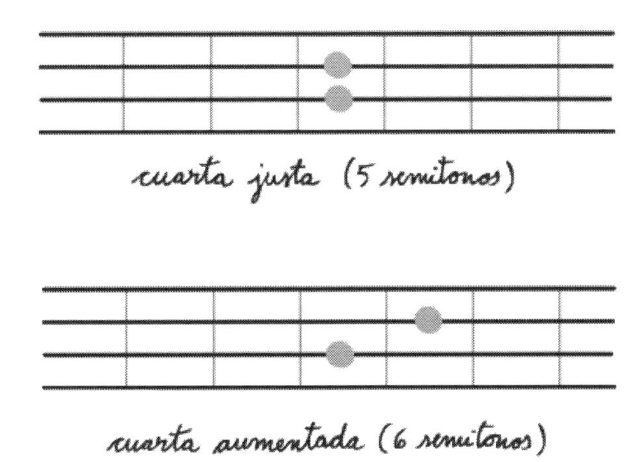

Más adelante en el libro cuando lleguemos a estudiar las figuras armónicas concretas como los acordes mayores y menores, incorporaremos estas figuras en el juego también. Pero ya con los semitonos y los tonos enteros tienes todo lo que necesitas para improvisar en cualquier tono por todo tu bajo. Por lo tanto, no tengas prisa por avanzar a otra cosa. Tómate tu tiempo para realmente comprender los saltos de Movilidad y para convencerte de que son verdaderos. Vuelve para atrás y practica la Nube, y date cuenta de cómo los saltos de Movilidad están contenidos allí mismo en la Nube. Haz ambos ejercicios cada día con cualquiera de los intervalos que te apetezca practicar. Por ahora ni siquiera te preocupes por entender cómo usarás luego estas destrezas que estás desarrollando. Simplemente piensa en Terreno como una corta meditación diaria que puedes usar para empezar tu sesión de práctica. Durante unos minutos cada día, intenta relajarte y poner toda tu atención en el sencillo acto de moverte por el terreno musical de tu bajo.

El arquitecto y el albañil

Antes de empezar a hablar de armonía quiero contarte una historia que creo te ayudará a comprender el cambio que tenemos que realizar en nuestra forma de pensar. La historia trata de un arquitecto y un albañil.

Cada mañana el albañil va a trabajar y empieza su día revisando los planos que le dan. Estos planos le dicen exactamente qué estructuras tiene que construir y dónde tiene que construirlas. Nunca sabe exactamente cómo será el edificio final, pero no importa porque su trabajo es solamente implementar lo que está escrito en los planos.

Estos planos fueron diseñados por un arquitecto. Están basados en una larga lista de requisitos del cliente combinados con la propia comprensión del arquitecto de la estética, la funcionalidad, consideraciones de seguridad, las leyes urbanísticas, el coste de los diferentes materiales de construcción, etc. El arquitecto puede trabajar durante un año o más en el diseño de un solo edificio. Luego todo un equipo de personas trabajarán durante muchos meses más para convertir este diseño general en un plan de proyecto con tareas específicas para los trabajadores como nuestro albañil.

El albañil es muy bueno haciendo su trabajo pero en su corazón sueña con ser algún día un arquitecto él mismo. Se imagina a sí mismo diseñando edificios enteros y dando órdenes a los albañiles y a otros contratistas. A veces en su tiempo libre se sienta y contempla sus planos de albañilería intentando comprender su lógica. Pero no importa cuánto estudie sus instrucciones, no acaba de entender la forma de pensar del arquitecto. El trabajo del arquitecto parece como magia y nuestro pobre albañil concluye erróneamente que simplemente no tiene talento para ser arquitecto.

El problema es que el arquitecto trabaja con diferentes herramientas y lenguajes, y sigue una metodología completamente diferente de la del albañil. No es que nuestro albañil sea incapaz de convertirse en un arquitecto. Sólo tendría que ir a una escuela de arquitectura y empezar a pensar en el tipo de cosas en las que piensan los arquitectos. Nunca comprenderá la arquitectura estudiando sus instrucciones de albañilería, porque la información simplemente no está allí.

Esto es exactamente lo que les pasa a los músicos que intentan comprender la armonía estudiando sus "instrucciones" (partituras de música clásica, el "Real Book" de jazz, etc.). Nuestro sistema de armaduras, símbolos de acordes, notas y silencios, etc., es una forma muy eficiente de decirle a un intérprete exactamente qué es lo que debe tocar. Pero como un lenguaje para comprender la armonía nuestro sistema de notación es un desastre total. No es que crear música sea difícil. Es sólo que nunca lo comprenderás si estás atrapado en el lenguaje del intérprete. Exactamente como lo que pasa con las instrucciones del albañil, la información del diseño simplemente no está allí.

Si quieres crear música por ti mismo, tienes que abandonar el lenguaje de los intérpretes y adoptar un lenguaje adecuado para los compositores. En otras palabras, tienes que empezar desde cero y aprender a ver la armonía a través de los ojos de un niño. Lo que descubrirás es que si puedes dejar de lado todas esas "preguntas de albañil" imposibles, la armonía es en realidad muy sencilla. De hecho, es absurdamente sencilla.

Siete pequeñas notas

Toda la música que has escuchado en tu vida se basa en solamente siete notas.

(Por favor, tómate un momento para reflexionar sobre esta frase. Es una afirmación bastante atrevida.)

Nos hemos pasado literalmente siglos aplicando nuestra creatividad musical a una sencilla constelación de siete notas. Son la materia prima de todo compositor de música clásica que puedas nombrar, y constituyen así mismo toda la música contemporánea como el pop, rock, funk, blues, jazz, soul, bossa nova y todo lo demás. Desde el más estridente heavy metal hasta las sublimes meditaciones de Miles Davis, estás oyendo las mismas siete notas una y otra vez.

A las siete notas se les llama sencillamente la “escala mayor”, y de esta escala proceden todos los sonidos musicales que hayas oído en tu vida. Puede parecer muy sorprendente que tanta música pueda hacerse a partir de un conjunto de materiales tan simple y pequeño. Pero lo que es aún más impresionante es que tú ya reconoces cada una de estas siete notas en la música que te rodea. Las tenías memorizadas antes de que pudieras hablar. No estás acostumbrado a llamarlas por su nombre porque nunca nadie te las señaló. Pero tu mente subconsciente ya está altamente entrenada en su uso.

Es por esto, por ejemplo, que eres capaz de reconocer la melodía de "Cumpleaños Feliz" sin importar en qué tono esté. Lo que realmente estás reconociendo es una secuencia particular de notas de la escala mayor. En otras palabras, el mero hecho de que seas capaz de reconocer la melodía significa que a un nivel subconsciente *ya sabes cuáles son las notas*. Y "Cumpleaños Feliz" no es la única melodía que reconocemos de esta manera. Es un solo ejemplo entre miles. Literalmente cada vez que silbas una tonada, cantas una canción o reconoces una melodía familiar estás demostrando tu conocimiento y dominio de las siete notas que componen nuestro sistema musical. Son como un segundo idioma para ti, y las conoces tan bien que las usas magistralmente sin ni siquiera darte cuenta de que lo estás haciendo.

Te mostraré un ejemplo. Tómate un momento para recordar una melodía conocida de tu infancia. Puede ser un villancico de Navidad, una canción pop, una sintonía de la tele o cualquier otra cosa. Canta las primeras líneas en voz alta y asegúrate que estás cantando lo suficientemente bien para que la melodía sea reconocible.

--- De verdad, por favor realmente *haz* este ejercicio en vez de solamente pensar en él. Solamente te tomará un segundo. Intenta cantar cada nota claramente y sentir cada nota mientras cantas. Cuando hayas terminado puedes continuar con la lectura. Canta la melodía ahora. ---

Genial, vamos ahora al grano. Probablemente cantaste la melodía en un tono completamente diferente del tono original en el que la oíste. Pero partiendo desde cualquier nota al azar, eres capaz de colocar perfectamente todos esos semitonos y tonos enteros justamente en los lugares necesarios para reproducir correctamente la melodía en el *nuevo* tono que estás imaginando ahora. Esta transposición de un tono al otro te llevaría probablemente diez minutos hacerla con lápiz, papel y la teoría musical. Pero para tu mente musical subconsciente (que también podríamos llamarla simplemente "el oído"), la transposición no conlleva ningún esfuerzo. Este sencillo ejercicio demuestra que ya eres un gran maestro de la armonía tonal. También te da quizás tu primera pista sobre *dónde* reside tu genio musical.

La mayoría de las personas no considera que cantar una sencilla canción sea una proeza particularmente impresionante. Pero la verdad es que solamente queda un paso muy pequeño para poder *tocar* estas notas en cualquier instrumento también. Por lo tanto, una de las primeras habilidades que adquirirás como resultado de practicar mi método es la capacidad de tocar en tu instrumento cualquier melodía que puedas imaginar, en cualquier tono que desees. De un solo golpe heredarás un repertorio instantáneo que consiste en todas las canciones que hayas oído en tu vida.

Al reflexionar sobre esta revelación de que toda nuestra música está basada en sólo siete notas, te podrías preguntar por qué ninguno de tus profesores de música nunca te dijo esto. La respuesta es que probablemente *no lo sabían*. Si alguna vez has estado expuesto a algo de la "teoría de la música", has visto un maravilloso ejemplo de cómo las personas bien intencionadas pueden inventar una explicación que es vastamente más confusa que el material que estaban intentando explicar en primer lugar.

El poder de la experiencia directa

¿Pero *por qué* la teoría de la música es tan densa y complicada? ¿Por qué hay esta contradicción entre la elegante belleza de la música y la torpe pesadez de la teoría musical? La respuesta tiene que ver no con la teoría musical en sí, sino con nuestros intentos de usarla como un sustituto de la experiencia propia.

Imagínate por un momento que yo quisiera saber todo lo que se puede saber sobre la ciudad natal donde creciste. Quizás no te des cuenta de lo experto que eres con respecto al tema de tu ciudad natal. Pero a los dos nos esperaría una noche bastante larga si tuvieras que explicármelo *todo*. Para empezar está la casa de tu familia (no te olvides de todas las habitaciones), las casas de tus amigos, tu colegio con todas sus aulas, tus lugares favoritos para jugar afuera, todas las calles y las esquinas, todos los restaurantes, el supermercado, el banco, la oficina de correos y muchos más lugares que sólo tú conocerías. Apuesto que hay literalmente centenares de lugares que puedes recordar claramente si piensas en ello lo suficiente.

Pero esto es sólo el principio. Incluso si te limitas a solamente *uno* de estos sitios, encuentras que todavía hay innumerable detalles que explicar: piso, techo, paredes, puertas y ventanas, luces, muebles y quizás docenas de objetos pequeños. Y ni siquiera se termina ahí. Incluso si te enfocas en solamente *uno* de los objetos de la habitación, todavía encuentras que las palabras no son suficientes ni para describir completamente esta sola cosa.

Ya ves el poder que tienen las palabras.

Pero ahora imagínate si pudieras simplemente *llevarme allí*. Podrías enseñarme todos esos lugares que querías compartir conmigo. En cuestión de minutos la repentina avalancha de imágenes, sonidos y olores ya me llenaría la mente con más detalles de los que jamás podrías darme con palabras.

Tu ciudad natal es una buena metáfora para la armonía. No hay nada especialmente difícil de la armonía, pero no es el tipo de cosa que se puede reducir fácilmente a palabras y teorías. Este pequeño y hermoso mundo de sonidos se tiene que conocer de primera mano. Si simplemente vas allí y lo experimentas por ti mismo, verás que tampoco necesitas tanta teoría para recordar dónde están las cosas. Pero si te quedas fuera de este mundo y tratas de aprender sobre ello a través de explicaciones de segunda mano, si intentas reducir este hermoso mundo de sonidos y sensaciones a un puñado de fórmulas y definiciones, es entonces cuando te encuentras ante una tarea imposible.

Esta es la razón por la que la teoría de la música parece tan difícil y confusa. Simplemente no es posible obtener una comprensión real de la música sin experimentarla por ti mismo. Tienes que crear los sonidos tú mismo y escucharlos una y otra vez. Tienes que tocarlos libremente, combinándolos de diferentes maneras. En otras palabras, tienes que *improvisar*. La mayoría de la gente cree erróneamente que necesitas comprender la armonía antes de que puedas improvisar. Pero en realidad es al revés. Tienes que improvisar para llegar a comprender la armonía.

Por eso, aprender a improvisar no es la "meta" de mi método. La improvisación *es* mi método. Es nuestra manera de investigar nuevos conceptos y descubrir su significado por nosotros mismos. Mi trabajo es organizar tus experiencias para que vayas descubriendo todos los rincones de nuestro sistema musical. Tu trabajo es simplemente tocar y disfrutar de los sonidos que estemos estudiando en cualquier momento. Si ambos hacemos nuestro trabajo correctamente, entonces tus prácticas deberían ser siempre agradables, interesantes y divertidas. Pero también estarás desarrollando un dominio profundo y personal de la armonía que no se puede explicar con palabras.

Una comprensión verdadera de la música está al alcance de todo el mundo, pero la única forma de conseguirla es a través de la experiencia personal y directa. Desgraciadamente, las clases de música suelen hacer imposible esta experiencia. La mayoría de los profesores de música se sienten extremadamente incómodos permitiendo a los alumnos que simplemente experimenten las notas y los acordes por sí mismos. Los profes piensan que para justificar el precio de las clases tendrían que "explicar" algo. Este es el trágico error de nuestro sistema musical entero. Al artista no le sirven las explicaciones de segunda mano. Un artista necesita tener experiencia personal y directa con los materiales de su arte.

Comprender comienza por escuchar

Todos los compositores utilizan los sonidos por una sola razón. Cada sonido hace que el público *sienta* una sensación concreta, y el compositor quiere llevar al público por estas sensaciones de una forma particular. Por ejemplo, si una pieza musical está escrita en una tonalidad menor con muchos acordes oscuros y tristes, el público lo siente. El público puede *sentir* la diferencia entre mayor y menor.

De la misma manera el público también percibe perfectamente las sensaciones de tensión y relajación en la música que oye. La forma en que la armonía occidental funciona es que en cada momento durante una pieza musical, el oyente siente una cierta atracción hacia una nota en particular. Esta nota se llama el *centro tonal*. Pero no importa cómo se llama. Simplemente piensa en él como un centro de gravedad que ejerce una fuerza de atracción en ti. Esencialmente tu mente subconsciente está siempre queriendo aliviar su tensión a través de volver al centro tonal. Cada sonido que oigas que no sea este centro tonal provoca una especie de tensión en tu mente. Algunos de estos sonidos son más tensos que otros, pero cada uno produce una sensación muy específica en tu mente y en tu cuerpo.

Además de estas sensaciones, en cada momento durante una actuación musical el público también percibe, inconscientemente, exactamente siete notas que componen la *tonalidad* de la música en ese momento. Esta es quizás la más "oculta" de tus habilidades subconscientes porque tienes que meterte en tu propia mente y rebuscar un poco para descubrir que realmente estás imaginando exactamente siete notas.

Pero a lo que equivale todo esto es que el primer modelo que deberías intentar seguir en tu carrera musical es uno que te puede sorprender: *el público*. El público ya percibe esencialmente todo lo que se puede saber sobre cualquier pieza de música. Y si piensas en ello, tiene todo el sentido. De hecho no podría ser de otra manera. ¿Para qué los compositores pondrían sonidos en sus composiciones si el público no fuera capaz de percibirlos?

El error que cometemos como músicos es pensar que para "comprender la música" tenemos que ir en una dirección diferente a la del público. Nuestros profesores nos convencen de que abandonemos nuestro papel de oyentes y que concentremos nuestra atención en teorías y fórmulas. Pero el camino para comprender la música comienza con la misma experiencia que los oyentes en el público ya están disfrutando. Nosotros los músicos no tenemos que irnos lejos y apuntarnos a alguna secta extraña para aprender los secretos de la música. Si queremos comprender la música en más profundidad que las personas que están sentadas a nuestro alrededor en el público, sólo tenemos que escuchar con más atención. Nuestra experiencia no es diferente a la de ellos. Es solamente más profunda. Nuestro camino hacia la comprensión musical comienza con reconocer y utilizar las mismas sensaciones que todos los demás en el público ya están sintiendo. Al tener en cuenta este proceso natural que ya ocurre en tu mente y en tu cuerpo cuando escuches música, puedes descubrir el secreto de esos genios musicales que inmediatamente saben cómo tocar cualquier pieza musical que oigan.

Puedes comenzar este proceso ahora mismo. Este es un ejercicio sencillo que puedes hacer en cualquier momento en que escuches música. Inténtalo primero con música muy sencilla como villancicos de Navidad, canciones populares, música country, canciones infantiles, etc. El ejercicio consiste en intentar sentir conscientemente la *tonalidad* de la canción y el *centro tonal*.

1. Escucha la canción con toda tu atención durante por lo menos un minuto entero. No pienses en nada más. Solamente relájate y disfruta la canción y *realmente escucha*.
2. Apaga la música si puedes, o aléjate de ella físicamente para que no la oigas tan fuerte. (Haz este paso rápidamente porque no queremos perder la sensación de la música en nuestra mente.)
3. Canta una nota de la canción que puedes recordar claramente. Puede ser la última nota que oíste o puede ser el sonido de cualquier palabra o frase en particular. Pero trata de recordar la sensación de una nota en particular y cántala para ti mismo.
4. Ahora intenta imaginar una nota que está justo por debajo de ésta. ¡Pero no *pienses* demasiado en ello! Si piensas demasiado acabarás imaginando otra escala que no tiene nada que ver con la música que acabas de escuchar. Simplemente relájate y muévete hacia abajo a lo que parezca ser la siguiente nota más baja que oyes en tu mente. Luego muévete hacia abajo otra nota, luego otra, etc.
5. Continúa bajando hasta que llegues a la nota que te parece la más "final" de todas. Esta es la nota que te hace sentir una sensación de relajación permanente. Te hace pensar que la canción incluso podría acabar en esta nota porque suena tan resuelta.

Si puedes llegar hasta el paso 4, y eres capaz de imaginar claramente toda una serie de notas después de escuchar una canción, entonces lo que has aclarado para ti mismo es la *tonalidad* de la canción. Esencialmente, has abstraído de la canción las siete notas de las cuales está hecha la canción entera. Mientras te mueves hacia abajo en tu registro vocal puede que en realidad cantes más que siete notas. Pero lo único que estás haciendo es *repetir* las siete notas de la tonalidad en diferentes octavas. Quizás no te des cuenta de que hay exactamente siete notas pero ahora mismo eso no importa. Lo emocionante de este ejercicio es simplemente descubrir que las notas que componen el ambiente armónico de una canción *automáticamente* se separan, se organizan y se almacenan en tu mente subconsciente en cualquier momento que escuches música.

Esto significa que a pesar del confuso barullo de sonidos y sensaciones que te inunda a través de tus oídos, en algún lugar en tu mente existen siete pequeñas cajitas en las que encontrarás precisamente las siete notas con las cuales está hecha toda la canción. Esta es una hazaña organizacional que nunca podrías realizar conscientemente. Sería imposible conscientemente reconocer y separar las notas que componen todos esos acordes y melodías. Pero hasta los más principiantes (incluso los niños pequeños) pueden perfectamente cantar las siete notas que componen la tonalidad de cualquier canción, simplemente relajándose y permitiéndose imaginar las notas que "se les ocurran". Aprovecha este proceso interno que está a tu disposición. Mira dentro de ti para aclarar las notas que componen la tonalidad de cada canción que oyes. No tienes que *nombrar* las notas o entenderlas de ninguna manera. Simplemente escúchalas en tu mente y cántalas para ti mismo.

El paso 5 del ejercicio te desafía a decidir por ti mismo cuál de las siete notas es el *centro tonal*. Esto puede que lo tengas claro o no. Si no sientes ninguna nota en particular como el centro tonal, entonces escucha de nuevo la música. Mientras escuchas la música hazte la pregunta: "¿Cuál de estas notas o acordes suena como la planta baja de la armonía de la canción, el lugar donde todo es relajado y final?" Si todavía no lo sientes, sigue escuchando. Casi todas las canciones terminan regresando al centro tonal. Por lo tanto, puedes enseñarte a ti mismo cómo se siente el centro tonal simplemente esperando hasta el final de cualquier canción y dándote cuenta de ese momento. La sensación que tienes en tu cuerpo cuando oyes el último acorde de una canción es cómo se siente el centro tonal.

Ahora, no siempre vas a tener éxito realizando este ejercicio con cualquier canción. De hecho en tus primeros intentos puede que no pases ni siquiera del paso 3 (imaginar claramente una sola nota de la canción). Pero si esto es lo más lejos que llegas al principio, entonces sigue llevando el ejercicio hasta el paso 3. Lo importante es estar activamente en busca de estas sensaciones dentro de ti. Recuerda que no se trata de *adivinar* cómo funciona la música. Se trata de *darte cuenta* de lo que la música ya está haciendo dentro de tu cuerpo.

Si simplemente no puedes arrancar con este ejercicio, no te asustes. Déjalo a un lado por ahora si no sabes exactamente cómo hacerlo. Cuando empieces a practicar el Ejercicio 2: Melodía, todo esto estará mucho más claro. Por ahora sólo ten en cuenta que cada vez que escuchas música, hay dos cosas que suceden automáticamente:

1. Tu mente subconsciente imagina exactamente siete notas que componen la tonalidad de la canción.

2. Una de estas notas te atrae especialmente como el centro tonal.

Romper el hechizo

La mayor dificultad que tanto los músicos principiantes como los avanzados tienen a la hora de comprender la armonía es el atroz sistema de nomenclatura que usamos. El sistema que usamos para nombrar las notas es tan tonto y tan mal pensado que la mayoría de los principiantes simplemente no pueden creerlo. Simplemente concluyen que la música debe de ser muy complicada puesto que el lenguaje que usamos para hablar de ella es tan complicado. Pero hay un truco sucio escondido dentro de cada clase de música, y tiene que ver con los nombres que usamos para las notas. Son tan engañosos que es casi imposible ver incluso las relaciones más sencillas entre las notas. Esta es una de las razones por las cuales la gente puede estudiar música toda su vida y nunca darse cuenta de que siempre está tocando las mismas siete notas. Es como si nuestra sociedad entera estuviera bajo un hechizo que impide que veamos lo que está justo delante de nuestros ojos.

Para empezar, deberías entender que la música es relativa. Las frecuencias absolutas de las notas en cualquier canción *no importan*. Lo que hace que la canción suene de la forma en que lo hace es la relación entre las notas. Podrías transportar la canción entera hacia arriba o hacia abajo un semitono y nadie se daría ni cuenta, aunque el nombre de cada una de las notas cambiaría en el proceso. De hecho, cualquier pieza musical puede ser perfectamente reproducida en el tono que quieras, tanto si es un simple blues o todo el Réquiem de Mozart.

Por esta razón, el lenguaje que usamos para pensar y hablar sobre la música también debe ser relativo. Si quieres comprender la música, tienes que mirar más allá de los nombres absolutos como F# y Bb y adoptar un lenguaje que se corresponde con la forma en que realmente funciona la música. En cualquier tono las siete notas de la escala mayor siempre suenan exactamente igual. Por lo tanto, el primer paso para comprender la música es darles a estas notas *nombres permanentes* que no cambien constantemente dependiendo de en qué tono estés. Puedes darles a las siete notas los nombres que quieras, pero yo utilizo los números del 1 al 7 porque es la forma más sencilla que conozco para hablar de siete cosas y recordar fácilmente su orden:

1 2 3 4 5 6 7

Pronto aprenderás a visualizar estas notas en cualquier parte de tu instrumento. Pero primero tenemos que echar un vistazo al conjunto entero de notas en nuestro sistema musical. Aquí es dónde entramos en contacto con el desafortunado sistema de nomenclatura que hemos heredado. Pero no te desesperes. Son sólo nombres. Si aprendes a mirar más allá de los nombres no tendrás ningún problema.

En total disponemos de doce notas en nuestro sistema musical. Tienen los siguientes nombres:

A A# B C C# D D# E F F# G G#

Observa que no hay ninguna nota sostenida entre la B y la C, ni entre la E y la F. Este es un detalle importante. Otro detalle importante es que cualquier nota sostenida también puede llamarse la siguiente nota bemol. Por ejemplo, la nota A# es la misma nota que Bb. Por lo tanto, podríamos haber escrito los nombres de las notas de la siguiente manera:

A Bb B C Db D Eb E F Gb G Ab

Pero la verdad es que ambas maneras de nombrar las notas son totalmente engañosas. En realidad la nota A# no tiene absolutamente nada que ver con la nota A. No es "la nota A levantada un semitono" como se suele enseñar a los niños. Es, de hecho, una nota *diferente*. No hay más relación entre A y A# que la que hay entre E y F. Son solamente vecinas y nada más.

El único valor a su favor de este sistema de nomenclatura es que sí nos ayuda a ver con claridad la estructura de la escala mayor, al menos en un tono. Las notas que tienen "nombres limpios" (nombres que no requieren sostenidos o bemoles) son precisamente las que pertenecen a la escala mayor de C:

C D E F G A B

Por lo tanto, nuestro sistema de nomenclatura hace que sea muy fácil para nosotros ver qué notas pertenecen al tono de C. Y esto sería maravilloso si siempre tocáramos en el tono de C. El único problema es que ¡casi NUNCA tocamos en el tono de C! ¿Tienes alguna idea de las pocas piezas clásicas que están compuestas en el tono de C? Prácticamente ningún tema de jazz está escrito en C tampoco. Las únicas canciones que conozco en el tono de C son un puñado de canciones country y algunas de reggae. ¡Y la mayoría de estos músicos ni siquiera usan partituras!

La triste realidad es que nuestro sistema de nomenclatura entero está diseñado para facilitar el hablar sobre las notas en un tono en el cual casi nunca tocamos. El tono de C es solamente uno de los doce tonos posibles pero nombramos todas nuestras notas en relación con este único tono. Es por esta razón que, por ejemplo, una melodía perfectamente sencilla en el tono de E parece tener todo tipo de "notas sostenidas". De hecho, no hay nada de "sostenido" en las notas. Las notas son simplemente las siete notas de la escala mayor de E, y suenan tan sencillas y dulces como las notas de cualquier otra escala mayor. Lo único que tienen de complicado son sus *nombres*, porque estamos condenados a usar este ridículo sistema de nomenclatura que intenta describirlo todo relativo al tono de C.

A no ser que lleves tiempo tocando y pensando en la música, puede que no sigas del todo lo que estoy intentando mostrarte. Pero todavía puedes entender lo más importante que necesitas sacar de este capítulo. De vez en cuando necesitaremos referirnos a las notas por sus nombres absolutos (A, Bb, C#, D, etc.) pero quiero que entiendas que son *sólo nombres*. Debes empezar a pensar en cada una de las notas como una entidad completamente independiente, igual a sus vecinas en valor e importancia. Bb, F# y C son exactamente iguales. Son sencillamente tres notas diferentes entre las doce que existen en total.

Tu concepto de las notas en tu instrumento debería volverse tan claro y puro como en el siguiente dibujo:

• • • • • • • • • • • • •

El trabajo que estás haciendo en el Ejercicio 1 te ayudará a lograr exactamente esto. Puede parecerte un juego un poco tonto, pero de lo que realmente se trata es de aprender a relacionarte con las notas en tu instrumento de una forma nueva que no sea complicada por sus desafortunados nombres. Este es el primer paso para romper el hechizo que nos ha impedido comprender la música.

La llave mágica

En este capítulo te voy a mostrar algo que es muy especial para mí. Es algo muy sencillo, y hace muchísimo tiempo que existe. Por supuesto no lo inventé yo. Se menciona (al menos brevemente) en casi todos los cursos de armonía que existen. Pero a pesar de que mucha gente parece "saber" lo que te voy a enseñar, nadie le da mucha importancia ni lo usa de ninguna manera consciente. De hecho, jamás he conocido a *nadie* que realmente hubiera captado todas sus implicaciones hasta que yo se las mostré. Para mí es como una llave vieja, oxidada y olvidada, que tiene la sorprendente capacidad para abrir todas las puertas en el mundo. Me encanta esta llave. Y a pesar de que no ofrece mucho en cuanto a explicaciones, cuando aprendas a usarla no necesitarás ninguna explicación porque habrás comprendido todo lo que se puede saber de la armonía.

Por favor, tómate un par de minutos para mirar detenidamente el siguiente dibujo:

1 • 2 • 3 4 • 5 • 6 • 7 | 1

No parece gran cosa, ¿verdad? Si has estudiado algo de la teoría musical, probablemente ya sepas lo que es. Es simplemente una representación visual de la escala mayor en cualquier tono. Pero mírala con detenimiento, porque estás mirando nada menos que el mapa de tu imaginación musical. Cada sonido musical que has oído durante toda tu vida está situado en alguna parte de este dibujo. Desde los acrobáticos solos de guitarra de Eddie Van Halen hasta los cuartetos de cuerda de Shostakovich, está todo ahí mismo en tu mapa. Y si te vuelves tan adicto a mi método como yo lo soy, pasarás el resto de tu vida contemplando este sencillo y pequeño dibujo desde infinitos puntos de vista.

No dejes que los números te desanimen. No hay nada de frío o matemático en nuestro trabajo. Las siete notas podrían tan fácilmente tener nombres más amigables como Pepe, Esponjoso, Abuelito, etc. Pero yo uso números porque es la manera más fácil de nombrar siete cosas y recordar su orden. Simplemente piensa en ellos como las direcciones de las calles que indican dónde "vive" cada sonido.

Cada elemento (ya sea un número o un puntito negro) en el dibujo de arriba representa una sola nota en la cadena ininterrumpida de semitonos que estás aprendiendo a visualizar con el Ejercicio 1. Si imaginas esta serie de semitonos en una región concreta de tu instrumento como el siguiente dibujo:

• • • • • • • • • • • • •

...entonces también puedes visualizar la escala mayor en cualquier parte de esta región:

Compara este dibujo con el primer dibujo que aparece en el principio de este capítulo. Observa que la pequeña "cortina" que dibujé en el primer dibujo (la cortina entre la nota 7 y la siguiente nota 1), no es una nota. Es simplemente un recordatorio de que estamos entrando en una nueva octava. Está ahí para recordarnos que la siguiente nota 1 es exactamente la misma nota que la nota 1 original al principio de la escala, excepto que es una octava más alta. La escala mayor completa tiene solamente siete notas. Pero a menudo incluyo una nota 1 adicional en mi dibujo sólo para que veas claramente el intervalo entre la nota 7 y la siguiente nota 1, que es un semitono.

Como ya llevas tiempo practicando el Ejercicio 1 con semitonos, confío en que puedes elegir una región en tu instrumento y moverte dentro de esta región por semitonos. Por favor coge tu instrumento e prueba la siguiente actividad que te permitirá oír por ti mismo las siete notas de nuestra escala mayor.

(Actividad de tocar)

Elige una nota, cualquier nota. Pero no elijas una nota obvia como C. Sé valiente y elige una nota inusual como A natural o Db. Esta será la nota 1:

Sube *dos semitonos*. Esta es la nota 2. Practica alternar entre ambas notas:

Sube *dos semitonos más* por encima de la nota 2. Esta es la nota 3. Juega durante un momento con las tres notas:

1 . 2 . 3

Ahora sube solamente *un semitono* por encima de la nota 3. Esta es la nota 4. Improvisa con las cuatro notas durante un momento:

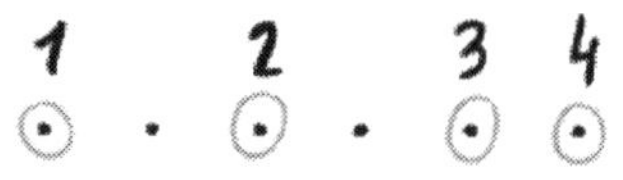

1 2 3 4

⊙ • ⊙ • ⊙ ⊙

Sube *dos semitonos más* por encima de la nota 4. Esta es la nota 5. Improvisa con las cinco notas:

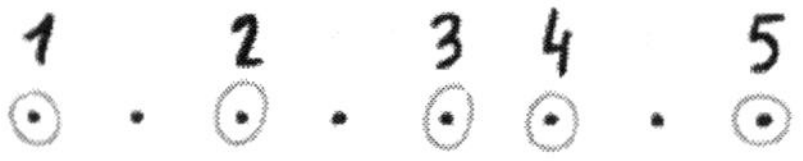

1 2 3 4 5

⊙ • ⊙ • ⊙ ⊙ • ⊙

Sube *dos semitonos más* por encima de la nota 5. Esta es la nota 6. Improvisa con las seis notas:

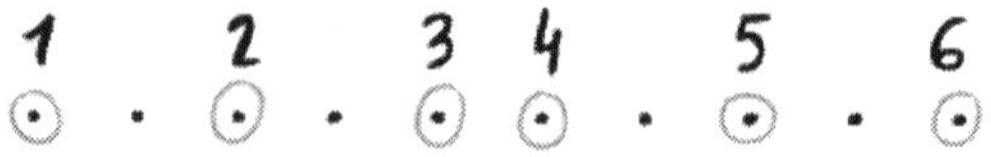

1 2 3 4 5 6

⊙ • ⊙ • ⊙ ⊙ • ⊙ • ⊙

Sube *dos semitonos más* por encima de la nota 6. Esta es la nota 7. Improvisa con las siete notas:

1 2 3 4 5 6 7

⊙ • ⊙ • ⊙ ⊙ • ⊙ • ⊙ • ⊙

Sube *un último semitono* por encima de la nota 7. Esta es la nota 1 de nuevo, en la siguiente octava. Improvisa libremente con las ocho notas durante unos minutos:

1 2 3 4 5 6 7 1

⊙ • ⊙ • ⊙ ⊙ • ⊙ • ⊙ • ⊙ ⊙

Si quieres convencerte de que el dibujo de arriba funciona en todos los tonos, puedes volver atrás y elegir una nueva nota de inicio como tu nota 1. Siempre que respetes los intervalos indicados en el dibujo de arriba podrás reproducir perfectamente la escala mayor en cualquier tono, sencillamente visualizando cada tono entero y semitono a lo largo del camino.

Antes de continuar, quiero hacer algunas observaciones que te parecerán muy obvias. Pero estas observaciones son tan importantes y tan útiles que deberías repetirlas para ti mismo como un mantra personal hasta que las aprendas de memoria.

"Hay un tono entero entre las notas 1 y 2."

"Hay un tono entero entre las notas 2 y 3."

"Hay solamente un semitono entre las notas 3 y 4."

"Hay un tono entero entre las notas 4 y 5."

"Hay un tono entero entre las notas 5 y 6."

"Hay un tono entero entre las notas 6 y 7."

"Hay solamente un semitono entre la nota 7 y la siguiente nota 1."

Vuelve para atrás y mira el dibujo de la escala mayor mientras repites cada una de las frases para ti mismo. Una vez que seas capaz de visualizar el dibujo entero de la escala mayor en tu mente, ya no necesitarás más el mantra porque simplemente usarás la imagen para entender cualquier intervalo o relación entre las notas.

De hecho, a mí ya me habían dado todas las pistas necesarias para comenzar a usar el dibujo de arriba cuando tenía diez años. Pero tuvieron que pasar otros veinte años antes de que yo tuviera alguna idea de qué hacer con esta información. Esto es porque el dibujo no es el descubrimiento. Cuando descubres una vieja llave, el objeto en sí no te causa ninguna alegría. No es hasta que empieces a usarla, y descubras su inexplicable poder para abrir todo tipo de puerta, que empiezas a darte cuenta de que has encontrado algo muy especial, una *llave mágica.*

Lo que le hace especial a esta llave es que contiene literalmente todo lo que se puede saber acerca de la armonía occidental. (Cuando llegues a los Ejercicios 3 y 4 verás que esto no es una exageración.) El hecho de que tanta música pueda ser comprendida con tan poca "teoría" es nada menos que asombroso. Pero lo que es incluso más sorprendente es el hecho de que nadie te cuenta esto nunca, a pesar de que es un detalle bastante importante. Quiero decir, si toda la armonía occidental puede ser comprendida con un sencillo y pequeño dibujo, ¿cómo puedes dar un curso sobre armonía y olvidarte de mencionar eso? ¿Cómo puedes omitir eso?

Quizás a algún nivel seco y académico sí que mencionan brevemente que toda la música occidental está basada en la escala mayor. Pero te lo cuentan solamente como una curiosidad histórica. Es como decirle a alguien que nuestro idioma hablado está basado en el latín. No hay nada que *hacer* con esta información. Pero la escala mayor no es meramente una curiosidad histórica. Es el material real con el cual está hecha toda la música moderna. Es la fuente de cada sonido que reconocemos como "musical", y su estructura es el tema arquitectónico central de todas las canciones que hayas escuchado en tu vida. Hay canales de la radio que puedes escuchar durante horas sin oír ni una sola nota que no sea una de estas siete. Y esos *acordes* que escuchas de fondo no son más que los siete acordes básicos que se pueden construir con las siete notas.

La notable disciplina con la que respetamos la escala mayor en nuestras canciones es más sorprendente aún cuando consideras que ni siquiera lo hacemos a propósito. Tomemos como ejemplo la linda y melódica música reggae de Bob Marley. Con muy raras excepciones, cada una de sus canciones está perfectamente contenida dentro de las siete notas y los siete acordes de la escala mayor, a pesar de que él compuso canciones en todos los tonos. Ahora, ¿tú crees que Bob Marley se mantuvo perfectamente dentro de la escala mayor por respeto a sus profesores de música de la escuela primaria? ¿Pensaba él conscientemente en la armadura de cada canción? ("Hmm...esta canción está en el tono de A mayor, así que me tengo que acordar de cantar C#, F# y G# en mis melodías.") Por supuesto que no. Él simplemente cantaba las notas que *imaginaba* y usaba los acordes de su guitarra que *sonaban correctos* a su oído. Y él no es el único compositor que hace esto. En todas partes del mundo la gente está componiendo canciones de oído, cantando melodías que imaginan mientras buscan acordes que suenan bien. A través del ensayo y error, tarde o temprano consiguen que todo suene "perfecto" a su oído. Ni siquiera se dan cuenta de que el resultado final simplemente coloca todas las notas y todos los acordes en los lugares exactos para que todo encaje perfectamente dentro de una escala mayor en particular. En otras palabras, el oído estaba sintiendo las siete notas de la escala mayor durante todo el tiempo, y no iba a estar satisfecho con la composición hasta que todas las demás notas fueran eliminadas. Como un escultor esculpiendo en un bloque de mármol, el resultado final es siempre la escala mayor.

Isaac Newton y Michael Jordan

Sir Isaac Newton fue uno de los teóricos más grandes de todos los tiempos. Sus logros mentales fueron tan importantes que es considerado uno de los hombres más influyentes de toda la historia. Newton aclaró y organizó muchos aspectos de nuestro mundo físico incluyendo los conceptos de gravedad, masa, inercia, fricción, fuerza e impulso. Su trabajo fue una victoria histórica para toda la raza humana. Pero a pesar de toda su claridad mental, Sir Isaac Newton habría sido un desastre jugando a baloncesto.

Michael Jordan, por otra parte, fue uno de los jugadores de baloncesto más grandes del mundo. Los periodistas de deportes todavía hablan sobre sus capacidades físicas sobrehumanas. Pero lo que era especial de Michael Jordan no estaba en su cuerpo. Había muchos otros jugadores que eran más grandes, más fuertes, más rápidos, etc. Lo que le permitía a Jordan correr en círculos alrededor de los demás jugadores era su *mente*. Concretamente, él tenía un dominio superior de los principios de gravedad, masa, inercia, fricción, fuerza e impulso. Pero a diferencia de Newton, él estudió estos principios de la forma más pura e íntima posible, viviéndolos a través de su cuerpo físico. Y a pesar de que su trabajo era completamente *no-verbal*, Michael Jordan estaba tan fascinado por la naturaleza como lo estaba Sir Isaac Newton tres siglos antes.

Todos sabemos instintivamente que si quieres llegar a ser un gran jugador de baloncesto no vas a pedirle ayuda a tu profesor de Física. Acudes a un entrenador de baloncesto que probablemente suspendió Física en el instituto. Pero eso no importa porque él tiene otro tipo de conocimiento que es más valioso para ti. Él sabe guiarte por las *experiencias* que necesitas tener para llegar a ser un gran jugador de baloncesto.

La dificultad que la mayoría de los músicos principiantes tienen con la improvisación es que no tienen ningún "entrenador de baloncesto" que los guíe. En cambio, sus profesores de música solamente les dan teoría para memorizar. Esto es como enviar a un joven jugador de baloncesto a buscar respuestas en un libro de Física.

La teoría y la maestría son dos cosas completamente diferentes. De hecho, la "teoría" no está ni siquiera en el camino hacia la maestría. Es un camino enteramente distinto, y te lleva a un sitio diferente. La teoría es esencial para los intelectuales que quieran entender la naturaleza y etiquetarla con palabras. Pero es prácticamente irrelevante para el artista. Nosotros los músicos tenemos que seguir el ejemplo de los atletas de categoría mundial. Michael Jordan no aprendió sobre la ley de la gravedad leyendo sobre fórmulas matemáticas sino pasando incontables horas en el gimnasio practicando tiros libres en solitario. Cada vez que levantaba el balón, lo hacía girar entre sus manos, comprobaba su peso y luego lo lanzaba al aire, estaba realizando un ritual de meditación que profundizó su ya íntima relación con los elementos básicos de su arte. Si quieres ser un gran improvisador, debes cultivar esta misma relación íntima con cada sonido de nuestro sistema musical.

Ejercicio 2: Melodía

Objetivo: Mejorar continuamente tu capacidad de...

> Relacionar los sonidos con la escala mayor y la escala mayor con tu instrumento.

Hay una diferencia importante entre el improvisador y el músico clásico. Mientras el músico clásico interpreta principalmente la música escrita por otros, el improvisador crea su propia música en el momento. Lo que tienen en común es que ambos músicos estudian los aspectos físicos de tocar sus instrumentos para producir los sonidos más expresivos y hermosos posibles. Pero el improvisador debe también asumir otro campo entero de especialización, que es el arte de la composición.

Por esta razón la práctica diaria del improvisador se ve muy diferente de la práctica del músico clásico. Como improvisadores nuestro trabajo puede parecerse a una salvaje jam session en un momento y a una meditación Zen en otro. Un día estamos en el piano, suavemente tarareando para nosotros mismos mientras tocamos un par de acordes. Otro día quizás estemos en un parque tocando cuatro notas repetidamente debajo de un gran roble. Y otro día podría parecer que no estamos haciendo absolutamente nada, solamente escuchando la radio con los ojos cerrados.

A simple vista nuestra práctica puede parecer menos "seria" que los estudios técnicos de escalas que practican los músicos clásicos. Pero hay un método detrás de toda esta locura. El improvisador *necesita* tener todas estas experiencias diferentes con las notas de nuestro sistema musical. Necesitamos descubrir su belleza por nosotros mismos antes de que podamos compartir esta belleza con otras personas. Nos acercamos a cada sonido con curiosidad, humildad y con la mente abierta. Practicar para nosotros no sólo trata de mejorar nuestra capacidad de ejecutar las notas. Se trata de descubrir el *significado* de cada nota, y las posibilidades melódicas que nos ofrece.

En este capítulo voy a mostrarte una gran variedad de actividades musicales que te ayudarán a entrar en el hermoso mundo de la armonía y descubrir sus lecciones por ti mismo. No hay una lista de cosas que estés obligado a aprender, y no habrá ningún examen final. Tu único objetivo es entrar en ese mundo de sonidos y pasar el mayor tiempo posible explorando y disfrutándolo. Cuanto más tiempo pases "dentro" del mundo de la armonía, descubriendo su belleza por ti mismo, más rápidamente crecerás. No tienes que preocuparte por si estás descubriendo las cosas que "tendrías" que descubrir.

Pero hay dos consejos que puedo darte que te ayudarán a sacar el máximo provecho de tu práctica. El primero es que prestes especial atención a cualquier sonido que encuentres hermoso. Estos sonidos son las preciosas gemas que un día compartirás con tus oyentes, y son lo único que importa. Cuando encuentres uno de estos bellos sonidos, quizás un intervalo especial o una pequeña melodía, páralo todo. No avances. Quédate donde estás y disfruta del sonido durante todo el tiempo que puedas. Olvídate de cualquier otro ejercicio que hayas pensado hacer ese día. No tiene importancia. La verdadera lección está aquí mismo en el momento presente. Estos sonidos que tú encuentras hermosos no serán los mismos sonidos que yo encuentro hermosos. Por lo tanto, lo que realmente está sucediendo en estos momentos es que estás descubriendo *tu música*. Estos sonidos tienen un poder casi hipnótico sobre ti porque le hablan directamente a alguna parte de ti a la que sólo puedes acceder a través de la música. No resistas su belleza. Toca los sonidos una y otra vez hasta que los sientas tan fuertes que continúas oyéndolos en tu mente después de que dejes de practicar.

Mi otro consejo es que simplemente te fijes en dónde está ubicado cada uno de estos bellos sonidos. Lo que quiero decir es que observes dónde estás en tu mapa tonal cuando encuentres un sonido que te gusta especialmente. Si te das cuenta de las notas que componen las melodías bonitas que descubres, entonces estas melodías mismas acabarán enseñándote el significado de cada nota en nuestro sistema musical. Así, con el tiempo, dejarás de ser un mero buscador de notas bonitas y te convertirás en un verdadero maestro musical que ve belleza y potencial en *todas* las notas.

Comencemos con el Ejercicio 2: Melodía. Lo encontrarás un relajado y agradable proceso de descubrimiento mediante el cual por fin empezarás a entender dónde se hallan todos esos hermosos sonidos en tu imaginación musical.

Siete Mundos

Para empezar, quiero mostrarte cómo podemos usar las siete notas de la escala mayor para crear siete mundos armónicos diferentes que podemos explorar. Para entender cómo es posible esto, recuerda que la escala mayor no tiene ni principio ni fin. Es simplemente un patrón que se extiende infinitamente en ambas direcciones en tu instrumento. Entonces en vez de este dibujo de una escala mayor aislada que te mostré con anterioridad...

1 2 3 4 5 6 7 1

...una mejor representación de la situación sería este dibujo:

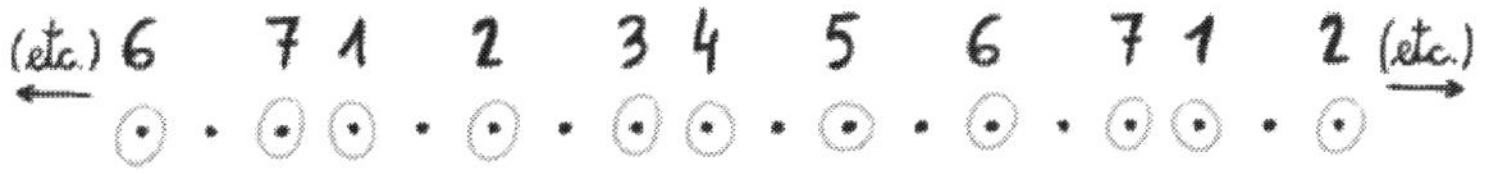

(etc.) 6 7 1 2 3 4 5 6 7 1 2 (etc.)

Es exactamente la misma escala, pero en este dibujo estamos mostrando más claramente que la escala se extiende infinitamente en ambas direcciones. Con este concepto en mente, aquí está una manera de oír por ti mismo los siete mundos armónicos contenidos dentro de la escala mayor:

1. Comienza eligiendo al azar cualquier nota de la escala mayor. Por ejemplo, elijamos la nota 2. Vamos a usar esta nota como nuestro "centro de tonalidad" y servirá tanto de suelo como de techo del rango musical que vamos a estudiar:

2. Ahora elige cualquier nota en tu instrumento como nota de partida. Vamos a construir la escala hacia arriba a partir de esta nota, así que asegúrate de elegir una nota que sea lo suficientemente grave para que puedas tocar cómodamente una octava entera hacia arriba empezando en esta nota. Para nuestro ejemplo, digamos que eliges la nota Bb.

3. Comenzando en Bb y respetando los intervalos en el dibujo de arriba, llegamos a las siguientes notas:

2 · 3 4 · 5 · 6 · 7 1 · 2
Bb · C Db · Eb · F · G Ab · Bb

4. Toca la escala resultante en orden ascendente...

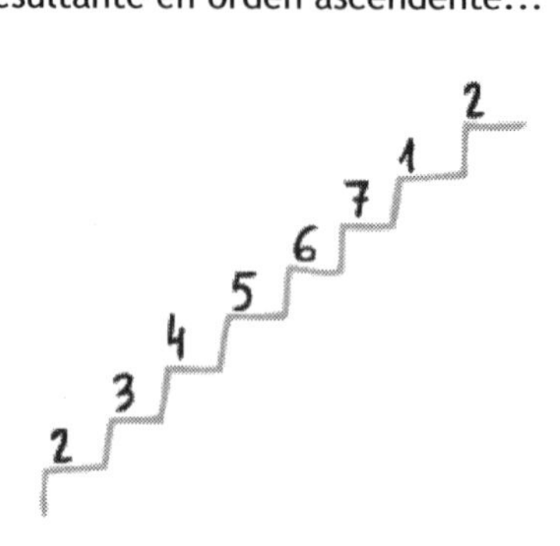

...y luego en orden descendiente:

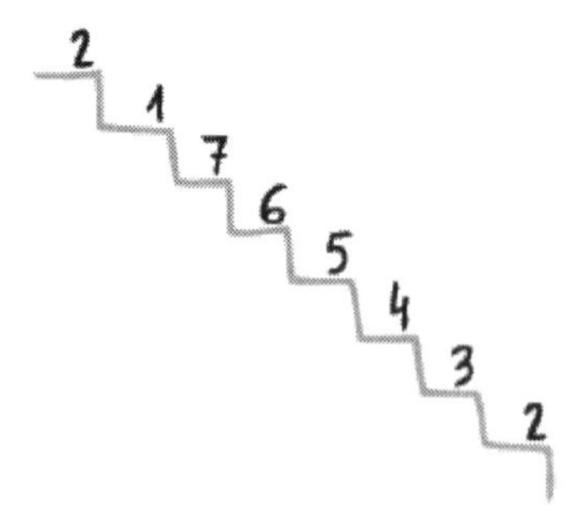

Y eso es todo. Simplemente usando una nota en particular de la escala mayor tanto de suelo como de techo del rango musical que vas a explorar, puedes crear la sensación de que esta nota es el centro tonal. Esto cambia la forma en que todas las demás notas en la escala sonarán en tu oído. Ahora miremos algunas de las maneras en las que podemos explorar los siete mundos.

Tocar el Mapa

En esta actividad vamos a disfrutar de la exploración de este mundo armónico con nuestro instrumento. Deambula libremente por toda esta región disfrutando de cada sonido y melodía que encuentres. Tómate tu tiempo para realmente conectar con cada nota y sentirla. Mientras tocas cada nota, quizás te des cuenta de que no te da la misma sensación que te daba cuando tocabas la escala mayor en su orden original de 1 a 7. Esto es debido a que ahora tu oído está sintiendo la nota 2 como el centro tonal, y esto cambia el significado de cualquier otra nota de la escala. Ahora la nota 1 ya no se siente más como la "planta baja". Ahora es sólo una nota más de la escala. Ahora es la nota 2 la que se siente como la planta baja y esto también cambia la forma en que sientes cada una de las otras notas. Tómate tu tiempo para llegar a conocer cada una de las notas en esta nueva forma. Mientras tocas las notas, quizás te ayude mirar el siguiente dibujo para visualizar la parte del mapa que es relevante para tu exploración actual.

2 · 3 4 · 5 · 6 · 7 1 · 2

Como hay siete notas en la escala mayor, hay siete mundos musicales diferentes que puedes crear con este ejercicio. Para cada nota diferente que elijas como tu centro tonal (la cual servirá tanto de suelo como de techo de tu exploración musical), se crea un ambiente armónico diferente. Y en cada ambiente armónico diferente, las siete notas de la escala mayor te darán sensaciones diferentes. Por lo tanto, realmente hay un universo entero de sonidos y sensaciones que descubrir aquí. Deberías también practicar creando estos mundos armónicos por todo tu instrumento, variando la nota de partida (Bb en nuestro ejemplo) cada vez que hagas el ejercicio.

Cantar el Mapa

No hay ejercicio más poderoso para tu crecimiento musical total que cantar las notas de la escala mayor sin la ayuda de tu instrumento. Incluso si nunca hicieras ningún otro ejercicio de mi método, la sencilla práctica de cantar la escala mayor cada día te llevaría eventualmente a reconocer las notas en toda la música que escuchas. Pero es importante entender *cómo* cantar los números, porque ejecutar la escala mecánicamente no te enseñará nada.

Ante todo quiero aclarar que en el principio probablemente necesites tu instrumento para ayudarte a producir los sonidos. En la mayoría de los casos no tendrás ni idea de cómo deberían sonar las notas, de modo que necesitarás usar tu instrumento como referencia. Pero sólo deberías usar tu instrumento para averiguar el sonido de cada nota. Cuando consigas cantar las notas correctamente por ti mismo, no deberías usar más tu instrumento para esta parte del Ejercicio 2. Es importante ser capaz de imaginar y producir los sonidos por ti mismo. Y una vez que aprendas a hacerlo, este ejercicio será algo que puedes practicar en cualquier lugar, a cualquier hora porque ni siquiera necesitarás un instrumento para practicarlo.

Aquí tienes una versión simplificada del ejercicio con la que puedes empezar:

1. Primero toca la escala mayor en tu instrumento en cualquier tono y presta mucha atención a cómo suena cada nota:

2. Ahora deja tu instrumento y canta la misma escala mayor que acabas de tocar. Deberías cantar cada número en voz alta. (Estarás cantando: "uno, dos, tres, cuatro, cinco, seis, siete, uno".)

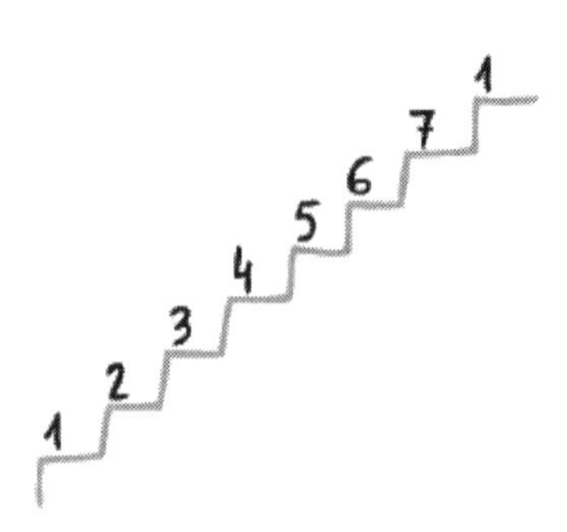

3. Ahora vuelve hacia abajo por toda la escala cantando los números. (Estarás cantando: "uno, siete, seis, cinco, cuatro, tres, dos, uno".)

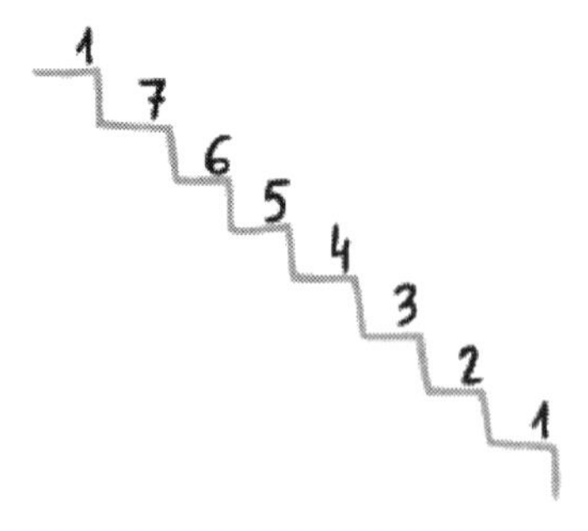

4. Ahora lo que queremos hacer es *deambular libremente* por toda la escala, cantando cada nota por su número. No queremos sólo subir y bajar la escala de forma mecánica. La idea es hacer música con estos sonidos y realmente *sentir* cada nota. Es importante entrar en un ritmo y

activar la parte de tu cerebro que escucha y disfruta de la música. Elige un tempo y mueve tu cuerpo al ritmo. Puedes marcar el pulso con tus manos si quieres. Luego empieza a cantar notas sobre este ritmo. Al principio puedes escoger solamente unas pocas notas y tomarte tu tiempo para realmente dominarlas. Pero eventualmente deberías ser capaz de incluir todas las notas de la escala en tus improvisaciones.

Cuando te sientas seguro con el ejercicio de arriba puedes pasar a la versión completa de Cantar el Mapa. En la versión completa, practicamos el mismo ejercicio en todos los siete mundos armónicos de la escala mayor. Para ver un ejemplo, reflexiona de nuevo sobre el siguiente dibujo y recuerda que la escala mayor se extiende infinitamente en ambas direcciones:

(etc.) 6 7 1 2 3 4 5 6 7 1 2 (etc.)

Con esto en mente, a continuación se explica el ejercicio completo:

1. Elige cualquier nota de la escala mayor (1 - 7) como tu nota de partida. Esta nota será nuestro “centro de tonalidad” y servirá tanto de suelo como de techo del rango musical que vamos a estudiar. Como ejemplo, esta vez escojamos la nota 5.

2. Si todavía no te has familiarizado con los sonidos que resultan de esta visión particular de la escala mayor, toca la escala resultante en tu instrumento para que puedas oír cómo suena:

5 6 7 1 2 3 4 5

3. Cuando tengas una idea muy clara de cómo suena cada nota, deja tu instrumento y canta la misma escala que acabas de tocar, primero en orden ascendiente...

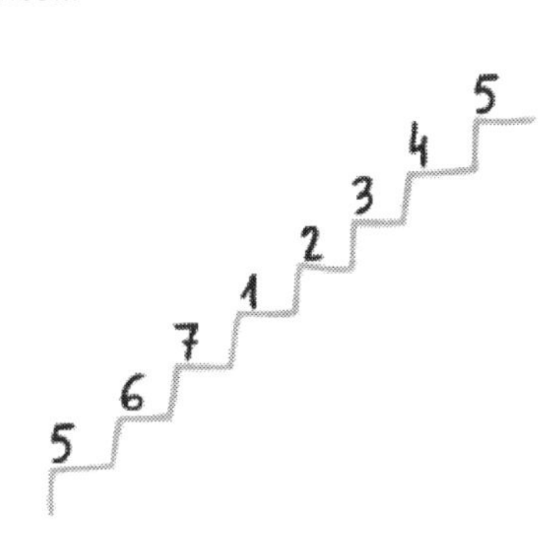

... y luego en orden descendiente:

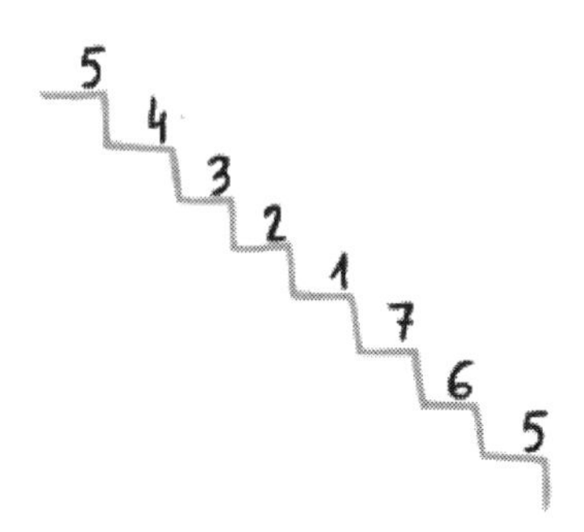

4. Ahora viene la parte creativa, cuando deambulamos libremente por toda esta región igual que lo hicimos con la escala mayor sencilla empezando en la nota 1. Sé juguetón. No cantes simplemente subiendo y bajando la escala. Pausa en algunas notas y salta otras. Tómate tiempo para experimentar cada rinconcito de este mundo armónico. Disfruta cada nota profundamente y aprecia su sonido. Quizás quieras hacer un dibujo de las notas organizadas de esta nueva forma para que te ayude a visualizar lo que estás cantando:

5 · 6 · 7 1 · 2 · 3 4 · 5

Si haces este ejercicio cada día con un centro tonal diferente, pronto encontrarás que puedes imaginar y producir los sonidos tú solo sin ni siquiera usar tu instrumento como referencia. Este es el momento en que comienzas a adquirir un verdadero dominio personal de los sonidos. Pero no te apures. Solamente concentra toda tu atención en disfrutar de cualquier conjunto de sonidos con el que estés trabajando hoy. Haz que tus exploraciones sean musicales. Siente el ritmo en tu cuerpo y canta cada nota con sentimiento. Nuestra meta no es sólo ejecutar las notas con precisión con nuestra voz. Nuestra verdadera meta es descubrir la belleza y el significado que cada nota tiene para nosotros personalmente. Por eso te invito a relajarte y abrirte a las posibilidades melódicas. Cada centro tonal en la escala mayor produce un mundo armónico diferente para descubrir y disfrutar. Y la mejor parte es que puedes explorarlos todos con nada más que tu voz y tu imaginación.

Liberar tu Imaginación

También es importante dejar que tu imaginación musical salga a jugar libremente de vez en cuando. Recuerda que todo lo que estudiamos en la música es con la finalidad de expresar nuestra imaginación musical. No queremos obsesionarnos tanto por nuestros estudios que dejemos que nuestra imaginación se marchite en el proceso. Es importante cultivar tu imaginación como un jardín y darle mucha agua y sol. Hacemos esto de dos maneras: con *escuchar libremente* y con *cantar libremente*:

Escuchar Libremente: Dedica tiempo en tu vida para disfrutar plenamente de la música sin tener ningún tipo de pensamiento en tu mente. Debería ser música que te guste y que mantenga tu interés. Ignora todo lo demás en tu entorno y sumérgete completamente en el mundo creado por la música. Puede serte de ayudar cerrar los ojos o incluso apagar la luz si estás escuchando de noche. Siente cada sonido y disfrútalo completamente. En este ejercicio tienes terminantemente prohibido pensar en números tonales o intentar analizar la música de cualquier manera. No te preocupes por identificar dónde están ubicados esos hermosos sonidos en el mapa tonal. Ya tenemos muchos ejercicios que nos ayudan a desarrollar esa capacidad. En este momento estamos haciendo otra cosa, que es nutrir nuestra imaginación con la música más hermosa que conocemos. Por lo tanto, cuando llegues a un momento especialmente poderoso en la música, intenta resistir la tentación de analizarlo. Concéntrate en *memorizar el sonido*. Escúchalo muy de cerca y continúa imaginando este sonido una y otra vez en tu mente después de que la música haya terminado. De esta manera los sonidos penetrarán muy profundamente dentro de tu memoria musical. Luego algún día cuando estés improvisando, este mismo sonido estará a tu disposición en el momento adecuado, justo cuando encaje perfectamente con la música. Ya sabrás cómo tocarlo porque puedes confiar en tu oído para manejar la traducción en ese momento. Por ahora, simplemente tómate tiempo para solamente escuchar y disfrutar. Es más importante de lo que piensas.

Cantar Libremente: Tal como necesitamos escuchar música profundamente sin hacer ningún intento de analizarla, también necesitamos crear música de la misma manera. Puedes hacer esto mientras tocas un par de acordes en una guitarra o piano, o puedes hacerlo con cualquier tipo de acompañamiento grabado. Puedes incluso hacerlo con la radio si no te importa compartir el espacio melódico con el cantante. Pero sin importar como lo hagas, deberías pasar algo de tiempo cada semana cantando sonidos libremente, sin intentar reconocer dónde estás en el mapa tonal. Si tienes problemas empezando, intenta oír claramente y cantar una sola nota que aparezca en la música. A continuación intenta imaginar la siguiente nota más baja que aparezca en tu mente. Luego imagina la siguiente nota y la que sigue, y continúa hasta que puedas oír toda una escala de notas claramente. Ahora simplemente déjate fluir con la música y muévete suavemente a cualquier nota que te apetezca en cada momento. Si te concentras mucho en cada sonido que cantas, los sonidos mismos te dirán cómo hacer música con ellos. Pero en realidad no importa porque esto no es una actuación. Cantar "bien" o producir una improvisación interesante no es la meta. La única meta es imaginar sonidos y producirlos, así que no hay forma de hacer "mal" este ejercicio. Solamente pon tu atención en los sonidos y añade sonidos adicionales con tu voz. Este sencillo ejercicio, con el tiempo, mejorará enormemente tanto tu percepción como tu creatividad.

Seguir tu Voz

Ahora es el momento de combinar cantar y tocar al mismo tiempo. Los músicos de instrumentos de viento tendrán que hacer este ejercicio con el piano pero todos los demás pueden hacerlo con su instrumento principal. Al igual que en los otros ejercicios, primero tenemos que elegir uno de los mundos armónicos para estudiar y tenemos que decidir dónde crear este mundo armónico en nuestro instrumento. Luego improvisamos dentro de este mundo armónico tocando las notas en nuestro instrumento mientras simultáneamente cantamos sus sonidos. Cuando cantas y tocas al mismo tiempo, no es obligatorio cantar los números en voz alta. Puedes tararear con cualquier sílaba que te resulte natural ("la la la" o "mmm mmm mmm" o lo que sea).

Lo que quizás te sorprenda de este ejercicio es de qué forma tan radical cambian tus ideas musicales cuando cantas mientras estás tocando. Cuando empecé por primera vez a cantar mientras yo mismo tocaba, descubrí que tenía muchos más sonidos de "música pop" y "R&B" en mi imaginación musical de lo que nunca me había dado cuenta. Antes, cuando tocaba música jazz desde un enfoque más artificial y basado en la teoría, mis solos eran mucho más intelectuales. Siempre estaba buscando la nota o frase inesperada que fuera "interesante" e inusual. Pero a mi música le faltaba profundidad y humanidad. Fue solamente cuando empecé a cantar y a incluir mi imaginación musical en mis improvisaciones que redescubrí el poder y la belleza de las notas sencillas que yo había estado evitando porque parecían demasiado "obvias". Será interesante ver si tu música también cambia cuando empiezas a cantar mientras tocas.

El objetivo de esta práctica es aprender a tocar directamente desde tu imaginación musical. El primer paso para tocar desde tu imaginación es simplemente juntar las dos partes de tu mente. Tenemos que conectar nuestra mente consciente (que es la que mueve nuestras manos para tocar nuestro instrumento) con nuestra mente subconsciente (que es la que disfruta e imagina los sonidos musicales).

Una manera de crear esta conexión es con la práctica de cantar mientras tocas. Al principio, cualquier manera de juntar estas dos actividades está bien. Pero a largo plazo, es importante tener claro quién debería estar dirigiendo este baile. La idea no es simplemente entrenar tu voz para imitar las frases que las manos ya están ejecutando sin pensar. Es tu *voz* la que expresa tu imaginación musical. Por lo tanto, con el tiempo son las manos que tendrán que aprender a expresar lo que la voz quiere cantar. (Recuerda que este ejercicio no se llama "Cantar las Tonterías Mecánicas que las Manos Tocan por Vicio". El nombre del ejercicio es "Seguir tu Voz" porque esto es lo que queremos que hagan tus manos.)

Pero no te preocupes demasiado por esta distinción al principio porque lo más importante es simplemente que se establezca una conexión entre tu voz y tus manos. Luego, a medida que vayas ganando confianza, pregúntate si realmente estás aprendiendo a tocar lo que imaginas, o simplemente estás cantando las mismas frases mecánicas que ya sabías tocar. La prueba que estás realmente aprendiendo a tocar desde tu imaginación es si puedes cantar libremente como hacíamos en Liberar tu Imaginación y luego tocar exactamente lo que has cantado.

Seguir la Melodía (avanzado)

Cada uno de los ejercicios anteriores los puede realizar un principiante absoluto en su primer día de estudio del método IFR (por sus siglas en inglés). Son ejercicios poderosos que te dan experiencia directa trabajando con los sonidos de nuestro sistema musical. No necesitas saber nada para empezar, y puedes avanzar en los ejercicios a tu propio ritmo.

Los dos ejercicios que siguen, sin embargo, requieren que tengas un cierto nivel de experiencia personal con las notas de la escala mayor. Si eres principiante, te recomiendo que no sigas adelante en este capítulo hasta que hayas tenido unos meses para disfrutar con los ejercicios anteriores. Todavía puedes seguir avanzando en este libro, e incluso puedes empezar a explorar el Ejercicio 3. Pero no deberías intentar avanzar más en el Ejercicio 2 hasta que tengas una base más sólida. Simplemente deja a un lado los niveles más avanzados del Ejercicio 2 hasta que estés listo para hacerlos.

Pero si ya te sientes muy seguro con las siete notas de nuestro sistema musical, entonces ya estás listo para dar el siguiente paso. Este próximo ejercicio consiste en escuchar cualquier pieza de música y seguirla activamente, visualizando cada nota de la melodía en tu mapa tonal de la escala mayor. Incluso puedes coger un papel y escribir la melodía usando los números tonales (1 - 7) si te ayuda a visualizarlo claramente. Básicamente estarías produciendo un boceto tonal de la melodía similar a los que te mostraré en un capítulo posterior, "Ver la matriz".

No te preocupes por intentar reconocer *todo* lo que ocurre en una canción. Parte del proceso de aprendizaje es simplemente tirarte en este mar e intentar encontrar *algo* que reconozcas. Puede que escuches una canción entera y sólo reconozcas unas cuantas notas. Pero esto sería una gran victoria y un enorme paso hacia adelante. Una vez que saborees tu propia capacidad de comprender la música puramente de oído, se despertará tu curiosidad y empezarás a escuchar más activamente todo el tiempo. Al principio habrá muchos más sonidos que no reconoces que sonidos que reconoces. Pero si continúas haciendo los ejercicios de este capítulo, particularmente el más poderoso que es Cantar el Mapa, poco a poco empezarás a reconocer estos mismos sonidos en la música a tu alrededor. Y cada sonido que reconoces te servirá como punto de apoyo para ayudarte a reconocer otros sonidos. Pronto empezarán a caer como fichas de dominó.

Seguir la Melodía es también un ejercicio importante porque te ayuda a desarrollar la actitud de que tu dominio musical no se limita a tu instrumento. Tu relación real con la música está dentro de ti, y es ahí donde tus descubrimientos más profundos ocurrirán. No necesitas ni siquiera una fuente de música para practicar Seguir la Melodía, porque puedes hacerlo tan fácilmente con las canciones y melodías que *recuerdas* en tu mente. De hecho, Seguir la Melodía es simplemente la otra cara de Cantar el Mapa. Piensa en ellos como dos meditaciones complementarias:

> En Cantar el Mapa, les ponemos sonidos a los números.
>
> En Seguir la Melodía, les ponemos números a los sonidos.

Si estás buscando la forma más eficaz de crecer rápidamente como músico, te confiaré un secreto. Hay mucho más poder en estos dos ejercicios de la imaginación que en los ejercicios que haces con tu instrumento. Sólo cinco minutos de este trabajo interno desarrollará tus habilidades más que un día entero practicando con tu instrumento. Ten esto presente a la hora de decidir dónde enfocar tu energía.

Seguir la Melodía también te ofrece una manera de escaparte del aburrimiento cuando te encuentras atrapado escuchando música que no te emociona. Quizás sea el recital de clarinete de tu sobrino o tal vez sea la música de fondo en la consulta del dentista. Pero siempre puedes convertir la situación en una clase gratuita de música. Simplemente con seguir la melodía activamente y visualizar dónde estás en tu mapa tonal, puedes usar hasta la música más tonta o poco interesante como una clase de entrenamiento de oído. No sólo es excelente para poner en forma tu oído sino que además te da una comprensión de cómo realmente están hechas las canciones. Una razón por la que practicamos siguiendo los números es para aprender todas estas lecciones ocultas en la música que nos rodea.

Ejercicio 2: Nivel Maestría (avanzado)

Ahora quiero mostrarte la aplicación más avanzada del Ejercicio 2. Es algo que puedes practicar durante el resto de tu vida y nunca se vuelve aburrido porque el ejercicio es una puerta hacia improvisaciones ilimitadas. Es también una técnica muy práctica para cualquiera que disfrute de participar en jam sessions o de tocar junto con los amigos en una fiesta. Además, es una muy buena preparación para la práctica de improvisación más poderosa de todas, que es el Ejercicio 5. Ahora te lo explico.

¿Has querido alguna vez tocar con otros músicos pero no pudiste encontrar las notas correctas? Quizás no pudiste reconocer en qué tono estaba la canción. Esto es especialmente difícil con la música jazz porque las canciones a menudo contienen uno o más cambios de tono. Tal vez buscabas notas a tientas intentando encontrar algunas que sonaran bien. O quizás los acordes pasaban tan rápidamente que ni siquiera sabías por dónde empezar. Esta situación frustrante nos ha pasado a todos. Incluso los músicos muy avanzados a veces se encuentran tocando una canción con la que no están familiarizados, y puede resultar imposible reconocer toda la armonía de oído.

Pero ahora quiero que te imagines una escena diferente en la cual todo fluye sin esfuerzo. Imagínate que llegas a una fiesta o a una jam session y algunos músicos ya están tocando juntos. Uno de ellos se ofrece a decirte los acordes de la canción para que tú también puedas tocar. Él dice: "El primer acorde es un G menor séptimo, luego pasa a un A séptimo, y luego a D menor..." Con calma tú le respondes: "Gracias pero no te preocupes por todo eso. Solamente déjame escuchar un momento y los seguiré." Cuando es tu turno de tocar, comienzas por tocar una sola nota en tu instrumento y luego haces una pequeña pausa, casi imperceptible. Enseguida continúas y tocas un solo melódico y hermoso que encaja perfectamente con la armonía de la pieza y con lo que los demás están tocando. Más importante aún, estás expresando *tu música* exactamente como la oyes en tu mente. Si la canción contiene cambios de tono u otros sonidos inesperados, sólo pausas durante una fracción de segundo en cada uno de estos momentos y luego continúas. Puedes hacer esto tan fácilmente sobre una canción que nunca has oído como sobre una canción que conoces de memoria.

¿Sabías que ya puedes hacer esto? Sólo tienes que combinar algunas de las habilidades que has estado desarrollando hasta ahora. Esta técnica no es para principiantes pero después de que hayas dominado los ejercicios anteriores de este capítulo puedes ponerlos todos juntos para crear una poderosa técnica de improvisación que te permite hacer música sin esfuerzo en cualquier contexto musical. A continuación se explica cómo usamos el "Ejercicio 2: Nivel Maestría" para orientarnos inmediatamente en cualquier situación musical:

1. Escucha la música con toda tu atención durante unos segundos.

2. Ahora mentalmente dirige tu atención fuera de la música. Canta la última nota que oíste. En tu mente, sube o baja desde esta nota inicial a la próxima nota que oyes en tu mente. Continúa moviéndote por las notas que oyes en tu mente hasta que puedas claramente imaginar todo un conjunto de notas.

3. Aunque no te des cuenta, las notas que estás cantando para ti mismo son justamente las siete notas que componen la tonalidad de la canción, y proceden todas de la misma escala mayor. Sigue moviéndote por este conjunto de notas y cantándolas para ti mismo hasta que reconozcas que de hecho estás cantando una escala mayor. Descansa en la nota 1 de esta escala mayor.

4. Para fortalecer tu claridad de percepción, puedes continuar cantando todas las notas pero esta vez poniéndoles números. Estarás cantando para ti mismo: "uno...dos...tres...cuatro...etc".

5. Ahora que estás sintiendo la tonalidad de la canción, es hora de tocar exactamente *una sola nota* en tu instrumento. Escucha esta nota y pregúntate dónde está ubicado este sonido en tu mapa tonal. ¿Es una de las siete notas de la escala mayor? O ¿es uno de los puntitos negros en nuestro dibujo?

6. Si la nota que estás tocando es una de las siete notas de la escala mayor, entonces ya deberías ser capaz de reconocerla por su sonido. Si es uno de los puntitos negros, entonces sólo tienes que moverte hacia arriba o hacia abajo exactamente *un semitono* para entrar en la escala. Una vez que hayas entrado en la escala no deberías tener problemas identificando en qué nota de la escala estás.

7. Ahora que ya sabes dónde estás, también sabes dónde encontrar cualquier otra nota. Puedes simplemente comenzar por la nota en la que estás e improvisar libremente siguiendo la música. No te olvides de cantar mientras tocas (si tu instrumento te lo permite) si quieres realmente activar tu imaginación musical.

8. (Opcional) Si en algún momento tu oído te dice que el tono de la música ha cambiado, simplemente repite el proceso entero otra vez para sentir la nueva tonalidad y orientarte dentro de ella.

Leyendo este ejercicio, parece que son muchos pasos pero en realidad es casi instantáneo. Cuando tengas confianza con esta técnica terminarás saltando al paso 5 sin ni siquiera molestarte con los pasos del 1 al 4. Si yo quiero tocar junto con un grupo de músicos, todo lo que hago es tocar una sola nota en mi instrumento. Como ya conozco el sonido de cada nota de la escala mayor, más los cinco puntitos fuera de la escala, inmediatamente sé exactamente dónde estoy. El proceso entero no lleva ni un segundo.

Entonces la versión agilizada del Ejercicio 2: Nivel Maestría es aún más sencilla:

1. Tocar una sola nota en tu instrumento.
2. Sentir dónde estás en tu mapa tonal.

Si has hecho tu trabajo con todos los ejercicios presentados en este capítulo, especialmente el ejercicio de Cantar el Mapa, entonces será literalmente así de fácil orientarte en cualquier situación musical instantáneamente. Para muchos músicos, este es el nivel de dominio con el que siempre han soñado. La mayoría de las personas se sienten atraídas a la improvisación musical por el simple deseo de tocar junto con amigos y participar en jam sessions. Si esta es tu meta, entonces con el Ejercicio 2: Nivel Maestría ya tienes todo lo que necesitas para disfrutar tocando con otras personas en cualquier contexto musical por el resto de tu vida.

La clave de este poder está en usar tu *oído* para comprender el entorno musical, y usar tu *imaginación* para crear la música. Fíjate en cómo nuestro paradigma entero es diferente del de la persona que intentó ayudarnos diciéndonos los nombres de los acordes. La razón por la cual los principiantes encuentran la improvisación tan difícil es que se están haciendo las preguntas equivocadas. Los principiantes siempre quieren saber las respuestas a dos preguntas:

"¿En qué tono está la canción?"

"¿Cuáles son los acordes de la canción?"

Ambas preguntas son erróneas porque pasan por alto el hecho de que nuestros cuerpos *ya* están sintiendo el tono en el que está la música. ¡Hasta los oyentes más pasivos del público sienten el tono de la música! Por eso los músicos no tenemos que empezar desde cero intentando deducir el tono de la música como si estuviéramos resolviendo un misterio policial. Sólo tenemos que pausar y darnos cuenta de lo que ya estamos sintiendo.

La pregunta acertada no es "¿En qué tono está la canción?" sino más bien "¿En qué parte del tono estoy yo?" Cualquier nota que toques está ubicada en alguna parte de tu mapa tonal entre el 1 y el 7. Puede ser una de las siete notas de la escala mayor o puede ser uno de los puntitos negros. Pero está en alguna parte de ese dibujo. Para entender dónde estás en el dibujo, lo único que tienes que hacer es escuchar la nota que estás tocando. Cada nota tiene un sonido particular e inconfundible. Incluso las cinco notas que están fuera de la escala mayor tienen su propio y particular sonido, y con el tiempo llegarás a conocer el sonido de cada una de estas notas también. Por lo tanto, no importa cuántas veces cambie de tono una canción, con tan solo escuchar la nota que estás tocando en ese momento siempre estarás perfectamente ubicado en el tono del momento.

Una vez que domines esta técnica, nunca más te preguntarás en qué tono está una canción ni cuáles son los acordes porque *ya no importa más*. No tendrás que adivinar lo que los demás músicos están pensando porque estarás conectado con algo mucho más potente: lo que *tú* estás *sintiendo*. No importa lo sofisticada que sea una determinada pieza de música, en cualquier momento tu oído estará sintiendo exactamente un tono concreto porque esto es lo que está programado para hacer. Cuando hayas aprendido a orientarte en relación con el tono que estés sintiendo, tu oído será la única referencia que necesitas.

Para practicar esta técnica ni siquiera necesitas a otros músicos. Todo lo que necesitas es una fuente de música con la que tocar. Puedes hacerlo con cada canción de tu colección de música o simplemente encender la radio e improvisar sobre todas las canciones que salen. Cuanto más practiques, antes te encontrarás usando solamente la versión agilizada, y estarás asombrado por lo fácilmente que puedes orientarte instantáneamente en cualquier canción.

Resumen

Si hay un solo ejercicio en todo mi método que acelerará tu crecimiento musical más que ningún otro, es el Ejercicio 2. Por lo tanto, sin importar qué instrumento toques o cómo te gustaría hacer música, te ruego que te tomes el tiempo necesario para explorar y descubrir todo lo que puedas usando cada una de las actividades presentadas aquí.

La mayoría del trabajo que hacemos en el Ejercicio 2 consiste en explorar los siete ambientes armónicos de la escala mayor. Llamamos a esta serie de ejercicios "Siete Mundos". En este capítulo te he mostrado una variedad de maneras de practicar Siete Mundos con tu instrumento y con tu voz. Este trabajo es la esencia del Ejercicio 2, y es dónde deberías concentrar tu esfuerzo al principio.

Después de que hayas investigado profundamente todos los siete ambientes armónicos de la escala mayor, puedes empezar a practicar las dos actividades más avanzadas que vimos en este capítulo. "Seguir la Melodía" consiste en escuchar activamente cualquier canción o melodía e intentar visualizar dónde está ubicada cada nota en tu mapa tonal. Y por último, el "Ejercicio 2: Nivel Maestría" combina todo lo que has aprendido hasta ahora para permitirte improvisar con confianza en cualquier situación musical por el resto de tu vida.

A continuación se encuentra un resumen de los conceptos y ejercicios que hemos visto en este capítulo:

1. Siete Mundos
    a. Tocar el Mapa
    b. Cantar el Mapa
    c. Liberar tu Imaginación
        i. Escuchar Libremente
        ii. Cantar Libremente

d. Seguir tu Voz

2. Seguir la Melodía (avanzado)

3. Ejercicio 2: Nivel Maestría (avanzado)

Finalmente, recuerda que tu primera prioridad debería siempre ser disfrutar y divertirte con cualquier conjunto de sonidos que estés usando en el momento. No pienses en estas actividades como obstáculos que tienes que dominar y superar. Aprovecha el Ejercicio 2 como un agradable y relajado descanso de todas las exigencias de tu día. Ya tienes muchas otras áreas en tu vida en las que tienes que pensar, planificar y luchar. Te animo a que te regales unos pocos minutos al día para contemplar sonidos relajadamente sin ningún tipo de meta.

Piensa en lo bien que cualquier madre conoce las caras de sus propios hijos. Obviamente ella no llegó a conocer sus caras a través de un trabajo duro con intensos ejercicios de entrenamiento de memoria. Llegó a conocerlas a través de la contemplación amorosa sin ningún tipo de presión. Y esta es exactamente la manera en que tú deberías llegar a conocer las siete notas de nuestro sistema musical.

Improvisar de verdad

La improvisación musical no es una habilidad técnica que uno "aprende a hacer". Es un proceso natural y espontáneo que ocurre en la imaginación. No es necesario comprender nada de la armonía para improvisar música. Hasta los más principiantes (incluyendo a los niños pequeños) pueden improvisar melodías hermosas sobre cualquier armonía simplemente cantando la primera nota que se les ocurra, y luego dejando que la música fluya a donde quiera fluir. El oído gravita de forma natural hacia los sonidos más placenteros, así que en realidad es muy fácil hacer música de esta manera si enfocas tu atención en los sonidos mismos.

Yo creo que improvisar melodías con la voz es la forma más alta de composición musical que existe porque estás trabajando directamente con los propios sonidos. No hay técnicas artificiales o teorías en las que apoyarte. Por esta razón puede dar miedo al principio. Es normal sentirse completamente perdido la primera vez que intentas improvisar con nada más que tu voz. Si estás acostumbrado a volar por tu instrumento con escalas y arpegios para arriba y para abajo, tu primer intento de *cantar* tus improvisaciones sobre la misma canción puede ser una lección de humildad.

Pero yo afirmaría que esta experiencia es el paso más importante que cualquier músico improvisador puede dar en su desarrollo profesional. Es una prueba de sinceridad. Se requiere una humildad absoluta para decirse a uno mismo: "Vale, yo conozco muchos trucos que me permiten hacer música sobre esta canción. Pero, ¿realmente *siento* algo cuando escucho la armonía? ¿Hay algunos sonidos aquí que reconozco? ¿Tengo algo propio que contribuir?"

Al principio no importa cuáles son las respuestas a estas preguntas. Eso no es la prueba. La verdadera prueba es simplemente si estás o no *dispuesto* a reiniciar tu comprensión musical y empezar desde el principio. Si consigues reunir el coraje para dejar tus técnicas de lado y abrirte a la música con humildad, encontrarás que sí que oyes notas musicales en tu imaginación...¡y muchísimas!

Estas ideas puramente musicales que expresas con tu voz vienen directamente de tu imaginación musical, o de lo que yo llamo tu "compositor interior". Tu compositor interior es un absoluto genio musical que puede resolver incluso los problemas de armonía más complejos sin el menor esfuerzo. Recuerda que el oído gravita de forma *natural* hacia los sonidos más agradables en cualquier situación musical. Por lo tanto, por muy difícil que parezca una progresión de acordes sobre el papel, para el oído no hace ninguna diferencia. El oído siempre sabe lo que está sintiendo. Sabe qué notas son dolorosas y cuáles son relajantes. Para el oído, no hay tal cosa como una "progresión de acordes difícil" o un "tono incómodo". En pocas palabras, el oído nunca comete errores. El mero hecho de que imagines un sonido es una garantía absoluta de que tiene un sentido musical perfecto.

Pero tocar directamente desde tu imaginación no es solamente una técnica más de improvisación. Es también una de las experiencias más hermosas que jamás podrías conocer. No hay nada más emocionante en el mundo que comenzar un solo sin tener absolutamente ninguna idea de lo que vas a tocar, ni de dónde vendrán tus ideas. En un momento en el que la mayoría de los músicos estarían buscando desesperadamente la partitura, tú estarás intentando hacer justamente lo contrario: *vaciar tu mente* y prepararte para la aventura.

Esto es lo que significa improvisar de verdad. Una idea musical auténtica es aquella que nace en la mente como *sonido*. Incluso antes de saber el nombre de la nota, el verdadero improvisador oye la nota en su mente. No hay absolutamente nada de teoría involucrada en elegir la nota. Es pura imaginación. Sí que estudiamos la armonía y las progresiones de acordes muy profundamente en IFR, pero no usamos nuestro conocimiento de la armonía para decidir qué notas tocar. Esta decisión viene siempre de nuestra imaginación en forma de sonidos. La razón por la que estudiamos la armonía es para saber *dónde* encontrar los sonidos que *ya* estamos imaginando.

En otras palabras nuestra pregunta no es: "¿Cuáles son las notas correctas para tocar sobre este acorde Fm7?" La única pregunta que nos interesa es: "¿Cuál es ese *sonido* que oigo en mi mente, y dónde lo encontraré en mi instrumento?"

Para responder a esta pregunta sólo necesitamos comprender dos cosas:

- dónde está ubicado cada sonido en nuestro mapa tonal
- cómo aplicar este mapa tonal a nuestro instrumento

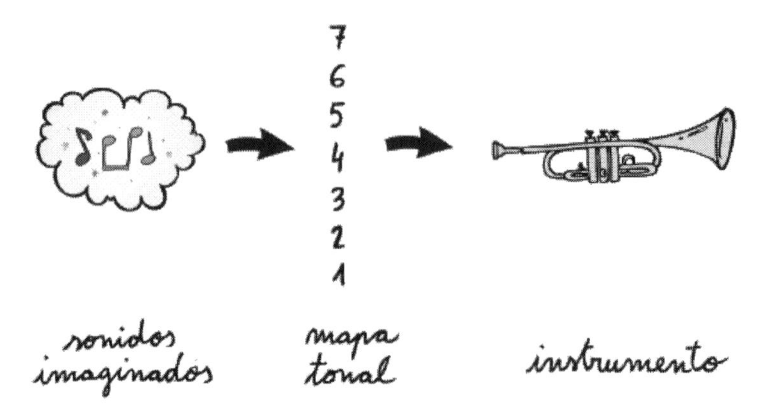

Incluso podríamos decir que estudiamos la armonía para comprendernos mejor a nosotros mismos. Lo que realmente estamos intentando hacer es comprender el pensamiento de ese gran genio musical que vive dentro de nosotros. Oímos la nota que nuestro compositor interior quiere que toquemos, pero para poderla tocar necesitamos recordar *dónde* descubrimos este hermoso sonido. Esta es la pregunta que nos lleva directamente a la escala mayor como el origen de todos los sonidos de nuestra cultura musical.

Cuando descubrimos la sorprendente capacidad creativa de nuestra propia imaginación, empezamos a perder interés en los trucos y fórmulas que nos enseñan en las escuelas de música. Como cada uno de nosotros ya goza de un genio compositor interior, el objetivo principal de nuestros estudios musicales debería ser aprender a aprovechar este gran tesoro que ya está dentro de nosotros. La consecuencia de este pensamiento es que dejamos de buscar fórmulas para crear música artificialmente y comenzamos a dedicar todo nuestro tiempo y energía a aprender cómo tocar lo que imaginamos. Dejamos de pensar conscientemente en "notas correctas" y "notas falsas" y concentramos toda nuestra atención en simplemente *escuchar* esa voz interior y en expresarla en nuestro instrumento.

También llegamos a entender la maestría musical bajo una luz nueva. No se trata de tocar música que sea más rápida, mejor o más sofisticada que la que toca otra persona. Se trata de tocar *nuestra música*. La única maestría que nos interesa es la capacidad de expresar las ideas musicales de nuestro compositor interior. Empezamos a sentir una fascinación por reconocer los sonidos. El trabajo organizado que hacemos en mi método eventualmente nos lleva a reconocer casi todos los sonidos que oímos. Es por esta razón que muchos alumnos de IFR pueden tocar cualquier canción que oigan sin partitura. Pero nuestra meta en realidad no es impresionar a nuestros amigos y a nuestras familias con esta capacidad bastante peculiar. Es solamente una habilidad necesaria para cumplir con nuestro deseo real, que es expresar la música que imaginamos. Y al final, esto es lo que una verdadera comprensión de la armonía realmente es. La teoría musical nunca fue pensada para reemplazar tu imaginación.

Tu vasto conocimiento musical

Si eres un principiante en la improvisación, llegados a este punto puede que estés pensando: "Pero ¿cómo puedo yo imaginar música interesante si nunca he tenido ninguna formación musical? ¡No sé nada de la improvisación!" Incluso los improvisadores muy experimentados a menudo están igual de asustados por la idea de confiar en su imaginación para crear música. Esto es muy comprensible porque probablemente hayan invertido muchos años en comprender la armonía desde un punto de vista teórico. Tocar desde la imaginación suena como volver al principio.

Pero por mucha educación formal que hayas recibido, esto no es nada comparado con la formación musical *subconsciente* que has estado recibiendo toda tu vida. Harían falta muchos volúmenes para explicar todo lo que has aprendido sobre la composición de los miles y miles de ejemplos musicales a los que has sido expuesto. Rimas infantiles, sintonías publicitarias de la tele, canciones pop, villancicos de Navidad, bandas sonoras de películas, vídeo clips musicales, conciertos de rock, obras de música clásica y discos de jazz todos funcionan de exactamente la misma manera usando todos los mismos elementos musicales. A través de la exposición repetida a este lenguaje musical, en alguna parte de tu mente formaste una idea básica de cómo la música tiene que sonar y qué es lo que puede hacer. También adquiriste un vocabulario increíblemente rico de sonidos, texturas e imágenes musicales. Ya tienes más conocimiento musical almacenado en tu mente subconsciente del que podrías posiblemente agotar en una vida entera.

Desde el momento en que las personas empiezan a improvisar, inmediatamente comienzan a emplear inconscientemente todas las técnicas que se estudian en los cursos de composición. Usan ritmo, tonalidad y dinámicas de maneras muy intencionadas. Usan la repetición y la variación para crear forma y poesía en su música. Y siempre hay algún tipo de desarrollo temático que le da al oyente la sensación de ir en un viaje musical. Hasta los niños pequeños hacen todas estas cosas *automáticamente*. Estamos tan entrenados por la música de nuestra cultura que simplemente no conocemos otra forma de hacer música. Y lo hacemos todo inconscientemente, sin tener la menor idea de cómo se llaman estas técnicas.

El caso es que bien antes de la primera vez que cogiste un instrumento, ya eras un músico muy entrenado. Tu educación musical real no consiste en las definiciones y la teoría que quizás hayas estudiado en un aula. Tu verdadera educación musical ha estado siempre en la música misma, la música que has escuchado y disfrutado durante toda tu vida. La teoría musical no puede ni acercarse a resumir todos los detalles sutiles que has comprendido a través de simplemente escuchar.

Este conocimiento musical subconsciente es muchas veces mayor que la limitada cantidad de información que se puede memorizar conscientemente. Por ejemplo, un concertista de piano que aprende a interpretar perfectamente una pieza concreta tendrá problemas recordando cómo tocar la misma pieza unos pocos años más adelante. Pero te apuesto que tú todavía puedes recordar perfectamente el sonido de melodías que no has oído desde tu infancia. Nuestra memoria para los símbolos y las partituras es muy limitada. Pero nuestra memoria para los propios sonidos es inmensa.

Por lo tanto, el primer paso para improvisar libremente es entender que la música que quieres expresar ya está dentro de ti. El problema es que este enorme cuerpo de conocimiento musical subconsciente está almacenado en tu mente como sonidos y sensaciones, no como notas musicales con nombres como F# y Bb. Por lo tanto, la mayoría de la gente no puede tocar o expresar de ninguna manera estos sonidos recordados. Por eso se ponen a estudiar la música como si fuera algo completamente extranjero y desconocido. Compran partituras, memorizan los movimientos físicos que producen las notas indicadas, acumulan "licks" y frases para usar en sus improvisaciones, etc. Pero la mayor biblioteca musical del mundo ya está a tu disposición, almacenada en lo más profundo de tu propia mente. El mero hecho de que puedes cantar una melodía demuestra que ya sabes cuáles son las notas. Lo único que no sabes es *nombrar* las notas que estás recordando. La información está ahí pero está almacenada en un formato diferente. Las notas están almacenadas en tu memoria como *sonidos*, no como símbolos musicales.

Lo que se necesita es una traducción. Si pudieras traducir los sonidos de tu imaginación musical en notas que se pueden tocar en un instrumento, entonces podrías empezar inmediatamente a usar este vasto repertorio de sonidos en tu música. Es por esta razón que digo que todo conocimiento musical es en realidad autoconocimiento. El camino del improvisador es un viaje hacia el interior. En vez de mirar fuera de nosotros buscando reglas y fórmulas, miramos adentro de nosotros mismos para comprender y organizar los sonidos que residen en nuestra propia imaginación musical. Puede que todavía no te hayas dado cuenta, pero esto es exactamente lo que estás haciendo con el Ejercicio 2: Melodía.

La teoría musical es redundante

Curiosamente, no todas las sociedades abordan la música de la misma manera. Hay lugares en donde los niños aprenden ritmos tocando tambores en vez de mirar puntitos negros sobre un papel. Hay lugares en los que las familias bailan y cantan juntas en sus casas, donde todas las fiestas están acompañadas por música en directo y donde los adolescentes crean elaboradas coreografías para actuar en las calles sin motivo alguno. En estos lugares en donde todo el mundo parece tan talentoso y musicalmente activo, hay un tema que nunca parece surgir: la teoría musical. En estas culturas, la música no es algo que unos pocos estudian. Es algo que todo el mundo hace y disfruta.

Siempre me he sentido fascinado por la percusión africana tradicional. No soy ningún experto en la percusión pero he tenido la gran fortuna de estudiar con algunos músicos muy grandes en Brasil, Senegal y Guinea Bissau. Estas experiencias me han influenciado mucho como persona y como músico. Viajé a estos países con bastante inocencia, simplemente esperando aprender algunos ritmos bonitos. Pero lo que aprendí fue una forma completamente diferente de relacionarse con la música, un sistema de valores diferente. La música tiene un propósito diferente en estos lugares. En mi opinión, tiene un propósito mejor. Su función no es tanto entretener o impresionar sino sanar y conectar a las personas con su pasado, con sus compañeros y con la naturaleza.

También tienen una manera completamente diferente de abordar la *enseñanza* de la música. Me sorprendí cuando me enteré de que mis profesores de música no tenían ninguna manera de apuntar su música sobre papel. No sólo eso, sino que ¡ni siquiera tenían una manera de hablar sobre su música! Toda la idea occidental de blancas, negras, descansos y compases era completamente desconocida para ellos. Ten en cuenta que estoy hablando de algunos de los más conocidos y respetados músicos en Brasil y África occidental. Ellos son "maestros" en el sentido más austero de la palabra. Son increíblemente precisos y lúcidos. Tienen un dominio completo de los sonidos de sus instrumentos y conocen un repertorio aparentemente ilimitado de composiciones y arreglos. Cuando se juntan unos cuantos de ellos para tocar, es una experiencia asombrosa. Su música es hermosa, atronadora, alegre y aterradora todo al mismo tiempo.

Cuando descubrí que no tienen nombres o símbolos para los elementos básicos dentro de los ritmos que tocan, supuse que su música debía de ser bastante improvisada, un poco como los "círculos de percusión" de los hippies en los Estados Unidos y Europa pero quizás con un nivel de habilidad más alto. Esta hipótesis también resultó errónea. De hecho las piezas que tocan están rígidamente definidas hasta la última semicorchea. Tienen secciones diferentes, repeticiones, codas y similares. Y cada sección consiste en múltiples partes que se tocan simultáneamente. Incluso hay secciones de llamada-y-respuesta e improvisación. Pero estas son todas *mis* palabras, mi manera de explicar cómo funciona su música. Ellos no usan ninguno de estos términos. Ni siquiera saben lo que es un compás. Su música tiene tresillos y corcheas, pero los propios músicos no tienen palabras para decir "tresillos y corcheas".

Lo que más me impresionó fue la absoluta perfección y simplicidad en su uso del tiempo. Quiero decir, si nadie tiene ningún concepto de un compás o de la duración de las notas, entonces tendrá que haber algunos compases con pulsos extras, ¿no? De hecho no hay nada por el estilo. Tocan en un compás absolutamente perfecto de 4/4 o 3/4 o 6/8 o lo que sea, sin ninguna desviación nunca del compás básico de la pieza.

De hecho es muy fácil apuntar sus composiciones utilizando nuestros pentagramas y símbolos occidentales porque su música es tan extremadamente precisa y bien ordenada, a pesar de que viven su vida entera sin nunca analizarla verbalmente. Desde mi perspectivo occidental, yo estaba muy impresionado al ver que la gente podía conseguir tanto a pesar de su falta de teoría. Pero la verdadera historia trata de lo que son capaces de conseguir *como resultado* de su falta de teoría. Al no ser lastrados y cargados con un lenguaje paralelo, pueden concentrarse enteramente en el lenguaje de los sonidos. Simplemente viven dentro de este mundo de sonidos y llegan a conocer todos sus elementos tan profundamente que ni siquiera se les ocurre *nombrar* los elementos que componen su música.

En nuestra propia cultura estamos obsesionados en ponerles nombres a las cosas. Si no podemos explicar algo en palabras, sentimos que no lo comprendemos de verdad. En la música, esta obsesión nos ha llevado a inventar una cantidad espantosa de conceptos musicales que los estudiantes ahora están obligados a memorizar. Cada forma concebible de agrupar las notas ha sido declarada un "escala" y se le ha dado algún nombre exótico. Cada tipo posible de movimiento armónico ha sido minuciosamente identificado y catalogado. Hoy en día los profesores de música en las universidades están más preocupados por nuestra capacidad de nombrar correctamente todas estas técnicas que por nuestra capacidad de realmente crear música.

Pero aun así, a pesar de toda nuestra teoría y todos nuestros nombres, casi nadie en nuestra sociedad tiene la menor idea de cómo realmente funciona la música. La mayoría de nosotros ni siquiera comprende las sencillas canciones que oímos en la radio. Paradójicamente, sólo empezamos a comprender cómo funciona la música cuando dejemos de hacernos la pregunta. La pregunta misma nos saca del mundo de los sonidos y nos transporta al mundo de la discusión verbal sobre los sonidos. Lo que realmente estamos haciendo es dirigir nuestra atención a un lenguaje paralelo, al lado de algo que ya era un lenguaje muy organizado. Es por esta razón que digo que la teoría musical es *redundante*. La música en sí ya es tan elegante, tan sumamente bien organizada, que su mera contemplación nos lleva a comprenderla perfectamente.

Sonido, mapa e instrumento

En este capítulo quiero examinar más detenidamente el trabajo que estás haciendo en el Ejercicio 2, y mostrarte cómo este trabajo eventualmente te permitirá expresar cualquier sonido que puedas imaginar. Como viste en el capítulo, "Improvisar de verdad", hay dos traducciones rápidas que ocurren en el viaje desde la imaginación hasta el instrumento. Cuando imaginamos un sonido que queremos tocar, primeramente tenemos que reconocer dónde está localizado este sonido en nuestro mapa tonal. Luego tenemos que proyectar este mapa tonal sobre nuestro instrumento para así poder tocar la nota que estamos imaginando. Esta traducción en dos pasos suena mucho más complicada de lo que realmente es. En la práctica sucede automática e instantáneamente para cualquier sonido que realmente comprendamos. En este capítulo intentaré mostrarte lo que quiero decir con esto.

La primera parte de esta traducción consiste en reconocer los sonidos que imaginamos y saber dónde están ubicados en la octava tonal que estamos sintiendo. Muchas personas se sienten intimidadas por esta parte porque nunca han intentado reconocer los sonidos que oyen, y piensan que esta capacidad sólo la disfrutan los "genios musicales". Pero recuerda que en relación con cualquier centro tonal, cada nota en tu mapa tonal produce una sensación muy específica en tu mente y en tu cuerpo, y tú ya estás muy familiarizado con todas estas sensaciones. Por lo tanto, aprender a reconocer y nombrar estas sensaciones no es tan difícil como puede parecer. Solamente necesitas tiempo para aclarar estos sonidos en tu mente. Cuando hayas tenido la oportunidad de aclarar por ti mismo el sonido de cada nota en tu mapa tonal (incluyendo las cinco notas que están fuera de la escala mayor), no tendrás ninguna dificultad en reconocer estos sonidos en la música que te rodea y en la música que imaginas.

Nuestro viaje comienza con estudiar los sonidos más sencillos que existen, que son las siete notas de la escala mayor. Nuestra primera meta es aprender a reconocer las siete notas por sus sonidos. En el Ejercicio 2: Melodía, ya has comenzado a practicar varios ejercicios muy eficaces para desarrollar esta capacidad. Con el tiempo estarás tan familiarizado con estos sonidos que los reconocerás instantáneamente en cualquier melodía que oigas o imagines:

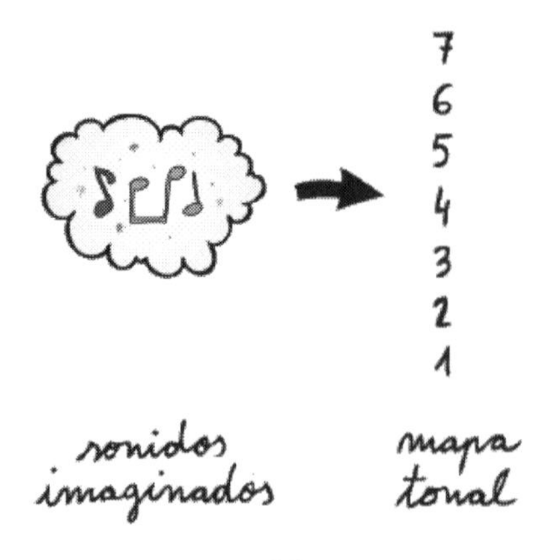

La otra mitad de nuestro reto técnico como improvisadores es visualizar este mapa tonal en cualquier parte de nuestro instrumento para así poder tocar las notas que estamos imaginando. Como ya estás practicando el Ejercicio 2, me imagino que ya tienes experiencia tocando la escala mayor en varios tonos en tu instrumento. Cada vez que tocas la escala mayor en tu instrumento, estás trabajando en la segunda mitad de nuestro reto técnico. Específicamente, estás practicando la traducción desde el mapa tonal hasta tu instrumento:

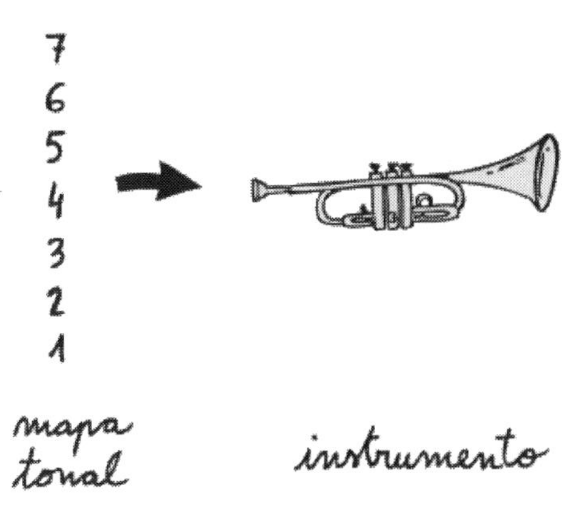

Para improvisar de forma cómoda con el método IFR necesitas convertirte en un maestro total de visualizar este mapa tonal en cualquier parte de tu instrumento. Pero no quiero decir solamente ejecutar escalas hacia arriba y hacia abajo en tu instrumento. Lo que realmente necesitamos es la capacidad de *visualizar* cualquier porción del mapa tonal en cualquier parte del instrumento.

Miremos un ejemplo. Digamos que estas tocando cualquier nota en tu instrumento. Pero tu *oído* te dice que esta es la nota 2 del tono que estás sintiendo actualmente:

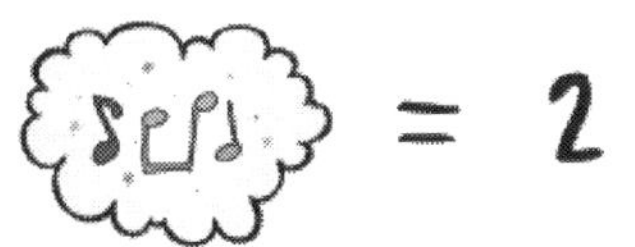

Ahora digamos que empiezas a imaginar un nuevo sonido en tu mente. Esta es una idea puramente musical que aparece en tu mente como un *sonido*. Si fueras cantante, podrías simplemente cantar esta nota sin ni siquiera preocuparte por tener que nombrarla o localizarla. Pero como tú quieres tocar esta nota en tu instrumento, necesitas primero reconocer dónde se encuentra este sonido en tu mapa tonal. Digamos que tu oído te dice que el sonido que estás imaginando es la nota 5:

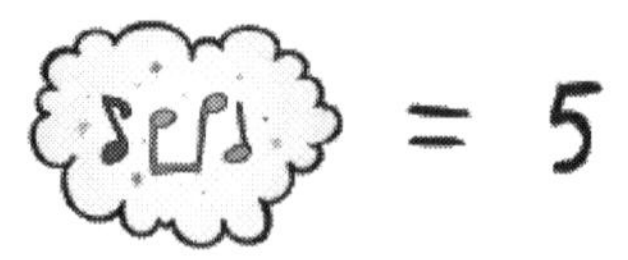

Tu desafío técnico, entonces, es moverte de la nota 2 a la nota 5:

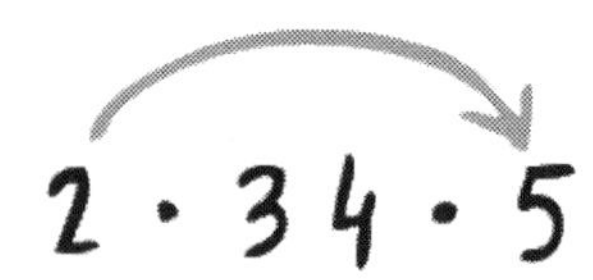

Fíjate en que no es necesario visualizar la escala mayor entera para hacer este movimiento. Sólo necesitamos comprender claramente la pequeña región que es relevante para nuestra idea musical actual. Irónicamente, los músicos que practican escalas hacia arriba y hacia abajo con un metrónomo todo el día nunca desarrollan esta claridad de visión. Puede que sean capaces de ejecutar la escala entera a la velocidad de la luz, pero cuando se enfrentan con el sencillo desafío descrito anteriormente no saben ni por dónde empezar. Por eso digo que nuestra meta no es practicar ejecutando la escala mayor mecánicamente. Nuestra meta es llegar a realmente *conocerla*, y ser capaces de visualizar cualquier parte de ella en cualquier parte de nuestro instrumento. Esta traducción desde el mapa tonal hasta el instrumento es la segunda mitad de nuestro trabajo técnico como improvisadores.

La clave de tu éxito con el Ejercicio 2 y con todo lo que sigue es mantener una perfecta *integración* entre las tres zonas de sonido, mapa e instrumento. Es decir, no te da ningún beneficio practicar tocando las notas si no puedes reconocerlas de oído. Y no te hace ningún beneficio reconocer las notas de oído si no las puedes tocar con facilidad en tu instrumento.

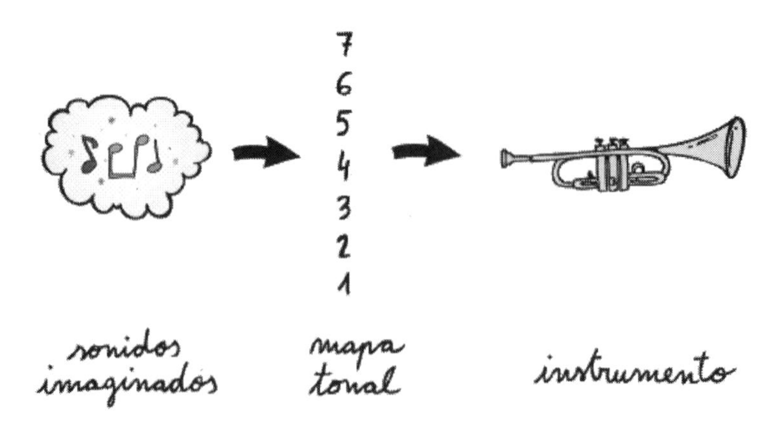

Para crear esta sólida integración, al principio puede ser útil trabajar con pocas notas hasta que desarrolles tanta confianza con ellas y seas incapaz de cometer un error. Por ejemplo, podrías empezar por decidir que las notas 1, 2 y 3 serán tu zona de enfoque. Entonces comenzarías a cantar las tres notas para ti mismo. Practicarías tu habilidad de reconocer las tres notas de oído y tocarlas en tu instrumento en cualquier tono. Después de que hayas ganado una confianza total con estas notas, podrías hasta pedirle a un amigo que te haga una prueba, tocando una corta melodía compuesta de las notas 1, 2 y 3 en un piano. Si realmente has llegado a conocer estas notas íntimamente, entonces deberías ser capaz de reconocer la melodía entera instantáneamente sin la menor vacilación. También deberías ser capaz de elegir al azar cualquier tono en tu instrumento y tocar esta misma melodía perfectamente la primera vez que lo intentas, sin tener que tantear. Si puedes hacer esto, entonces yo diría que tienes un verdadero dominio de las notas 1, 2 y 3. Tu comprensión de las tres notas está perfectamente integrada a través de las tres zonas: sonido, mapa e instrumento.

En ese momento podrías empezar a incluir la nota 4 en tus estudios diarios. Pero recuerda que no tenemos ninguna prisa por avanzar. Si toda la música occidental se basa en solamente siete notas, entonces no podemos echarle la culpa de nuestras dificultades a que haya "demasiada materia" para dominar. De hecho nuestro problema es justamente lo contrario. Hay tan *poca* materia que dominar que la mayoría de los músicos no puede imaginar cómo podría ser útil, así que nunca se molesta en dominarla. Sólo continúan avanzando a la siguiente cosa, y a la siguiente, etc., sin nunca tomar el tiempo para prestar su atención completa a las siete notas que componen toda nuestra música.

"Avanzar" es la metáfora equivocada para los estudios musicales. La maestría viene no de avanzar sino de *profundizar* y de aprender las lecciones de cada momento. Cuando practicas el Ejercicio 2: Melodía, intenta disfrutar de cada momento sin preocuparte por avanzar. Haz los ejercicios a tu propio ritmo. No tienes que hacer mis ejercicios exactamente como los describo yo. Si sientes que un ejercicio te proporciona demasiada materia de golpe, entonces haz menos. Mantén el espíritu del ejercicio pero concentra todo su poder en sólo dos o tres notas. Canta estas notas cada día, visualízalas en tu mapa tonal e improvisa con ellas en tu instrumento. Con el tiempo irás expandiendo tu enfoque poco a poco hasta que tengas confianza con todas las notas de la escala mayor más las cinco notas que están fuera de la escala, representadas por los puntitos negros en nuestro dibujo. Luego llegarás a estudiar acordes, canciones y el mundo entero de la armonía moderna.

Pero para cada concepto musical que quieras añadir a tu repertorio, tómate el tiempo para cultivar tu maestría del concepto en las tres zonas de sonido, mapa e instrumento. Si te mantienes fiel a esta forma perfectamente integrada de aprender la música, un día tendrás un dominio de nuestro sistema musical que no se puede comprar en ninguna escuela.

Ver la matriz

Tal como los personajes en la película "The Matrix", nosotros también vivimos rodeados por una matriz que no podemos ver. Somos tan sensibles al contenido emocional de la música que automáticamente pasamos por alto las notas y ni siquiera nos damos cuenta de ellas. Apenas empieza la música, nos encontramos transportados a un mundo de imágenes, ambientes, sensaciones y sentimientos. Esta capacidad para asignarle un significado humano a los sonidos es en realidad una indicación de nuestra comprensión innata de la música. Pero nos impide darnos cuenta de la sorprendentemente sencilla matriz de notas de la que toda esta música está compuesta.

En este capítulo quiero llevarte por una gira de melodías famosas de diferentes estilos de música. Te mostraré exactamente dónde se encuentra cada melodía dentro de la escala mayor para que puedas tocarla en tu instrumento. Algunas de estas melodías también utilizan ocasionalmente las notas que están fuera de la escala mayor, así que también tendrás una oportunidad de oír cómo suenan estos sonidos.

Mientras miras los siguientes ejemplos te animo a que cojas tu instrumento y que toques las canciones que conoces personalmente. Los ejemplos serán mucho más impactantes si los tocas tú mismo. Sólo tienes que elegir un tono en el que puedes cómodamente tocar unas dos octavas de rango musical. Toca la escala mayor unas cuantas veces para calentar y luego toca las melodías que están escritas en cada sección de este capítulo. Creo que te sorprenderá descubrir todas estas canciones famosas ahí mismo dentro de tu escala mayor. Para la mayoría de la gente, después de este momento ya no hay marcha atrás. Cuando veas por ti mismo la íntima conexión que nuestra música tiene con la escala mayor, realmente habrás empezado a "ver la matriz".

No pretendo que conozcas todas las canciones que pongo a continuación pero mi esperanza es que reconozcas al menos algunas. Si no reconoces una canción por su título, probablemente no tiene sentido que intentes tocarla. Pero si reconoces el título de la canción, entonces la primera cosa que deberías hacer es leer la letra que he escrito e intentar recordar en tu mente el sonido de la melodía. Seguidamente toca la melodía usando los números de la escala que he escrito encima de cada palabra. Intenta tocar la melodía con la misma intención y sentimiento que recuerdas de la canción original. Esta es una parte esencial de este proceso de descubrimiento.

Mientras lees cada melodía, presta atención a la altura a la que cada número está dibujado. Tal como en las partituras tradicionales, utilizo la altura del número para indicar si la melodía sube o baja. Esto ayuda a evitar confusión cuando la melodía cruza la línea de la octava. Por ejemplo, si la melodía está en la nota 7 y luego *sube* un grado de la escala para llegar a la nota 1 de la siguiente octava, entonces dibujaré la nota 1 más arriba en la página que la nota 7 (como se muestra en el dibujo de abajo a la izquierda). Si, en cambio, la melodía *baja* desde esta nota 7 hasta la nota 1 de abajo, entonces dibujaré la nota 1 más abajo en la página que la nota 7 (como se muestra en el dibujo de la derecha).

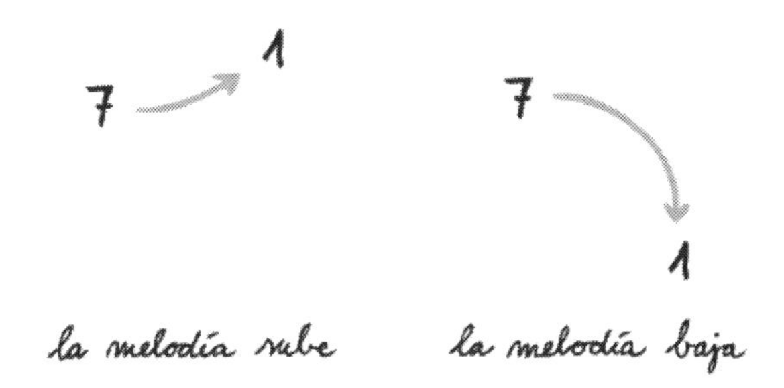

Empezaremos con una selección de éxitos de R&B desde principios de los años setenta hasta ahora. Los estudiantes de improvisación a menudo pasan por alto estas canciones porque están más interesados en aprender standards de jazz. Pero las canciones de R&B son una parte importante de la cultura musical de muchos músicos de jazz muy grandes.

Viví por un tiempo en Buffalo, New York, que tenía un maravilloso panorama musical con docenas de bandas que tocaban R&B, soul, blues, hip hop, rock, jazz e incluso improvisación libre. En cualquier noche de la semana había dos o tres lugares diferentes en los que podías escuchar jazz excelente en vivo. Esto era un lujo que era muy difícil de encontrar incluso en ciudades mucho más grandes y prósperas. Pero lo más bonito que recuerdo de la comunidad de jazz de Buffalo era la dignidad y la bondad de los músicos. Todo el mundo estaba bienvenido sin importar su edad, color, sexo o nivel musical. Jóvenes avanzados con sonidos sofisticados y modernos tocaban juntos con señores muy mayores que tenían sonidos más de blues o de gospel. A las mujeres se las animaba especialmente y se les daba mucho espacio para hacer solos. Hasta niños pequeños se apuntaban e intentaban un solo, y toda la sala gritaba y aplaudía.

Lo que unía a toda esta gente de clase trabajadora era mucho más que el deseo de tocar jazz. Compartían una necesidad común de amistad, respecto y de pasarlo bien en una ciudad que podía ser dura y brutal una gran parte del tiempo. Y a pesar de que cada jam session empezaba con el típico repertorio de standards de jazz, hacia las tres de la mañana empezabas a oír otro tipo de música. Los mismos músicos que antes estaban tocando Monk ahora estaban tocando la música de Marvin Gaye. Más relajados después de varias horas de tocar juntos, empezaban a tocar la música que estaba más cerca de sus corazones y de sus recuerdos de la infancia. A continuación encontrarás algunos ejemplos de hermosas melodías de este estilo:

Marvin Gaye - What's Going On

(written by Renaldo Benson, Alfred Cleveland and Marvin Gaye)

6 3 5 6 6 5 5 6 3 3 2 1

Mother, mother, there's too many of you crying.

1 5 6 3 5 6 5 6 5 5 6 3 3 2 1

Brother, brother, brother, there's far too many of you dying.

Bill Withers - Lean On Me

3 2 1 3 3 2 2 1

Lean on me, when you're not strong.

1 1 7 6 5 1 2 3 3 2 2

And I'll be your friend. I'll help you carry on.

Al Green - Let's stay together

3 3 4 5 7 5 5

I'm so in love with you.

3 3 4 5 6 4 4 1 4 4 4 b6 5 4 1

Whatever you want to do is alright with me...

¿Te diste cuenta de la nota b6 hacia el final de la segunda línea? En tu dibujo de la escala mayor, esta nota es el puntito negro entre la nota 5 y la 6. Está ubicada un semitono por encima de la nota 5, y puedes tocarla tan fácilmente como tocas cualquier otra nota. Esta es la única nota en toda la canción que se sale de la escala mayor. Pero como verás cuando llegues al Ejercicio 4: La Armonía Mixta, la *explicación* de esta nota sí que viene de la escala mayor, a pesar de que la nota misma está fuera de la escala. Este es un ejemplo de mezclar metáforas de la escala mayor. Un sonido ha sido "copiado" de un lugar diferente en la escala y "pegado" aquí. Es decir, a pesar de que esta nota está fuera de la escala, el sonido de la frase resultante lo descubrirás *dentro* de la escala mayor, pero en otro sitio. Probablemente suene un poco confuso pero una vez que te conviertas en un experto en los sonidos de la escala mayor, serás capaz de reconocerlos incluso cuando estén mezclados o fuera de lugar. Este es el tema del Ejercicio 4: La Armonía Mixta, y es a este nivel que empezarás a reconocer y a comprender literalmente todas las notas en toda la música que escuches.

Terminaremos nuestra selección de R&B con un par de canciones más recientes:

Alicia Keys - Un-thinkable (I'm Ready)

(written by Alicia Keys, Aubrey Grahams, Kerry Brothers Jr., Noah Shebib)

3 5 3 7 6 6 3 5 6 7 6 5 3 2 1

Moment of honesty. Someone's gotta take the lead tonight.

1 1 7 6 6 3 5 6 7 6 5

Who's it gonna be? I'm gonna sit right here.

5 3 2 1 6 2 3 2

And tell you all that comes to me.

Anthony Hamilton - The point of it all

(written by Bobby Ross Jr. Avila, Issiah Avila, Anthony Hamilton, James Quenton Wright)

1 2 3 5 7 5 3 2 1

I can't stay away from you too long.

1 2 3 5 7 5 3 2 1

Even if I do I'll always call.

Ahora vamos a ver algunas melodías conocidas de pop y música country. Los músicos de jazz a veces consideran esta música demasiado sencilla o demasiado "blanca" para su gusto. Desgraciadamente, es bastante común entre los músicos de jazz adoptar una actitud de superioridad hacia la música popular. Pero esta es una actitud ignorante que impide que los músicos se enriquezcan con la belleza y el sentimiento expresados en esta música. De hecho, la dulce sencillez de la música popular es probablemente la mejor educación que un libre improvisador puede jamás recibir. Un gran ejemplo es Charlie Haden. Cuando lo escuchamos tocando junto con Ornette Coleman en álbumes como "The Shape of Jazz to Come" nunca se nos ocurriría acusar a Haden de sonar demasiado "blanco". Lo que oyes entre los músicos en este álbum es una búsqueda colectiva de belleza y de significado que transciende todas las fronteras musicales y sociales. Pero de lo que mucha gente no se da cuenta es que la primera educación musical que Charlie Haden recibió la adquirió cantando canciones folclóricas en un programa de radio con su familia. Yo creo que fue precisamente la dulzura y el lirismo de la música popular lo que le enseñó a Haden cómo expresarse con sentido en la música incluso en un contexto vanguardista de jazz libre. Ahora te invito a contemplar algunas sencillas melodías de la música pop sin juzgarlas. Son simplemente melodías, y si se han hecho populares será porque deben de contener algo que es intrínsecamente bonito.

<u>The Righteous Brothers - Unchained Melody</u>

(Written by Alex North and Hy Zaret)

1 2 1 2 3 2 1 1 5 7 2 3 1

Oh, my love, my darling, I've hungered for your touch,

2 1 3 4 5

A long lonely time.

<u>Dionne Warwick - That's What Friends Are For</u>

(written by Burt Bacharach and Carole Bayer Sager)

7 1 5 7 1 5 6 4 6 1 4 3 1 6 5

Keep smiling, keep shining, knowing you can always count on me.

2 1 1 2 3 4 2

For sure. That's what friends are for.

Garth Brooks - The Dance
(written by Tony Arata)

3 4 6 6 5 4 3 2
Our lives are better left to chance.

5 2 2 3 4 3 6 3 2 1 7 6 7 1
I could have missed the pain, but I'd have had to miss the dance.

Roxette - It Must Have Been Love
(written by Per Gessle)

2 2 3 4 5 5 5 1 5 6 5 4
It must have been love, but it's over now.

1 1 2 3 4 4 4 3 2 1 2
It must have been good, but I lost it somehow.

Coldplay - Yellow

2 3 2 3 2 3 2 3 5 2
Look at the stars, look how they shine for you.

1 2 1 2 5 1 6 1 6 1 1 6 5
And everything you do, yeah they were all yellow.

Incluso las melodías de punk, heavy metal y rock moderno están basadas en la escala mayor. Esto le sorprende a mucha gente porque los distorsionados efectos de sonido de la música rock nos engañan a pensar que las melodías no podrían posiblemente estar basadas en la misma armonía utilizada por Mozart. Pero a continuación se muestran varios ejemplos que demuestran que hasta la música más rebelde se porta como el más obediente catequista en cuanto a su uso de la escala mayor:

Ozzy Osbourne - Crazy Train

(written by Ozzy Osbourne, Randy Rhoads and Bob Daisley)

5 3 3 2 1 1 1 2 3 1 1 1 1 6 5 6 5 5 4 5 4 3 1

Crazy, but that's how it goes. Millions of people, living as foes.

5 3 3 2 1 1 2 3 1 1 1 1 6 5 5 5 6 5 5 4 5 4 3 1

Maybe it's not too late to learn how to love and forget how to hate

The Ramones - I Wanna Be Sedated

(written by Joey Ramone)

5 5 5 5 5 5 5 5 6 5 4 3 4 3 3 2 1 2 3

Twenty twenty twenty-four hours to go. I wanna be sedated.

3 3 3 3 3 3 2 3 2 4 3 3 2 1 2 3

Nothing to do, nowhere to go. I wanna be sedated.

Guns N' Roses - Sweet Child O' Mine

5 5 5 5 4 3 4 5 3 1 4 3 1 4 4 4 3 2

She's got a smile that it seems to me, reminds me of childhood memories

1 4 3 1 4 3 1 4 3 1 4 4 4 3

Where everything was as fresh as the bright blue sky.

Nirvana - Smells Like Teen Spirit

(written by Kurt Cobain, Krist Novoselic, Dave Grohl)

5 6 6 5

3 4 3 4 3 2 3 2

1 1 1 1 7

Load up on guns. Bring your friends. It's fun to lose and to pretend.

5 6 6 5

3 4 3 4 3 2 2 3 2

1 1 1 1 7

She's overboard and self-assured. Oh no I know a dirty word.

Red Hot Chili Peppers - Otherside

3 3 2 1 2 1 1 1 1 3 2 1 7 6 7 6

How long, how long will I slide? Separate my side.

3 2 1 7 1

6

3 3

I don't, I don't believe it's bad.

Otro hecho que les sorprende a muchas personas es que incluso los sonidos sofisticados de la música jazz tienen una relación muy estrecha con la escala mayor. La mayoría de los standards de jazz se basan enteramente en la escala mayor con solamente un uso muy ocasional de las notas que están fuera de la escala. Por esta razón, los standards ofrecen una tremenda educación en la armonía básica y la composición. Tal como la música R&B y pop sirvió como una importante educación musical para los músicos de jazz que mencioné anteriormente, está claro que tocar standards de jazz en todos los doce tonos fue una educación importantísima para músicos cómo John Coltrane.

Mucha gente se fija en los aspectos innovadores de la música más reciente de Coltrane. Pero lo que se nos olvida es que *todo el mundo* estaba usando esos nuevos e innovadores sonidos en ese momento. Puede que él haya introducido algunas innovaciones que fueran particularmente suyas, pero esto no explica por qué la música de Coltrane ha permanecido mientras que ni siquiera recordamos los nombres de la mayoría de sus coetáneos. Lo que hizo que Coltrane sobresaliera por encima de los demás no fue lo ingenias de sus innovaciones sino el poder y la profundidad de la música que creó con ellas. Hoy en día las escuelas de música fabrican miles de músicos que pueden imitar los sonidos exóticos de Coltrane. Pero estos sonidos exóticos no fueron la fuente de su genio. Fueron meramente la materia prima con la que Coltrane disfrutaba trabajar. Su maestría para contar una historia humana con esos sonidos es algo que aprendió a lo largo de décadas de experiencia tocando las canciones sencillas que llamamos los "standards de jazz".

Estas canciones, la mayoría de las cuales fueron compuestas para el teatro musical y a veces se les llama "show tunes", son perfectos ejemplos didácticos para enseñar la armonía tonal básica. A veces parecen haber sido diseñadas con el solo propósito de ilustrar cómo pueden ser usados los sonidos de la escala mayor de formas sorprendentes y encantadoras.

Muchos músicos que vienen de una trayectoria profesional de rock o pop se sienten intimidados por los standards de jazz. Pero incluso los standards más largos y complejos son fáciles de tocar en cualquier tono si entiendes el origen de sus sonidos, que es siempre la escala mayor. Y como verás por ti mismo en los Ejercicios 3 y 4, los acordes de estas canciones también vienen directamente de la escala mayor. Por lo tanto, tocar los acordes en cualquier tono es tan fácil como tocar la melodía. Es por esta razón que tantos alumnos de IFR son capaces de tocar cualquier standard que conocen en cualquier tono. A continuación se muestran algunos ejemplos de standards de jazz basados enteramente en la escala mayor:

Summertime (written by George Gershwin)

3 1 3 2 1 2 3 1 6 3
Summertime and the livin' is easy.

3 1 2 2 1 6 1 6 1 7
Fish are jumping and the cotton is high.

My Romance (written by Richard Rogers and Lorenz Hart)

3 4 5 3 4 5 6 7 1 1 7 6 5
My romance doesn't have to have a moon in the sky.

1 2 3 1 2 3 4 5 6 6 5 4 3
My romance doesn't need a blue lagoon standing by.

There Will Never Be Another You (written by Harry Warren and Mack Gordon)

5 6 7 1 2 3 5 2 1 2

There will be many other nights like this,

3 1 2 3 5 6 1 6 5 6

And I'll be standing here with somone new.

Stella by Starlight (Victor Young)

1 7 6 7 1 5 5 6 5 5 6 1

The song a robin sings, through years of endless springs.

2 4 3 2 1 3 #4 6 5 5 6 1 7 6 5 6 7 1 3 2 2

The murmur of a brook at eventide, that ripples by a nook where two lovers hide

You Don't Know What Love Is (written by Gene de Paul and Don Raye)

3 7 7 6 1 1 7 6 7 1 2 3 2 1 7 6

You don't know what love is, until you've learned the meaning of the blues.

6 7 1 2 3 4 3 5 4 3 3 2 2 1 7 7

Until you've loved a love you've had to lose, you don't know what love is.

Si conoces esta última canción, sabes que es una de las muchas baladas de jazz que tienen un sonido menor y oscuro. Otros ejemplos son "Beautiful Love", "Autumn Leaves" y "My Funny Valentine". Pero la idea de que estas canciones se basan en una "escala menor" o de que están en un "tono menor" es un mito. Hay muchos sonidos oscuros y misteriosos dentro de la escala mayor. Cuando comiences a estudiar los siete acordes de la escala mayor, te asombrarás al ver la cantidad de ambientes y sentimientos que producen estos acordes como colores de fondo. Algunos de ellos no se parecen en nada al sonido de la escala mayor, pero todos están ahí mismo en tu dibujo, esperando ser descubiertos.

Hasta ahora la mayoría de los ejemplos han venido de la música norteamericana. Pero vamos a terminar nuestra gira con algunas canciones de los países de América Latina. Veremos una canción jamaicana de reggae, un bolero mexicano, un bolero cubano, una bossa nova brasileña y por último un tango argentino.

Bob Marley - Redemption Song

(written by Edward R. Hawkins and Bob Marley)

6 5 4 3 4 5 5 6 6 6 5 4 3 4

Old pirates yes they rob I, sold I to the merchant ships.

3 2 1 1 4 3 3 1 1 1 1 2 2

Minutes after they took I, from the bottomless pit.

Bésame Mucho (written by Consuelo Velázquez)

6 6 6 6 7 1 3 2 2 2 2 3 3 3 4 4 4 #5 6 7 3

Bésame, bésame mucho, como si fuera esta noche la última vez.

6 6 6 6 5 4 3 2 6 3 1 3 1 6 1 7 6 7 6 #5 6

Bésame, bésame mucho, que tengo miedo a perderte, perderte después.

Toda Una Vida (written by Osvaldo Farrés)

3 2 1 7 7 6 #1 3 6 6 6 6 4

Toda una vida me estaría contigo

2 4 6 6 #5 6 3 1 3 3 3 3 7 7 7 5 4 3

No me importa en qué forma, ni cómo ni cuando, pero junto a ti.

Wave (written by Antonio Carlos Jobim)

6 1 7 5 3 4 b6 7 2 4 3 5

Vou te contar, os olhos já não podem ver,

5 5 6 5 4 4 3 4 3 4 5 3

Coisas que só o coração pode entender.

Malena (written by Lucio Demare and Homero Manzi)

3 6 6 1 1 1 7 7 2 4 7 6 6

Malena canta el tango como ninguna,

3 3 4 5 4 3 #5 3 7 1 2 3

Y en cada verso pone su corazón

Espero que estés empezando a entender el poder de nuestro punto de vista tonal. Si miramos más allá de los nombres de las notas y en cambio nos fijamos en la *posición* de cada nota dentro de la escala mayor, empezamos a ver lo sencilla que es realmente la música occidental.

También deberías entender que no todas las canciones están tan perfectamente limpias en este sentido. Obviamente los compositores pueden usar notas fuera de la escala mayor cuando quieran. Mucha gente se pone nerviosa cuando menciono esto, porque supone que debe de haber cientos de estas notas de "fuera" y que sería imposible aprenderlas todas. Así que seamos claros. Hay exactamente cinco. (No fue tan doloroso al final, ¿verdad?)

Además, tú ya sabes exactamente dónde está ubicada cada una de las cinco notas que están fuera de la escala mayor, porque no son más que los cinco puntitos negros en tu mapa tonal. Aprender a reconocer de oído las cinco notas que están fuera es tan fácil como aprender a reconocer las siete notas de la escala mayor. Cada nota tiene su propio y distintivo sonido que llegarás a reconocer con el tiempo.

Por lo tanto, ahora quiero enseñarte una bossa nova brasileña que parece contradecir nuestra idea que toda la música occidental proviene de la escala mayor. Mientras miras el siguiente boceto tonal de una línea de la canción "Garota de Ipanema" (traducida al español como "Chica de Ipanema"), fíjate en cuántas notas fuera de la escala parece tener esta línea:

Garota de Ipanema Antonio Carlos Jobim and Vinicius de Moraes

1 ♭2 1 ♭7 1 ♭7 ♭6 ♭7 ♭3 3 ♭3 ♭2 ♭3 ♭2 7 ♭2

Ah, porque estou tão sozinho? Ah, porque tudo é tão triste?

¡Qué lío! La presencia de tantos símbolos bemoles parece demostrar que la canción no tiene nada que ver con la escala mayor. Pero esto es sólo una ilusión óptica. El hecho es que incluso estas notas vienen directamente de la escala mayor, pero de una escala mayor *diferente* de la escala en la que esta canción está basada. Este es otro ejemplo de "copiar" sonidos de una parte de la escala mayor y "pegarlos" en otro lugar. Este es el concepto que estudiaremos en el Ejercicio 4: La Armonía Mixta. Por ahora, lo único que quiero que entiendas es que incluso las notas que están fuera de la escala mayor siempre tienen una lógica que tiene sus raíces en la escala mayor. Y a medida que vayas creciendo en tu capacidad para sentir y usar la escala mayor en tu música, podrás improvisar a gusto incluso sobre la música que incluye pasajes de otros tonos.

Los siete ambientes armónicos

Algunas cosas son difíciles de explicar pero fáciles de entender. Ninguna cantidad de palabras puede explicar el color azul, por ejemplo, a una persona que nunca lo ha visto. No les enseñamos a los niños los colores con largas explicaciones sobre la teoría óptica. Simplemente señalamos varios objetos de color azul y decimos: "Esto es azul".

Sucede que el concepto "azul" no es particularmente difícil de aprender. Todos sabemos exactamente lo que significa, a pesar de que nadie parece ser capaz de describirlo con palabras. Esto es debido a que cuando hablamos del color azul, de hecho no nos interesa su definición científica exacta. De lo que realmente estamos hablando es de una experiencia humana compartida, la sensación que sentimos en la mente cuando la luz azul incide en la retina.

Cuando hablamos de acordes, también estamos hablando de una experiencia humana compartida. Los detalles exactos de la construcción de un acorde no son en realidad lo más importante. La mayoría de los cursos de música fallan porque se quedan atascados en los detalles microscópicos de cómo nombrar cada agrupación posible de notas musicales. La razón por la que la mayoría de las personas nunca aprende a reconocer la armonía de oído es que nunca nadie les dio la oportunidad de experimentar las *sensaciones* producidas por cada uno de los siete acordes de la escala mayor. Nuestros profesores nos enseñan cómo construir correctamente un acorde G menor novena con la treceava bemol. Pero lo que realmente necesitábamos era que alguien nos dijera: "Este es el acorde 6".

El origen de toda la armonía occidental se encuentra en sólo siete acordes fundamentales. Los siete acordes se construyen de una forma muy sencilla a partir de las siete notas de la escala mayor. Tu primera tarea como estudiante de armonía es llegar a conocer personalmente estos acordes esenciales. Un acorde no es meramente un grupo de notas para tocar de vez en cuando. Una mejor manera de pensar sobre los acordes es pensar que ellos son los *ambientes* musicales en donde tienen lugar nuestras melodías. Si piensas sobre la melodía como un actor en el escenario de un teatro contando una historia, entonces puedes pensar en los acordes como el telón de fondo detrás de este actor.

Dado que nuestra primera meta es aprender a reconocer estos ambientes por nosotros mismos, vamos a usar una fórmula muy sencilla para crearlos. No vamos a aprender un montón de nombres complicados para las muchas variantes que pueden ocurrir en un acorde en particular. No es que las diferencias no importen. Claro que importan, lo mismo que un tono particular de azul puede ser muy importante para un gran pintor. Pero al pintor no le ayuda tener que memorizar quinientos nombres diferentes para quinientos diferentes tonos de azul. Su atención al detalle es infinita pero su apetito para las palabras no lo es.

De la misma manera, nosotros vamos a definir cada uno de los siete acordes de una manera fácil que nos permita producirlos y empezar a conocer cómo suenan. Los acordes se basan en la sencilla idea de empezar en la nota fundamental y a continuación ir añadiendo notas más agudas que estén separadas por dos pasos de la escala. Un acorde básico de cuatro notas tendrá las siguientes notas:

fundamental (La nota inicial y también el nombre del acorde)

3ª (dos escalones por arriba de la fundamental)

5ª (dos escalones por arriba de la 3ª)

7ª (dos escalones por arriba de la 5ª)

Esto lo es todo. Es todo lo que necesitas para crear los siete acordes esenciales, la base entera de la armonía occidental. El primer acorde se llama el "acorde 1" y está compuesto de las notas 1, 3, 5 y 7:

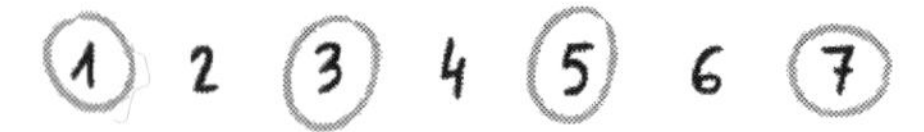

El caso del acorde 1 es obvio porque la fundamental, la 3ª, la 5ª y la 7ª del acorde son simplemente las notas 1, 3, 5 y 7 de la escala mayor. Pero ahora miremos el acorde 2. Ahora la nota 2 es la fundamental, y las cuatro notas del acorde serán las notas 2, 4, 6 y 1. (Recuerda que la escala mayor no termina cuando llegamos a la nota 7. Continuamos y pasamos directamente a la siguiente octava.)

Sencillo, ¿no? Lo único que estamos haciendo es tomar la fundamental del acorde y luego saltar hacia arriba dos notas, luego otras dos notas y luego otras dos notas mas. Todos los acordes se construyen de la misma forma sencilla. Las notas del acorde 3 son 3, 5, 7 y 2:

Las notas del acorde 4 son 4, 6, 1 y 3:

4 5 6 7 1 2 3

Las notas del acorde 5 son 5, 7, 2 y 4:

5 6 7 1 2 3 4

Las notas del acorde 6 son 6, 1, 3 y 5:

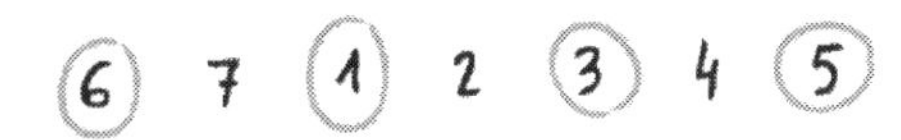

Y las notas del acorde 7 son 7, 2, 4 y 6:

Eso es todo lo que tiene. Estos son los siete acordes esenciales en los que se basa toda la música occidental. En el Ejercicio 3: La Armonía Pura, tendrás la oportunidad de crear todos estos ambientes armónicos por ti mismo y experimentar improvisando en ellos. Pero primero quiero darte una idea de por qué esta visión tonal de los acordes es tan poderosa.

Saber qué notas componen estos acordes no es solamente útil para producirlos, sino que también nos permite orientarnos rápidamente en la música. Las notas de cada acorde (indicadas por los círculos en el dibujo de arriba), representan las notas más *consonantes* para cualquiera que improvise un solo. Por ejemplo, imagínate que un pianista amigo tuyo te está acompañando tocando el acorde 6 en el piano. Lo que tu amigo realmente está haciendo es poner las notas 6, 1, 3 y 5 en el aire. Mientras improvisas, te darás cuenta de que cuando tú también estás en una de estas notas (6, 1, 3 o 5), el resultado es un sonido consonante y muy relajado. Literalmente tu nota "armoniza" con el ambiente y produce una sensación de relajación. Por otro lado, cuando tocas una de las otras notas de la escala (por ejemplo la nota 4), sentirás una especie de tensión en el aire cuando tu nota se choca con el trasfondo del acorde de tu amigo.

Ahora, no es que las notas consonantes sean "mejores" o más correctas que las notas disonantes. No se trata de eso. En realidad necesitamos ambas mitades de nuestro vocabulario musical para contar una historia completa. Pero la habilidad de ver claramente dónde están las notas del acorde es útil porque nos orienta y nos ayuda a encontrar cualquier nota que estemos imaginando. Es también una gran herramienta de aprendizaje para los principiantes porque facilita el encontrar las "notas bonitas" que los principiantes siempre buscan.

Podemos hasta crear un mapa de estas notas consonantes en cualquier pieza de música. Puesto que cada nota en los dibujos de arriba es simplemente una de las siete notas de la escala mayor, el primer paso para comprender cómo fluye la armonía a través de una pieza de música es ver por ti mismo *dónde* se encuentran estas notas en realidad. Para hacer esto sólo tenemos que mirar los acordes que definimos arriba, pero en un dibujo de la escala mayor como realmente es, en su orden natural desde la nota 1 hasta la nota 7:

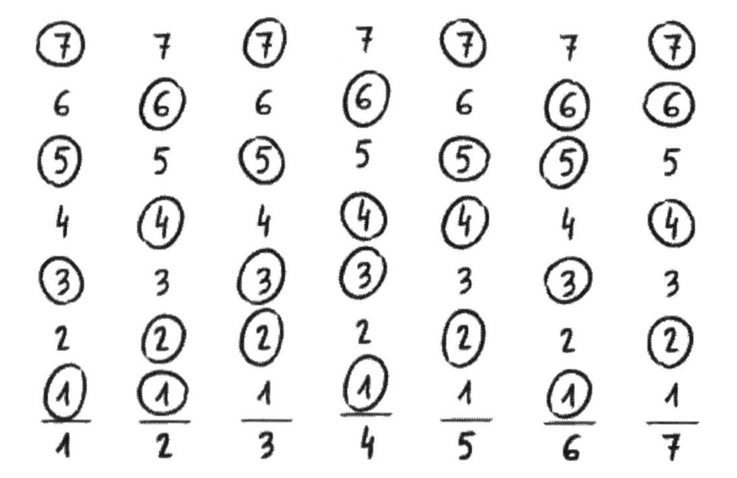

La primera columna muestra las notas del acorde 1. Las notas son 1, 3, 5 y 7. La siguiente columna muestra las notas del acorde 2 (2, 4, 6 y 1). Recuerda que construimos este acorde empezando en la nota 2, y luego usamos nuestro patrón de saltar hacia arriba dos notas, luego otras dos notas, etc. Esto es lo que nos llevó a las notas 2, 4, 6 y 1. Pero fíjate en *dónde* están localizadas las notas en este nuevo dibujo. La nota 1, que es la última nota que añadimos al acorde 2, está en realidad *por debajo* de todas las demás notas en la escala mayor. Entonces el orden en el que encontramos estas notas en cualquier octava tonal es 1, 2, 4 y 6. Esta "visión tonal" de las notas de cada acorde es enormemente poderosa porque esta es la manera en la que tu oído realmente siente el flujo de la armonía. Para tu oído, los acordes no tienen ni principio ni fin. Tu oído simplemente siente una atracción natural hacia varios sitios en la octava. Estas notas consonantes que atraen el oído son las que están dentro de los círculos en el dibujo de arriba. El poder de nuestro mapa tonal es que nos permite visualizar exactamente dónde está fluyendo la armonía en cualquier momento. En cada uno de los ambientes armónicos de arriba, los círculos representan las notas más consonantes que atraen el oído de forma natural.

Ahora puedo darte una vista previa de cómo usamos esta visión tonal cuando tocamos. No necesitas hacer nada con este ejemplo musical. Sólo sígueme por ahora. Imagínate que estás tocando una canción que consiste en los siguientes acordes:

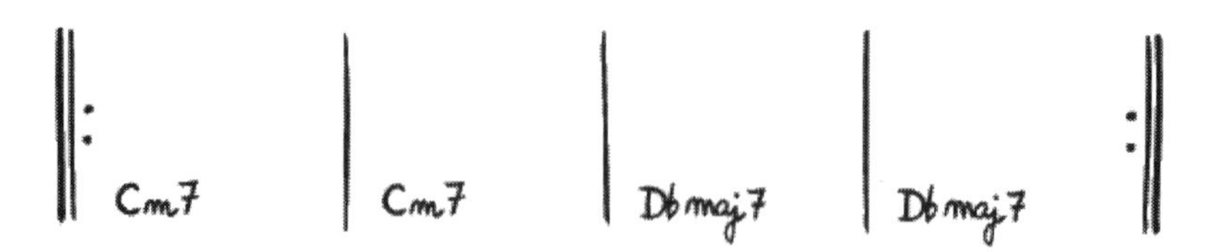

La mayoría de los improvisadores principiantes (e incluso muchos con experiencia) mirarían los símbolos de los acordes de arriba e inmediatamente se preguntarían dos cosas:

> ¿Qué tipo de escala menor debería tocar sobre el acorde Cm7?
>
> ¿Qué tipo de escala mayor debería tocar sobre el acorde Dbmaj7?

En realidad ambas preguntas están equivocadas. Lo que es peor aún, muchos profesores de improvisación dan *respuestas* a estas preguntas erróneas. Luego el pobre alumno intenta improvisar manipulando una escala en un momento y otra escala en otro momento. Incluso hay gente que piensa que la definición misma de un gran improvisador es una persona que sabe manejar estos cambios de escala con rapidez y destreza. Pero si realmente entendiéramos la armonía en primer lugar, no tendríamos ninguna necesidad de hacer tantas acrobacias mentales.

Los acordes en el ejemplo anterior no son más que lo siguiente:

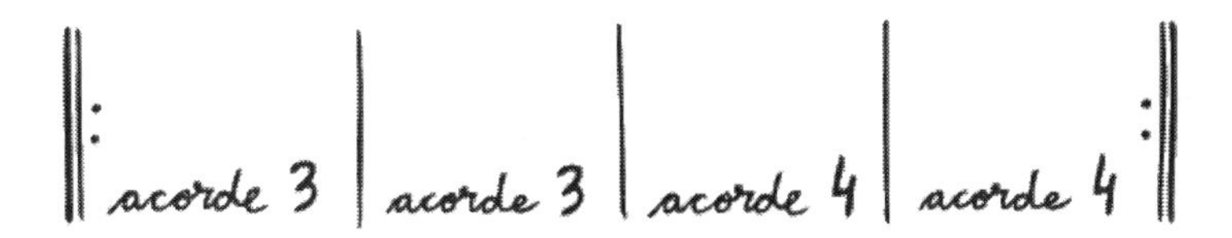

Todavía no tienes toda la información necesaria para hacer esta observación por ti mismo. Pero pronto la tendrás. Y cuando seas capaz de reconocer esto por ti mismo, no tendrás ninguna necesidad de superponer escalas artificiales sobre estos acordes, porque estarás conectado directamente con el *origen* de los acordes. Verás el ambiente armónico entero al mismo tiempo, y visualizarás en todo momento y sin esfuerzo las notas que te rodean. Reconocerás los acordes en el dibujo de arriba como nada más que una simple alternancia entre el acorde 3 y el acorde 4:

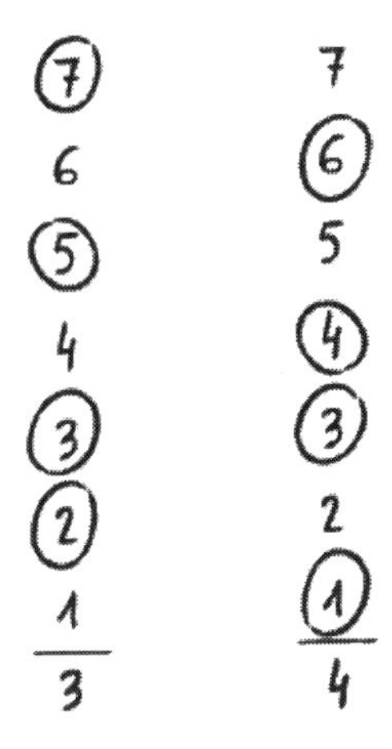

Lo que es aún mejor es que no tendrás que usar esta información de ninguna manera consciente o mecánica. Sencillamente te relajarás y tocarás cualquier nota que imagines. Pero te sentirás perfectamente orientado porque entenderás lo que está sucediendo a tu alrededor. En cada momento, literalmente *sentirás* una atracción hacia las notas que están dentro de los círculos en el dibujo de arriba. Esto no significa que tengas que *tocarlas*. Eso lo decides tú. Si quieres fluir suavemente con la armonía de la pieza puedes dejar que todas tus melodías descansen en las notas que están dentro de los círculos. Pero también puedes crear tensión en contra de este flujo armónico natural cuando tú quieras, simplemente tocando las notas que están fuera de los círculos.

Lo importante es dejar que todo esto ocurra de forma natural. La teoría nunca te dirá qué notas tocar. Las melodías vendrán siempre de tu imaginación musical. Pero lo que podemos conseguir con la teoría es comprender el ambiente armónico de cualquier pieza musical para saber dónde encontrar los sonidos que imaginamos. Nunca deberíamos recurrir a aplicar escalas artificiales sobre cada acorde. Cualquier pieza de música que valga la pena tocar, vale la pena comprenderla. Al conectar con la sencilla lógica de la armonía de la canción, te puedes librar de todas esas acrobacias mentales y concentrarte en decir lo que tú quieres decir.

Afortunadamente no es difícil reconocer la escala mayor en la música que nos rodea. Recuerda que toda nuestra música viene de la escala mayor originalmente, así que detectar la conexión es mucho más fácil de lo que puede parecer. La clave es desarrollar primeramente tu confianza con los siete acordes de la escala mayor sin ni siquiera preocuparte por cómo los usarás en tu música. Recuerda el ejemplo de un niño aprendiendo a nombrar los colores. Empezando con ejemplos muy básicos y claros, el niño desarrolla su propia idea de cómo es cada color, y más adelante no tiene ninguna dificultad en reconocer interminables variaciones o mezclas de estos colores básicos. Así es exactamente cómo vas a aprender a reconocer la armonía en la música a tu alrededor. Empezarás este trabajo en el Ejercicio 3: La Armonía Pura.

Piano para todos

Si estás disfrutando de nuestro viaje y estás entusiasmado con la idea de dominar la armonía y la improvisación musical, llegados a este punto te animaría a que pensaras seriamente en incorporar un piano o un teclado en tus estudios musicales. Puede ser uno que no sea muy caro, siempre que tenga un sonido agradable y un tacto cómodo. Aunque nunca en tu vida hayas tocado el piano, te enseñaré cómo empezar a usarlo inmediatamente para hacer música con los mismos conceptos que has estado aprendiendo. La facilidad con la que un principiante puede empezar a disfrutar tocando el piano es uno de los "beneficios complementarios" más divertidos del método IFR. Aunque tu interés principal esté en otro instrumento, te animo a que aproveches esta oportunidad de expandir tus horizontes como músico. Encontrarás que el piano es una increíble herramienta de aprendizaje y una fuente inagotable de placer.

Si no te puedes permitir comprar un teclado en este momento, no te desesperes. Hay muchas otras formas de experimentar la armonía y te daré muchas ideas a través del resto de este libro. Muchas de las actividades en el Ejercicio 3 pueden hacerse en cualquier instrumento, así que no hay razón por que no puedas seguir creciendo como músico usando cualquier material que tengas a tu disposición. Pero si tienes acceso a un teclado, entonces este capítulo es para ti. Vas a aprender cómo usar lo que ya sabes de la armonía para empezar a hacer música con tu teclado o piano.

La clave es recordar que el mismo método que estás usando para aprender a improvisar en tu propio instrumento puede ser aplicado tan fácilmente al piano o a cualquier otro instrumento. En otras palabras, ya tienes todas las herramientas que necesitas para aprender a improvisar en el piano. Estas herramientas son los Cinco Ejercicios. Empezando con el Ejercicio 1, a medida que vayas progresando a través de los ejercicios, desarrollarás el mismo nivel de confianza con el piano que tienes con tu propio instrumento. Puede que decidas algún día tomar clases de piano con un profesor de piano para trabajar en el aspecto físico de tocar el instrumento correctamente, y esto es algo que te recomiendo encarecidamente. Pero al principio no es estrictamente necesario tomar ese planteamiento tan formal. Lo único que necesitas para empezar a conocer el piano es una comprensión de la disposición física del teclado. Es en realidad muy simple e intuitiva. Echa un vistazo al siguiente dibujo que muestra los nombres de las teclas en cualquier sección del teclado:

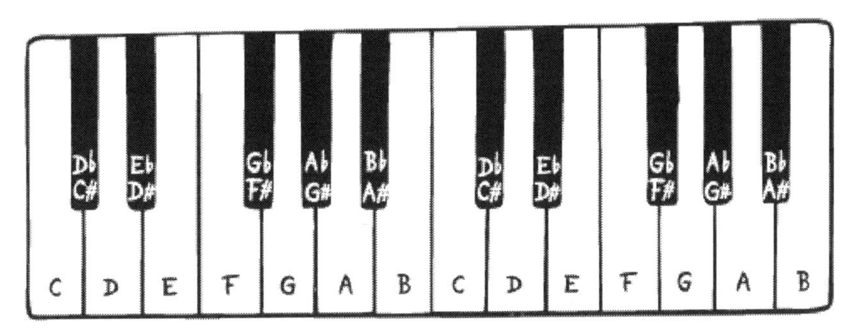

De la misma forma que hiciste con tu instrumento, lo primero que deberías intentar comprender es el orden de estas notas desde la más baja a la más alta. En otras palabras, tienes que visualizar la cadena ininterrumpida de semitonos a través de todo el registro del teclado. Sigue la línea punteada en el dibujo de abajo para trazar esta ruta por ti mismo.

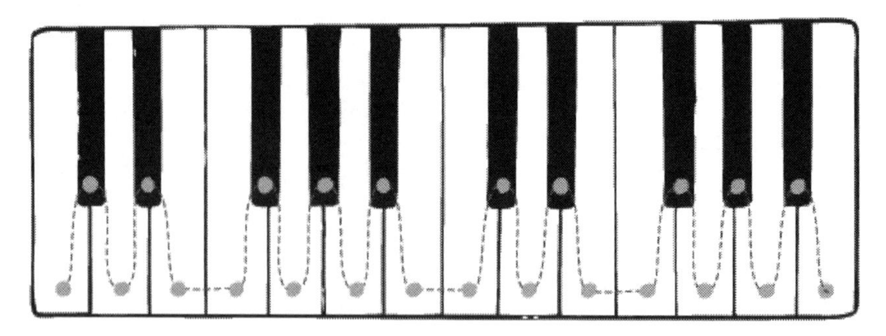

Lo que les sorprende a muchos principiantes es el hecho de que no hay diferencia entre las teclas blancas y las teclas negras. Mientras avanzas por la línea punteada de izquierda a derecha, cada nueva tecla que toques te mueve hacia arriba un semitono, sin importar si la nueva tecla es negra o blanca. De hecho, el primer paso para entender el piano es dejar de lado la cuestión de "teclas negras y teclas blancas" y aprender a ver el teclado entero como una cadena larga e ininterrumpida de semitonos. Si lo deseas, tómate unos minutos ahora mismo para practicar el Ejercicio 1 en el piano. Inténtalo primero con semitonos y luego con tonos enteros. Este sencillo ejercicio te ayudará a ganar confianza con la geografía básica del teclado antes de continuar.

Cuando tengas claro cómo se conectan las notas en el piano, puedes fácilmente visualizar la escala mayor en cualquier parte del teclado. Sólo tienes que combinar tu nueva comprensión del teclado con lo que ya sabes sobre la escala mayor:

1 · 2 · 3 4 · 5 · 6 · 7 ¦ 1

Veamos un ejemplo usando Eb (también llamada D#) como nuestra nota 1. Lo primero que necesitamos hacer es simplemente localizar esta nota en el piano y tocarla. Esta es la nota que está en el lado izquierdo del dibujo de abajo y que he marcado con el número 1. Subiendo desde esta nota 1, observa cómo la ruta de la línea punteada nos lleva por toda la cadena ininterrumpida de semitonos, y cómo podemos fácilmente seleccionar las notas de la escala mayor a lo largo de este camino:

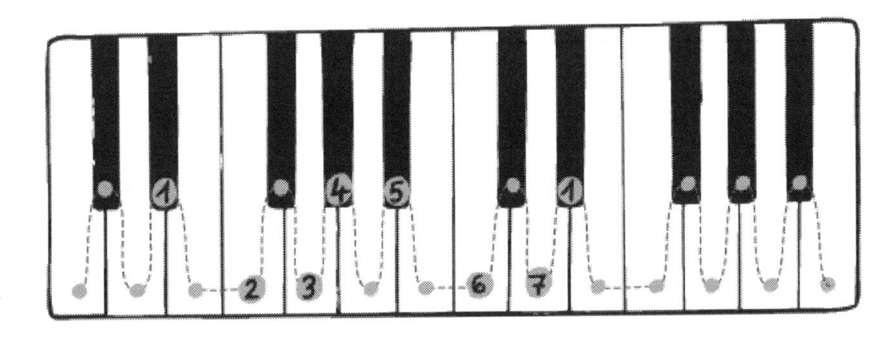

¿Ves el movimiento de semitono entre las notas 3 y 4 en el dibujo de arriba? ¿Ves el otro movimiento de semitono entre las notas 7 y 1? Fíjate en que todos los demás movimientos son tonos enteros. Este dibujo puede parecer confuso a primera vista, pero sé paciente y sigue con tus ojos la línea punteada de semitonos hasta que puedas ver cómo funciona.

Miremos un ejemplo diferente usando la nota B natural como nuestra nota 1. Esta vez he eliminado la línea punteada. ¿Puedes todavía ver la cadena ininterrumpida de semitonos subyacente a la escala mayor?

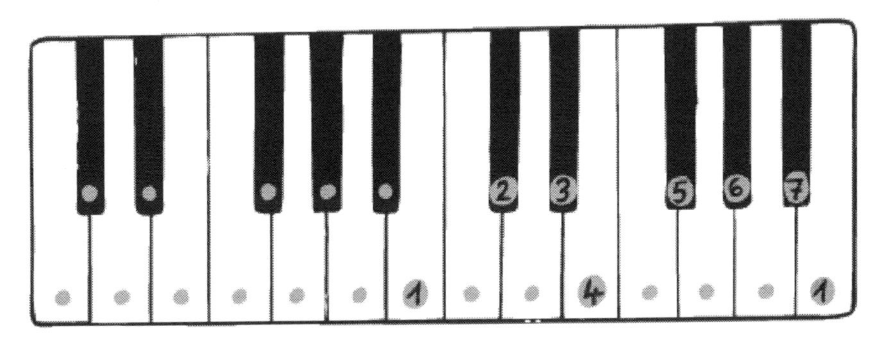

(Actividad de tocar)

Ahora vas a practicar esto tú solo. Quiero dirigirte a través de la actividad la primera vez porque el proceso del pensamiento es muy importante.

1. Elige cualquier tecla al azar y tócala. Esta será la nota 1.
2. Pausa aquí un momento. No te preocupes por visualizar la escala entera. Ni siquiera te preocupes por dónde está la nota 2. Simplemente permítete estar en la nota 1 y permítete *no saber* a dónde irás a continuación.
3. Ahora comencemos tranquilamente a pensar en el movimiento hacia la nota 2. Por tu mapa tonal sabes que hay un tono entero entre las notas 1 y 2. Esto significa que tendrás que saltar el siguiente semitono que ves en el piano, y tocar el que está justo después. Tómate todo el tiempo

que necesites para estudiar el teclado hasta que puedas ver los dos movimientos de semitono claramente.

4. Ahora ejecuta este movimiento de tono entero y toca la nota 2.

5. Después de llegar a la nota 2, despeja tu mente de nuevo. Permítete estar en la nota 2 sin preocuparte por cómo te moverás eventualmente a la nota 3. Esta vez hay algo más que tenemos que dejar que se vaya. Ahora quiero que incluso ¡*te olvides* de dónde estaba localizada la nota 1! Trata de despejar tu mente de todo excepto del hecho de que en este momento estás en la nota 2. Con este solo dato ya tienes todo lo que necesitas para encontrar cualquier otra nota. Por lo tanto, no intentes memorizar las notas de la escala a medida que las vayas encontrando. Suelta tu memoria de cada nota en el momento en que la dejes por otra. Si más tarde decides que quieres regresar a una nota que tocaste antes, ya sabrás cómo visualizar el movimiento que necesitas. Esta es la verdadera habilidad que estamos intentando desarrollar.

Practica esto tú solo en varios tonos diferentes. Recuerda, no hagas ningún intento en absoluto por memorizar la secuencia concreta de teclas que estás tocando. Memorizar las notas de todas las escalas mayores no es nuestra meta, porque practicar escalas de memoria no te dará las habilidades de visualización que necesitarás más adelante para practicar la improvisación totalmente libre. En IFR, nuestra manera de practicar es tocar una nota a la vez, *imaginando* cada nuevo movimiento indicado.

Esto parecerá lento al principio pero de eso se trata. Nuestra meta no es terminar el ejercicio rápidamente sino aprender algo mientras estamos aquí. Esto significa darnos cuenta de lo que estamos haciendo en cada momento. Si tocas con esta consciencia, cada nota que toques aumentará tu confianza con el teclado *entero*. Por lo tanto, intenta relajarte y concentrar toda tu atención en moverte por el piano de la misma manera que aprendiste a moverte por tu propio instrumento en el Ejercicio 1. Si te tomas el tiempo para visualizar cada intervalo en tu camino, construirás una base sólida para un crecimiento musical ilimitado. En muy poco tiempo serás capaz de visualizar *cualquier* tipo de movimiento instantáneamente. Nunca deberías recurrir a tocar escalas memorizadas para ganar velocidad. Puede que te haga sentir más satisfecho en ese momento pero te llevará por un camino largo y solitario de miedo e incertidumbre. Tómate el tiempo para ver cada movimiento con claridad. El Ejercicio 1 te ayudará a practicar esto.

Cuando ya puedas visualizar la escala mayor en cualquier parte del piano, pasa al Ejercicio 2: Melodía e investiga con el piano los ejercicios de "Siete Mundos". Disfruta improvisando melodías en todos los siete ambientes armónicos por todo el piano. Para que tu práctica sea más significativa, recuerda cantar mientras tocas. Todas estas experiencias harán que sea más fácil para ti crear los acompañamientos de acordes que vas a aprender en el Ejercicio 3: La Armonía Pura.

Ejercicio 3: La Armonía Pura

Objetivo: Mejorar continuamente tu capacidad de...

Reconocer los siete ambientes armónicos y crear tu propia música con ellos.

El Ejercicio 3 es el más emocionante para la mayoría de los alumnos porque abre tantas puertas de golpe. Aquí es dónde nuestro enfoque tonal para estudiar la armonía empieza a realmente dar beneficios. Sin ninguna "teoría" nueva en absoluto, pronto estarás improvisando melodías hermosas sobre una increíble variedad de progresiones de acordes y estilos de música.

Nuestra meta en el Ejercicio 3 es ganar experiencia haciendo música en cada uno de los siete ambientes armónicos. Hay dos importantes beneficios que vas a conseguir con este trabajo. Uno es que vas a descubrir por ti mismo las posibilidades que cada ambiente ofrece para crear melodías. A través de la práctica ganarás experiencia y confianza haciendo música en cualquier situación armónica. Pero hay un beneficio más sutil que en última instancia puede ser aún más valioso. Este es un "beneficio gratis" porque tú siempre recibes su valor total, incluso en los días que sientes que te falta inspiración o que no estás descubriendo nada nuevo. Por el mero hecho de pasar media hora o algo así en uno de estos ambientes musicales, una huella se queda marcada en tu mente subconsciente de cómo *se siente* este ambiente. Con el tiempo, la exposición repetida a los siete ambientes te dará la capacidad de reconocerlos instantáneamente en la música por todo tu alrededor. Piensa en una casa con siete habitaciones. Si pasas suficiente tiempo en cada habitación eventualmente no tendrás ninguna dificultad en diferenciar una de otra. Pasa lo mismo con los siete ambientes armónicos de la escala mayor. La única diferencia es que en nuestro caso, para poder experimentar las siete habitaciones, primero tenemos que *crearlas*.

En varios puntos de este libro he hecho comparaciones entre músicos y pintores. Pero hay una diferencia importante. Nosotros los músicos trabajamos con materiales que no existen en el mundo físico. Los estudiantes de artes plásticas pueden sentarse y contemplar el color rojo durante horas si ellos quieren. Pero la única manera en la que nosotros podemos contemplar el sonido de un acorde en particular es producirlo nosotros mismos en ese momento. Al poner los sonidos correctos en el aire, conseguimos oír y sentir el acorde por un breve momento. Pero tan pronto como la vibración muera, el acorde literalmente desaparece de la existencia. Esta es la razón por la que usamos tanto la repetición y las improvisaciones meditativas y tranquilas. Puesto que nuestros materiales no existen en el mundo físico, tenemos que estar constantemente trayéndolos a la existencia para poder llegar a conocerlos.

En este capítulo te daré algunas ideas de cómo hacerlo. Sin importar qué instrumento toques, puedes usar tu propio instrumento principal para investigar los siete ambientes armónicos. De hecho, ya empezaste este proceso en el Ejercicio 2. En los ejercicios de "Siete Mundos" tuviste la experiencia de improvisar en los siete *modos* de la escala mayor. Esta fue una manera de experimentar los sietes ambientes armónicos diferentes. No tenías acordes de fondo para acompañarte, pero aún así pudiste sentir la sensación de cada ambiente simplemente limitándote a una octava en particular. Al usar una nota en particular tanto de suelo como de techo de tu registro musical, creaste una nueva escala que tiene su propio sonido y sensación. Por ejemplo, al usar la nota 6 como tu "centro tonal" creaste la escala que se muestra en el siguiente dibujo:

6 7 1 2 3 4 5 6

Observa que aunque en sí mismas las notas no son más que la escala mayor tocada en un orden diferente, la *forma* del dibujo de arriba es muy diferente de la forma de la escala mayor en su orden original del 1 al 7.

En el Ejercicio 3 vamos a llevar esta práctica al siguiente nivel de dos maneras:

- Examinaremos más detenidamente el papel de cada nota en la escala resultante.
- Aprenderemos a crear un acompañamiento musical sobre el que podemos hacer un solo y así poder movernos fuera de una sola octava sin perder la sensación del ambiente armónico.

Para empezar, tenemos que fortalecer nuestra percepción y consciencia de las notas que componen el "acorde" de cada una de las siete escalas resultantes. Hay infinitas maneras de practicar esta consciencia con tu instrumento. Pero una de las maneras más poderosas es simplemente alternar entre experimentar la escala entera y experimentar solamente el acorde. Llamamos a este ejercicio "Siete Mundos Expandidos" y lo practicamos en tres registros diferentes:

Siete Mundos Expandidos (registro modal)

1. Elige uno de los siete acordes para estudiar. Para continuar con el ejemplo anterior, elijamos el acorde 6. Escoge cualquier nota de inicio en tu instrumento e imagínate que esta nota es la nota 6 de la escala mayor. Toca la escala completa desde esta nota 6 hasta la siguiente nota 6, una octava por arriba, igual que hiciste en "Siete Mundos" en el Ejercicio 2. Improvisa dentro de esta escala durante un par de minutos:

   6 7 1 2 3 4 5 6

2. Ahora limita tu improvisación a solamente las notas del acorde 6. Recuerda que cada acorde se compone de la fundamental, la 3ª, la 5ª y la 7ª. Por lo tanto, ahora las únicas notas que podemos usar para improvisar son las notas 6, 1, 3 y 5. Estas notas se muestran en los círculos en el dibujo de abajo. Improvisa durante un par de minutos con solamente estas notas. Presta especial atención a la sensación de resolución que consigues cuando descansas en la nota 6, ya sea en la parte de arriba de la escala o en la parte de abajo.

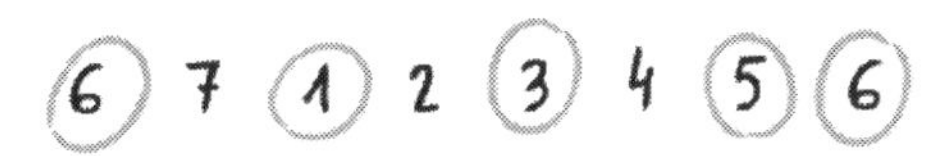

3. Ahora alterna entre el paso 1 y el paso 2. Pasa un par de minutos improvisando con la escala entera, y luego otro par de minutos trabajando únicamente con las notas del acorde. Continúa alternando entre la escala y el acorde. Dentro de poco deberías ser capaz de mantener tu consciencia del acorde incluso cuando estés improvisando con la escala entera. Observa la sensación de relajación que tienes cuando descansas en una de las notas del acorde. Las otras notas de la escala producen una especie de tensión que puede ser muy linda, pero que nos hace esperar el regreso a una de las notas del acorde. Cuando estás improvisando con la escala entera, fíjate en cómo puedes usar esta dinámica de tensión y relajación para inspirar la historia musical que estás contando.

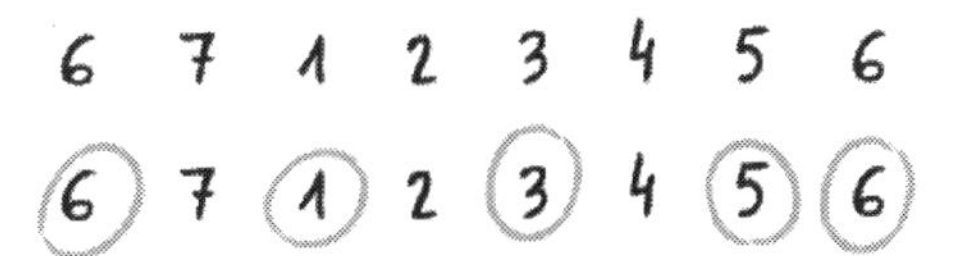

Siete Mundos Expandidos (registro tonal)

1. Escoge cualquier nota de partida en tu instrumento. Esta será la nota 1 de la escala mayor. Toca toda la escala desde la nota 1 a la nota 7. No toques de nuevo la nota 1 en la parte superior de este registro. Vamos a trabajar con exactamente siete notas como se muestra en el dibujo de abajo. Esto es importante porque tu registro entero puede ser comprendido como una sencilla repetición de las siete notas en octavas diferentes. Es por este motivo que queremos desarrollar una consciencia de dónde "viven" las notas de cada acorde en este universo musical. Improvisa con las siete notas durante un par de minutos.

1 2 3 4 5 6 7

2. Elige uno de los siete acordes para estudiar. Para continuar con nuestro ejemplo previo, elijamos el acorde 6. Toca solamente las cuatro notas que componen el acorde 6. Estas son las notas 1, 3, 5 y 6 de la escala mayor. Mira el dibujo de abajo y observa dónde está localizada cada una de estas notas dentro de la escala mayor. Improvisa durante unos minutos con solamente las cuatro notas. Probablemente, la sensación del acorde no esté tan clara para ti como estaba en el ejercicio anterior (registro modal). Pero ¿puedes todavía reconocer que estas son las mismas notas que estuviste tocando antes? La única diferencia es que ahora las notas no están en su orden natural como acorde, porque queremos aprender a ubicar cada nota dentro de la octava tonal del 1 al 7.

3. Alterna entre el paso 1 y el paso 2. Pasa un par de minutos improvisando con la escala entera, y luego otro par de minutos trabajando únicamente con las notas del acorde. Continúa alternando entre la escala y el acorde. Igual que hiciste con el ejercicio anterior (registro modal), dentro de poco deberías ser capaz de mantener tu consciencia de las notas del acorde incluso cuando estés improvisando con la escala entera. Probablemente sea más difícil realmente *sentir* el acorde 6 porque ahora estás tocando sus notas fuera de orden. Pero este es un ejercicio importante porque nos enseña *dónde* están realmente localizadas las notas de este acorde en cualquier octava.

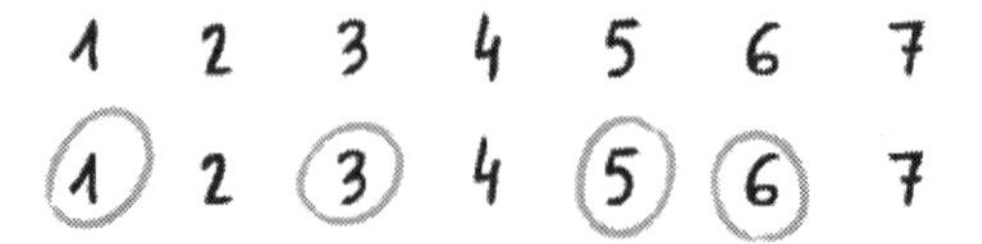

Siete Mundos Expandidos (registro ilimitado)

1. Elige uno de los siete acordes para estudiar. Continuemos con el ejemplo del acorde 6. Escoge cualquier nota de partida en tu instrumento y esta será nuestra nota 6. Empezando en esta nota 6, toca la escala mayor por todo el registro entero de tu instrumento. Sube hasta la nota más alta que puedas tocar y baja hasta la nota más baja. Improvisa en este tono por todo tu instrumento durante unos minutos.

4 5 6 7 1 2 3 4 5 6 7 1 2 3 4 5 6 7 1 2

2. Ahora limita tu improvisación a solamente las notas del acorde 6. Todavía puedes usar el registro entero de tu instrumento pero ahora las únicas notas que existen son las notas 6, 1, 3 y 5. Toca las notas de este acorde por todo tu registro entero e improvisa libremente con estas notas durante unos minutos.

5 6 1 3 5 6 1 3 5 6 1

3. Ahora alterna entre el paso 1 y el paso 2. Pasa unos minutos improvisando con la escala entera, y luego unos minutos trabajando únicamente con las notas del acorde. Continúa alternando entre la escala y el acorde, y sigue extendiendo ambos conceptos por todo el registro entero de tu instrumento.

4 5 6 7 1 2 3 4 5 (6) 7 1 2 3 4 5 6 7 1 2

5 6 1 3 5 6 1 3 5 6 1

Guiado solamente por los sencillos conceptos que se han presentado aquí, Siete Mundos Expandidos te puede llevar por muchas aventuras muy variadas. Descubrirás sonidos y sensaciones diferentes en cada uno de los siete mundos armónicos, y tienes una libertad total para crear cualquier tipo de *experiencia* que quieras tener en cada mundo. A continuación te muestro unos ejemplos de cómo podría ser la práctica de Siete Mundos Expandidos en una semana:

Día de práctica: lunes
Mundo armónico: el acorde 4
Registro: tonal
Estilo: meditativo

Día de práctica: martes
Mundo armónico: el acorde 5
Registro: ilimitado
Estilo: funky

Día de práctica: miércoles
Mundo armónico: el acorde 7
Registro: modal
Estilo: misterioso

Día de práctica: jueves
Mundo armónico: el acorde 2
Registro: tonal
Estilo: jazz

Día de práctica: viernes
Mundo armónico: el acorde 6
Registro: modal
Ambiente: melancólico

Estas sugerencias son todas intercambiables. Puedes tocar de manera tan "funky" en el acorde 1 como en el acorde 5. Y el acorde 3 puede ser tan meditativo como el acorde 4. En otras palabras, no es realmente el material armónico el que dicta el impacto emocional de la música. Lo que realmente determina cómo suena la música es la energía emocional y la actitud que *tú* le pones. Por eso, no quiero que uses el ejercicio Siete Mundos Expandidos solamente como un ejercicio de armonía. Úsalo como un *ejercicio creativo* diario. Desafíate cada día a decir algo con tu música, a expresar algo sobre lo que tú estás sintiendo en ese momento. Olvídate de las notas. Ponte en un estado de ánimo particular y toca desde ese sentimiento.

Siete Mundos Expandidos (nivel maestría)

Cuando tengas confianza con Siete Mundos Expandidos en los tres registros (modal, tonal e ilimitado), para hacer un entrenamiento más avanzado puedes dejar tu instrumento a un lado y hacer el ejercicio entero usando solamente tu voz. Al cantar los números en vez de tocarlos en tu instrumento aumentarás tu comprensión y percepción enormemente. Esto se aplica no solamente al ejercicio de arriba sino también a cualquier ejercicio musical con el que te encuentres. Siempre procura maneras de interiorizar el ejercicio y hacer que sea más personal. En cualquier momento en que puedas dirigir tu enfoque hacia adentro, desde tu instrumento hacia tu voz y en última instancia hacia tu imaginación, el ejercicio se vuelve más poderoso. Intenta hacer el ejercicio de arriba la mitad del tiempo con tu instrumento y la otra mitad con sólo tu voz.

Acordes de Casa

Esta técnica para piano es tanto un poderoso ejercicio de visualización como una técnica útil para crear un acompañamiento de acordes sencillo y rápido. El nombre viene del hecho de que tu mano derecha nunca sale "de casa". Se queda cubriendo una sola octava de la escala mayor. Recuerda que en una sola octava tenemos todas las notas que necesitamos para crear cualquiera de los siete acordes. Al dejar la mano centrada sobre la octava podemos tocar todos los siete acordes de una manera muy fácil. A continuación se muestra cómo funciona la técnica:

Elige cualquier nota de partida en el piano para ser tu nota 1 y toca la escala mayor entera desde esta nota 1 a la nota 7. Representaremos estas notas con el siguiente dibujo:

1 2 3 4 5 6 7

Ahora toca solamente las cuatro notas del acorde 1, todas al mismo tiempo.

1 3 5 7

Ahora toca solamente las cuatro notas del acorde 2, todas al mismo tiempo. Recuerda que tu mano derecha no sale de la casa, sino se queda centrada sobre la octava tonal tocando las notas del acorde 2 en el orden en el que aparecen en la octava (1, 2, 4 y 6).

1 2 4 6

Observa que hay un solo lugar en el acorde dónde tienes un par de notas "vecinas" (notas 1 y 2). El resto de las notas están bien separadas pero tienes dos notas tocándose entre sí, en el lado izquierdo de tu mano.

Ahora toca solamente las cuatro notas del acorde 3. Observa que de nuevo hay un lugar en el acorde dónde tienes dos notas vecinas tocándose entre sí. En este caso son las notas 2 y 3, otra vez en el lado izquierdo de tu mano:

2 3 5 7

Ahora toca solamente las cuatro notas del acorde 4. Observa dónde están ahora las notas vecinas. Esta vez están en el medio de tu mano:

1 3 4 6

Las notas vecinas también están en el medio de tu mano cuando tocas el acorde 5:

2 4 5 7

Cuando tocas el acorde 6, las notas vecinas están ahora en el lado derecho de tu mano:

1 3 5 6

Las notas vecinas también están en el lado derecho de tu mano cuando tocas el acorde 7:

2 4 6 7

Cuando tengas confianza con esta técnica para expresar cualquiera de los siete acordes, puedes añadir un acompañamiento de bajo con tu mano izquierda para conseguir un sonido más completo y musical. Si eres un principiante puedes simplemente usar el acompañamiento clásico de bajo, que es simplemente alternar entre la fundamental del acorde y su quinta. Miremos un ejemplo con el acorde 1. Escoge un tempo lento y relajado y comienza a tocar blancas en el bajo, alternando entre las notas 1 y 5:

Mientras tu mano izquierda proporciona un fondo estable con esta alternancia sencilla como línea de bajo, usa tu mano derecha para tocar el acorde 1 que aprendiste arriba. No te preocupes por intentar integrar tus dos manos juntas de una manera sofisticada. Solo intenta entrar en un ritmo cómodo con tu mano izquierda balanceándose suavemente entre las dos notas del bajo, y tocando el acorde con tu mano derecha de vez en cuando. Si eres nuevo con el piano, esto te parecerá extraño al principio pero tómate tu tiempo. Piensa en los diferentes sitios en los que puedes meter el acorde. Por ejemplo, podrías tocar el acorde justo en el tiempo uno, precisamente cuando tocas la nota 1 con tu mano izquierda.

O podrías tocar el acorde en todos los contratiempos, entre todas las notas que tu mano izquierda toca:

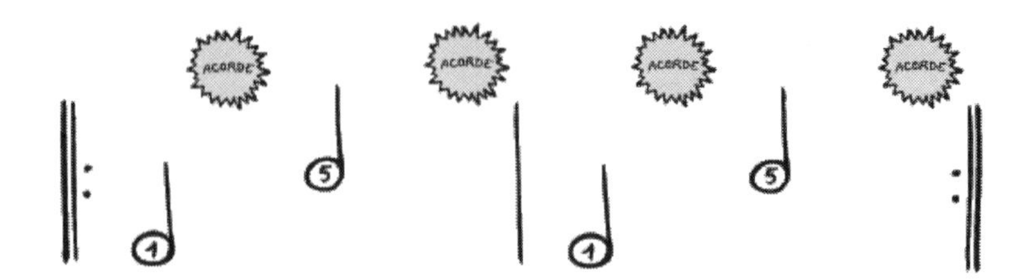

Con la práctica eventualmente llegarás a estar cómodo con esta integración de las dos manos y podrás inventar tus propios ritmos como este:

Para cambiar desde un acorde a otro con esta técnica, sólo tienes que hacer dos cosas:

Seleccionar la figura apropiada con tu mano derecha.

Físicamente mover tu mano izquierda para tocar la fundamental y la quinta del *nuevo* acorde.

Aquí tienes una lista de la fundamental y la quinta de cada acorde:

Para el acorde 1, la fundamental y la quinta son las notas 1 y 5.
Para el acorde 2, la fundamental y la quinta son las notas 2 y 6.
Para el acorde 3, la fundamental y la quinta son las notas 3 y 7.
Para el acorde 4, la fundamental y la quinta son las notas 4 y 1.
Para el acorde 5, la fundamental y la quinta son las notas 5 y 2.
Para el acorde 6, la fundamental y la quinta son las notas 6 y 3.
Para el acorde 7, la fundamental y la quinta son las notas 7 y 4.

Tu mano izquierda estará alternando entre las dos notas indicadas arriba para cada acorde. Tu mano derecha, mientras tanto, estará inmóvil flotando sobre la octava tonal entre las notas 1 y 7. Aquí están las notas que tu mano derecha estará tocando para cada acorde:

Acorde 1: la mano derecha toca las notas 1, 3, 5, 7
Acorde 2: la mano derecha toca las notas 1, 2, 4, 6
Acorde 3: la mano derecha toca las notas 2, 3, 5, 7
Acorde 4: la mano derecha toca las notas 1, 3, 4, 6
Acorde 5: la mano derecha toca las notas 2, 4, 5, 7
Acorde 6: la mano derecha toca las notas 1, 3, 5, 6
Acorde 7: la mano derecha toca las notas 2, 4, 6, 7

Los Acordes de Casa tienen dos propósitos. Para los principiantes, son una manera fácil de tocar todos los siete acordes de la escala mayor. Con esta técnica puedes instantáneamente crear un acompañamiento sencillo para cualquier canción o progresión de acorde. Una vez que te acostumbres a las figuras que tocas con la mano derecha para cada acorde, cambiar de un acorde a otro será muy fácil. Inténtalo tú mismo. Escoge una par de acordes y practica alternando entre ellos. Tu mano derecha debería quedarse centrada en la posición "de casa" (cubriendo una sola octava de la escala mayor del 1 al 7). Pero tu mano izquierda se desplazará físicamente para tocar la fundamental y la quinta de cada acorde en el bajo. ¿Ves lo poderoso que es el piano? Incluso con un concepto tan básico como los Acordes de Casa, puedes aprender a crear un acompañamiento sólido para cualquier progresión de acordes en todos los 12 tonos.

Pero los Acordes de Casa también tienen otro propósito que al final nos interesa aún más. Expresar los acordes de esta manera te permite practicar visualizando exactamente dónde se encuentran las notas de cada acorde en la octava tonal. Cada vez que tocas los Acordes de Casa con tu mano derecha, estás recibiendo una clase visual de armonía básica, porque el teclado mismo te muestra exactamente dónde está cada nota que participa en el acorde. La claridad de visión que resulta de esta práctica te ayudará en todos los aspectos de tu música.

Cantar Acompañado

Cuando hayas adquirido un cierto nivel de comodidad con el piano, Cantar Acompañado será probablemente tu ejercicio favorito de todo mi método. Es creativo e interesante, y rápidamente te dará un dominio poderoso de los sonidos que se encuentran en todos los siete ambientes armónicos. El ejercicio consiste en improvisar con tu voz usando la escala mayor entera, mientras usas el piano para crear un telón de fondo armónico. Se explica de una forma muy sencilla:

1. Escoge cualquier nota de partida para usar como la nota 1 de la escala mayor.

2. Toca la escala entera y canta cada número. Presta mucha atención a cada sonido porque necesitarás recordar estos sonidos y usarlos en tu improvisación vocal.

3. Usa los Acordes de Casa para crear un acompañamiento armónico en un acorde concreto de esta escala mayor.

4. Mientras tocas este acompañamiento, canta las siete notas de la escala mayor diciendo sus números en voz alta. (Estarás cantando: "uno.....dos.....tres....etc.") Improvisa melodías con las siete notas, jugando con ellas de cualquier manera que te guste.

Variaciones:

- Puedes combinar este ejercicio con Siete Mundos Expandidos (nivel maestría). Continúa usando los Acordes de Casa para tu acompañamiento pero esta vez alterna entre cantar la escala entera y cantar solamente las cuatro notas del acorde. Este es un ejercicio tremendo que fortalecerá enormemente tu percepción de la armonía.

- Otra variación es combinar Cantar Acompañado con Liberar tu Imaginación del Ejercicio 2. Sigue tocando el acorde en el piano pero ahora improvisa libremente con tu voz, cantando cualquier sonido que te venga a la mente. Ya no cantes más los números. En esta actividad no es necesario saber dónde estás en el mapa tonal. De hecho deberías intentar hacer justo lo contrario, olvidarte de dónde estás en el mapa tonal y concentrarte únicamente en imaginar sonidos. Recuerda que tu imaginación musical es tu mayor tesoro. No te olvides de cultivar esta parte de ti.

- Uno de mis ejercicios favoritos es cantar las siete notas de la escala mayor mientras alterno entre dos acordes diferentes en el piano. Miremos un ejemplo usando el acorde 6 y el acorde 2:

    1. Usa los Acordes de Casa para crear un acompañamiento en el acorde 6. No te olvides de incluir el acompañamiento de bajo con la mano izquierda porque esto es lo que le da a la música todo su ritmo y poder. Con tu voz, canta la escala mayor entera sobre este acompañamiento. Observa cómo tu voz armoniza perfectamente con el piano cuando cantas las notas 1, 3, 5 o 6. Y fíjate en la sensación de tensión que ocurre cuando cantas cualquiera de las otras notas.

    2. Después de que hayas investigado a fondo el acorde 6, ahora cambia al acorde 2 en tu acompañamiento de piano. No te olvides de cambiar también el acompañamiento de bajo en tu mano izquierda. De nuevo, canta la escala mayor entera y observa que esta vez son

las notas son 1, 2, 4 y 6 que armonizan tan perfectamente con el piano.

3. Sigue alternando entre el paso 1 y el 2 hasta que tengas muy claros los sonidos de cada acorde. (Tómate el tiempo que quieras en cada acorde. Date tiempo para llegar a sentirte cómodo en cada ambiente armónico por separado antes de intentar combinarlos.)

4. Cuando conozcas bien los sonidos en los dos ambientes armónicos, es hora de combinarlos. Imagínate una canción sencilla que alterna entre el acorde 6 y el acorde 2:

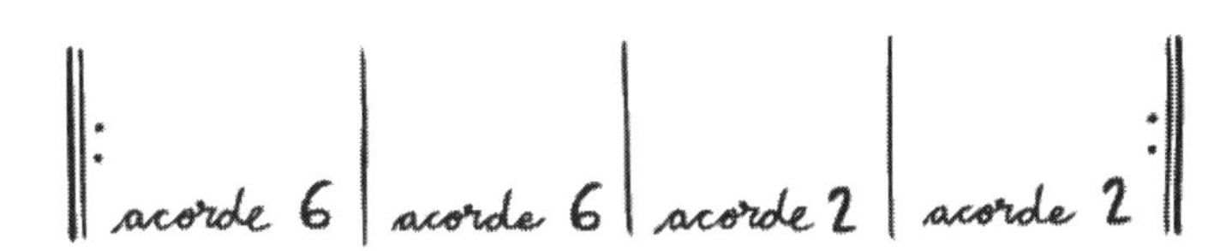

5. Crea este acompañamiento tú mismo usando los Acordes de Casa para alternar entre los dos ambientes armónicos. Cuando tengas un ritmo cómodo montado en el piano, improvisa con tu voz usando la escala mayor entera. Puedes cantar cualquier nota en cualquier momento. No hay notas erróneas. Puede que te des cuenta de que algunas notas armonizan más mientras que otras se destacan más. Pero no tienes que preocuparte por intentar conscientemente recordar qué notas pertenecen a qué acorde. Simplemente escucha cada nota y oye por ti mismo cómo suena. No te asustes si la nota que estás cantando es muy disonante contra el telón de fondo del acorde actual. Disfruta la disonancia, sabiendo que la puedes resolver cuando quieras. En cada momento, sólo tienes que cantar la nota que disfrutes más. Explora todas las posibilidades melódicas mientras alternas entre los dos acordes.

Tocar Acompañado

El próximo paso después del ejercicio de arriba es practicarlo en tu instrumento. Para hacerlo necesitarás algún tipo de acompañamiento grabado. Una manera de crear este acompañamiento es simplemente grabarte a ti mismo tocando los acordes en el piano. También puedes utilizar los "IFR Jam Tracks", que son las pistas de acompañamiento que hemos creado precisamente para esto. Otra opción es descargar un programa para tu ordenador que toque acompañamientos musicales basados en los símbolos de los acordes que tú entras. Tendrás que usar los nombres tradicionales para cada acorde ("Gm7", "Bb7", etc.). Todavía no hemos hablado sobre cómo hacer esta traducción pero es muy fácil. Miraremos este tema más adelante en el capítulo "Medir distancias".

Sea cual sea el acompañamiento que uses, puedes improvisar sobre este acompañamiento usando Siete Mundos Expandidos o solamente improvisando libremente en el tono de la música. Ambos enfoques son valiosos. Usar Siete

Mundos Expandidos probablemente desarrolle tu poder de percepción más rápidamente. Pero improvisar libremente es igual de importante porque te permite concentrarte en otros aspectos de la improvisación como contar historias y simplemente hacer buena música. Te animo a buscar una manera de conseguir acompañamientos musicales de alta calidad para improvisar sobre ellos. Cantar Acompañado y Tocar Acompañado son dos de las prácticas del Ejercicio 3 que más se disfrutan porque puedes sentir la emoción de improvisar en un contexto musical real.

Seguir la Armonía

De la misma forma que hemos estado practicando Seguir la Melodía desde el Ejercicio 2, ahora podemos practicar nuestra habilidad de reconocer la armonía en cualquier pieza de música. Tendrás que abordar esto con mucha paciencia y un sentido de humor, porque en el principio habrá muchos sonidos que simplemente no podrás reconocer. Pero muchos alumnos se sorprenden de la cantidad de sonidos que *pueden* reconocer fácilmente. Es muy divertido y te animo que lo pruebes. Estos son algunos consejos para ayudarte:

1. Empieza con música *muy* sencilla. Las canciones folclóricas, las canciones infantiles y la música country son los mejores lugares para desarrollar esta habilidad. Elige una grabación de audio de una canción que te parece adecuada. Escucha la canción y usa la técnica que te mostré en el capítulo "Comprender comienza por escuchar" para conectarte con el tono de la música y aclarar cuál es la nota 1.

2. Escucha el bajo. En la mayoría de la música popular, el bajo está tocando la fundamental del acorde casi todo el tiempo. Escucha la parte del bajo y analízala de la misma manera que lo haces cuando practicas Seguir la Melodía del Ejercicio 2. Es incluso *más fácil* porque la línea del bajo no va a ser ni remotamente tan complicada como las melodías que has estado analizando. En una canción pop típica normalmente hay sólo 3 o 4 acordes, y no pasan muy rápidamente. Por este motivo es muy fácil seguir lo que el bajista está haciendo, y esto te dirá los acordes de la canción.

3. Haz un boceto sobre papel. Los seres humanos tenemos una capacidad muy limitada para visualizar muchas cosas a la vez. Por eso es importante coger un papel y un lápiz para que tengas un sitio donde capturar todo lo que descubras. El primer paso es dibujar la *forma* de la canción. Con esto simplemente quiero decir el número de compases en la canción. Si de niño hiciste rompecabezas, sabes que lo primero que hay que hacer es colocar los bordes. La misma estrategia funciona igual de bien aquí. Una vez que tengas el boceto de la estructura de una canción en un papel, puedes empezar a "rellenar los espacios" con los acordes que reconozcas hasta que reveles la canción entera. E incluso aunque no reconozcas *ninguno* de los acordes, todavía puedes al menos contar los compases que pasan, ¿verdad? Entonces empecemos ahí. Apunta la estructura de la canción en tu papel. Dibuja un pequeño recuadro para cada compás que cuentes hasta que la canción empiece a repetirse.

4. Ahora yo volvería al principio de la canción e intentaría apuntar toda la melodía de la canción. Aunque ahora nuestro enfoque principal es la armonía, me gusta escribir la melodía porque me ayuda a mantenerme orientado en la canción. Recuerda las técnicas que aprendiste en el Ejercicio 2 para sentir la tonalidad de la canción y localizar cada nota en la escala mayor. No tienes que capturar hasta el último detalle si no quieres, pero al menos escribe lo suficiente de la melodía para poder reconocer la forma de la canción cuando mires la página.

5. Ahora vuelve hacia atrás y escucha la canción de nuevo, siguiéndola visualmente en el boceto que acabas de hacer. Esta vez aplica las mismas técnicas del Ejercicio 2 para reconocer la nota del bajo en cada acorde. Con la mayoría de las canciones podrás reconocer al menos algunos de los acordes simplemente con seguir al bajista.

6. No te quedes enganchado en las excepciones o dificultades. Recuerda que hay mucho más por venir en este libro. Lo que has aprendido hasta ahora es importante y representa una buena parte de lo que oyes en la música que escuchas. Pero no lo cubre todo. Cuando oyes sonidos que no reconoces, no te mates intentando adivinarlos. Probablemente sólo sea que no hemos llegado todavía a contemplar esos sonidos. Cuando pasa esto, simplemente continúa y sigue buscando *algo* que reconozcas. Recuerda que estás dando tus primeros pasos dentro del fascinante mundo de reconocer de oído tanto la melodía como la armonía de cualquier canción. Esta es una extraordinaria habilidad que incluso la mayoría de los músicos profesionales no tiene. ¡Sé paciente y celebra cada pequeña victoria que consigas a lo largo del camino!

Como ejemplo vamos a mirar la canción "My Heart Will Go On" de Celine Dion en la película Titanic. Te animo a buscar una copia de esta canción y escucharla para poder seguir el resto de la discusión sobre este ejemplo. También deberías tener tu instrumento a mano para que puedas tocar la melodía a medida que la vayamos transcribiendo.

Para entender la armonía de esta canción, lo primero que yo haría es escuchar la canción entera y tomar nota de cuántos compases hay en cada sección:

Intro - 8 compases

Estrofa - 8 compases (repetidos dos veces)

Estribillo - 8 compases (repetidos dos veces)

Después de completar estas secciones, la canción se repite volviendo a la intro, luego la estrofa de nuevo y finalmente el estribillo. Por lo tanto, solamente necesitamos analizar estas secciones una vez. El primer paso es simplemente crear este espacio en un papel, y poner las cantidades correctas de compases en cada sección:

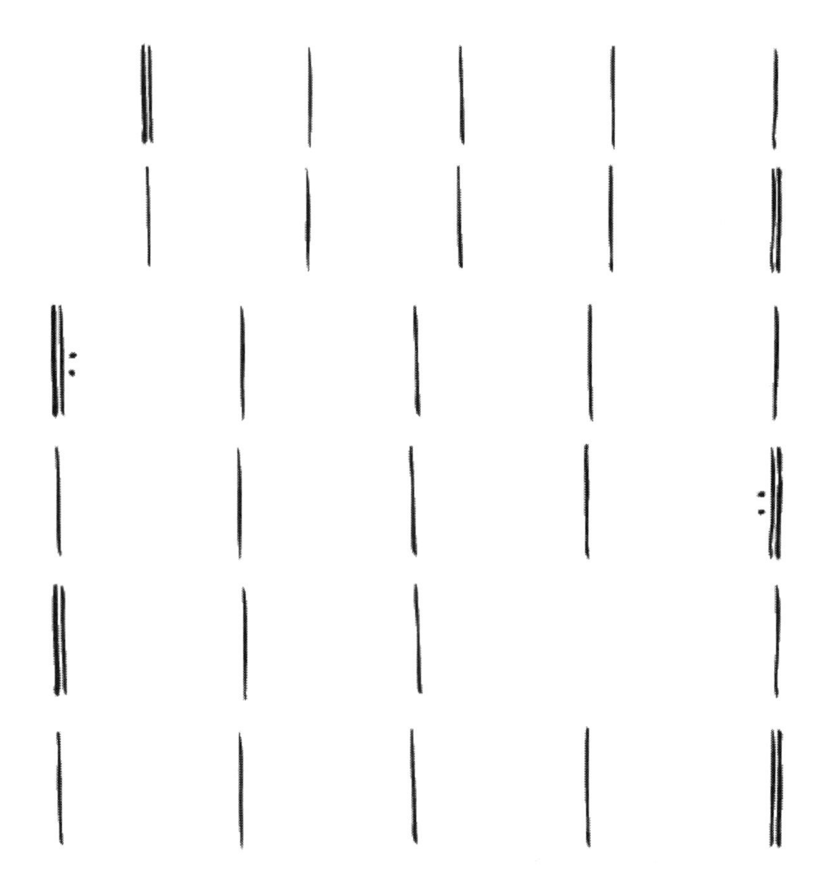

Podemos abordar las tres secciones una por una. En cada sección yo primero apuntaría la melodía y luego volvería para escuchar la armonía. Esta es la melodía de la intro:

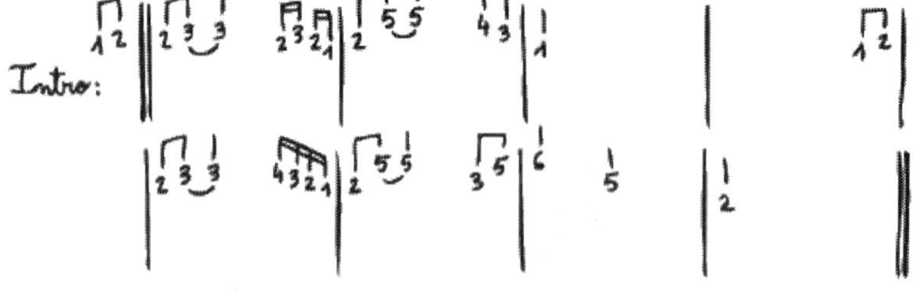

Intro:

No te confundas con los pequeños tallos que se levantan por encima de cada número. Esto es sólo mi intento de hacer que los números se parezcan más a las notas musicales. Me permite mostrar la diferencia entre una corchea y una negra, por ejemplo. Mientras tocas la melodía de arriba, fíjate en la altura a la que está dibujado cada número. Igual que la notación tradicional de las partituras de música, las notas agudas están dibujadas más arriba en la página que las notas graves.

A este punto, si los acordes fueran difíciles de reconocer yo simplemente continuaría, apuntando la melodía de la estrofa y el estribillo con el fin de poder ver la canción entera en la página. Luego volvería e intentaría identificar algunos acordes de la canción, rellenando los espacios hasta que se resolviera el misterio entero. Pero en este caso la armonía es muy fácil de reconocer porque hay pocos acordes y la nota del bajo se puede oír muy claramente. Por lo tanto, antes de continuar yo me adelantaría y rellenaría los acordes de la intro. Hay solamente tres acordes en toda la intro. Son los acordes 6, 5 y 4.

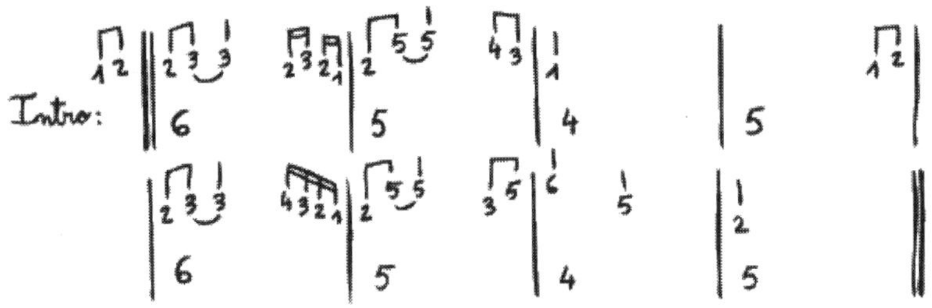

Intro:

Si en este momento quieres validar mi trabajo, puedes tocar la intro de arriba en un piano. Toca la melodía con tu mano derecha, y usa tu mano izquierda para tocar solamente la nota del bajo de cada acorde. Creo que reconocerás el sonido de la canción inmediatamente.

La letra empieza con una frase de ocho compases que se repite. Yo escribiría esta línea solamente una vez y usaría símbolos de repetición:

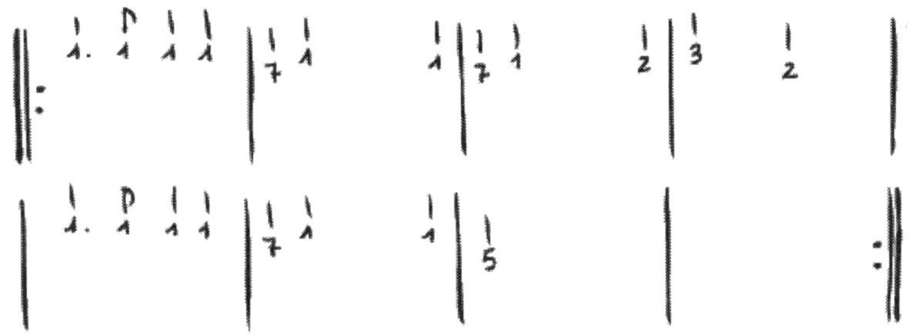

Al volver a escuchar los acordes detrás de esta melodía, noto que la armonía es un poco ambigua al principio. Básicamente se queda en el acorde 1 y usa algunas notas suspendidas para crear movimiento armónico en vez de realmente cambiar a un acorde diferente. Estas son sutilezas que tienen más que ver con el arreglo específico que con lo que yo consideraría ser la esencia de la canción. Cuando los músicos tocan en directo, estas sutilezas dependen del gusto individual de cada músico en realidad. Yo no me quedaría enganchado intentando capturar estos pequeños detalles de una grabación específica. Lo que yo sí quiero capturar es el flujo armónico básico que sentimos cuando escuchamos la canción. Este flujo armónico viene un poco disfrazado al principio pero se puede oír claramente en la parte del bajo la segunda vez que se canta la melodía. Los acordes son 1, 4 y 5.

Ahora podemos pasar al estribillo, que es la última sección de la canción. Esta es otra melodía de ocho compases que se repite dos veces con una ligera variación. La melodía básica es la siguiente:

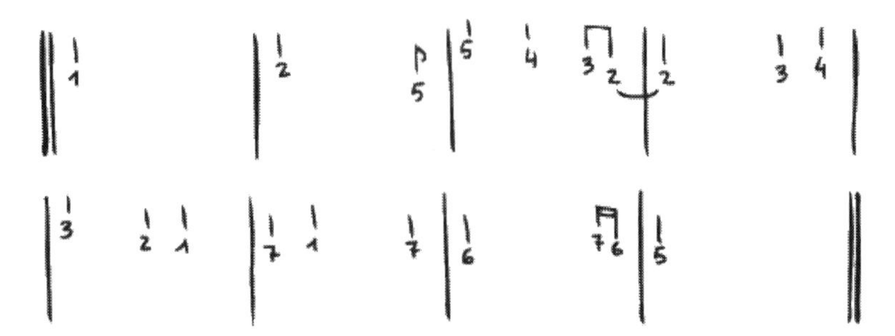

Pero aunque la melodía es casi la misma las dos veces, no puedo usar símbolos de repetición simples porque hay diferencias importantes en la armonía entre la primera y la segunda vez. Para mostrar la armonía correcta para cada línea, tenemos que usar primera y segunda casillas:

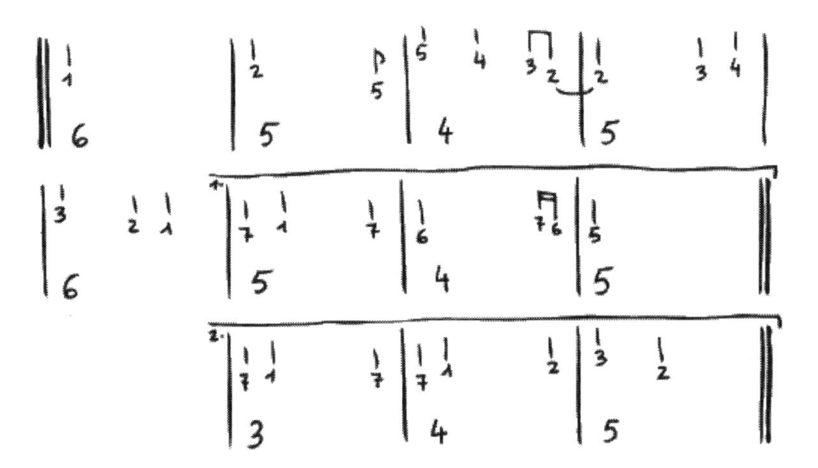

Después de esta sección el estribillo termina con la melodía en la nota 1, justo cuando la flauta vuelve a tocar de nuevo la intro. Yo dibujaré una línea más después del estribillo para mostrar esto. Ahora tenemos el boceto tonal completo de “My Heart Will Go On”.

My Heart Will Go On - James Horner / Will Jennings

Intro:

(flute plays intro again)

Como puedes ver, esta es una canción especialmente sencilla. No hay ni una sola nota que esté fuera de la escala mayor en toda la canción. Además, hay solamente cinco acordes, y todos vienen directamente de la escala mayor. Probablemente no tengas tanta suerte con las primeras canciones que intentes analizar de esta forma. La mayoría de las canciones tendrán al menos uno o dos acordes que no serás capaz de reconocer. Pero apunta lo que puedas y verás que con la práctica mejorarás rápidamente. No te preocupes por los compases de los que no estés seguro. Simplemente pon un signo de interrogación en cada compás que no puedas determinar. Con el tiempo, cada vez más de estos signos de interrogación se convertirán en símbolos de acordes.

"Comping" de Acordes en el Piano (avanzado)

Con el piano podemos fácilmente extender nuestros anteriores conceptos para crear una técnica más interesante de acompañamiento, o lo que comúnmente se llama "comping". Recomiendo este ejercicio incluso para pianistas avanzados porque aunque puede que tengas muchos otros recursos para crear acompañamientos de acordes, la finalidad más importante de este ejercicio es fortalecer y aclarar tu visión de la armonía tonal en el teclado del piano. Creo que es una exploración que vale la pena tanto para principiantes como para profesionales. Usando el acorde 1 como ejemplo, así es cómo funciona:

1. Escoge cualquier tecla en el piano para usarla como la nota 1 de la escala mayor. Usa tu mano derecha para tocar la escala mayor desde esta nota 1 hasta la nota 7, e improvisa en esta escala durante un par de minutos para que te acostumbres a las notas en este tono.

1 2 3 4 5 6 7

2. Todavía usando solamente tu mano derecha, toca ahora las notas del acorde 1 todas a la vez. Estas notas son 1, 3, 5 y 7, como se muestra en el siguiente dibujo:

3. Ahora vamos a desplazar este acorde a la siguiente *inversión*. Es muy sencillo. Lo único que vamos a hacer es dejar la nota 1 que está en el lado izquierdo de tu mano, y reemplazarla con otra nota 1 que sea una octava más alta, a la derecha de tu mano.

4. Tendrás que desplazar tu mano hacia la derecha para tocar el nuevo conjunto de cuatro notas. Toca este nuevo acorde y piensa en el sólo como otra forma de expresar el acorde 1.

5. Ahora sube este acorde a la próxima inversión, dejando la nota 3 de la izquierda y añadiendo la nota 3 una octava más arriba hacia la derecha. De nuevo, tendrás que desplazar tu mano a la derecha para tocar el nuevo conjunto de cuatro notas.

6. Ahora sube el acorde a la siguiente inversión, dejando la nota 5 de la parte inferior (izquierda) y añadiendo una nueva nota 5 a la parte superior (derecha) del acorde.

7. Ahora sube el acorde a la última inversión, dejando la nota 7 de la parte inferior del acorde y añadiéndola a la parte superior. Con este movimiento regresamos a la forma original del acorde, pero el acorde entero se ha trasladado una octava para arriba.

8. Sigue subiendo el acorde 1 por todo el registro del piano, desplazándote a través de las cuatro inversiones. Luego baja por todo el registro. Practica moviéndote libremente y fíjate en cómo la forma de tu mano cambia para cada una de las diferentes inversiones.

Cuando te sientas cómodo moviendo el acorde 1 por todo el piano con tu mano derecha, puedes añadir un acompañamiento de bajo con tu mano izquierda tal como hiciste en Acordes de Casa. Al principio puede que te sientas torpe intentando integrar las dos manos juntas. Pero en realidad es lo mismo que hiciste anteriormente. La única diferencia es que ahora tu mano derecha tiene la libertad de tocar cualquiera de las inversiones que hemos visto, en cualquier parte del piano. Esto abre las puertas a muchas nuevas posibilidades expresivas para tu acompañamiento.

Cuando puedas hacer esto cómodamente, tendrás una excelente técnica inicial para acompañar a cualquier músico con el piano. Puesto que tienes una libertad de movimiento ilimitada en tu mano derecha, tienes un extenso vocabulario de sonidos que puedes usar para desarrollar una historia. Y con tu nueva comprensión de la armonía tonal, tienes todas las herramientas que necesitas para improvisar acompañamientos sobre todos los siete acordes en todos los doce tonos. ¡Felicidades!

Dejaré la investigación de los demás acordes en tus manos. Pero pensemos juntos en un ejemplo, sólo para asegurarnos que sabes exactamente cómo hacerlo. Pensemos en cómo crear un acompañamiento de piano en el acorde 2:

1. Primero elige un tono en el que tocar. Escoge al azar cualquier tecla y haremos que esta nota sea la nota 1 de la escala mayor. Toca la escala mayor desde esta nota 1 hasta la nota 7, e improvisa durante un par de minutos en este tono para acostumbrarte a las notas.

1 2 3 4 5 6 7

2. Con tu mano derecha, ahora toca solamente las cuatro notas que componen el acorde 2. Estas notas son 1, 2, 4 y 6:

3. Practica tu habilidad de subir este acorde a través de todas sus inversiones exactamente como hicimos antes.

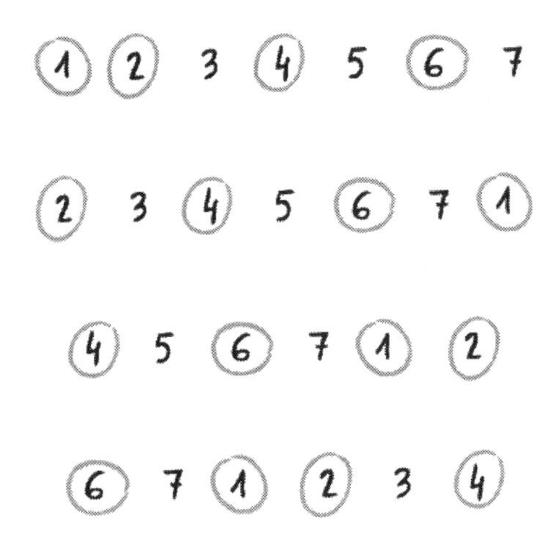

4. Para el acompañamiento de bajo de tu mano izquierda, puedes usar la misma técnica de antes de alternar entre la fundamental y la quinta del acorde. En este caso la fundamental es la nota 2 y la quinta es la nota 6.

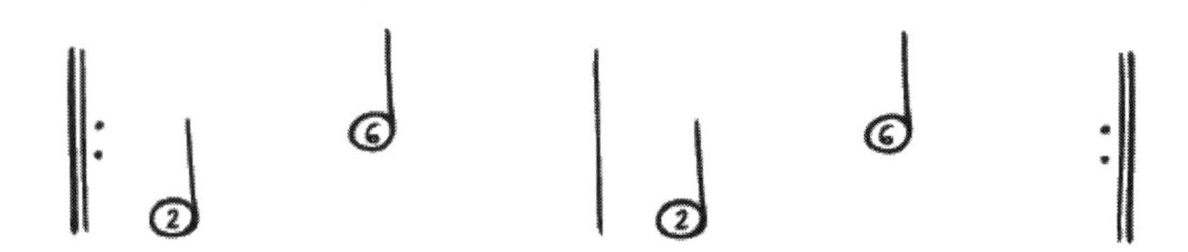

Igual que hiciste antes, trata de crear un ritmo lento y suave con tu mano izquierda alternando entre las dos notas en el bajo. Cuando te apetezca, permite que tu mano derecha se caiga en el teclado tocando cualquier inversión del acorde 2. Fíjate en cómo puedes crear melodías dentro de tu acompañamiento con sólo mover tu mano derecha entre diferentes inversiones del acorde. Tu oído, de forma natural, sentirá la nota más alta del acorde como la nota de melodía.

Cuando puedas improvisar acompañamientos de piano en todos los siete acordes, lo más emocionante es combinar dos o más acordes juntos para formar una progresión. De la misma forma que hiciste con los Acordes de Casa, puedes alternar entre dos acordes diferentes para hacer un ambiente armónico mucho más interesante para hacer "comping" en el piano. A continuación se muestran algunas progresiones de acordes que puedes probar. Creo que te gustarán:

acorde 1 acorde 1 acorde 5 acorde 5

acorde 6 acorde 6 acorde 4 acorde 4

acorde 4 acorde 4 acorde 3 acorde 3

Estas son sólo unas pocas combinaciones para ayudarte a comenzar. Inventa tus propias combinaciones. Y no hay razón para que te limites a solamente dos acordes. Puedes hacer progresiones más largas si quieres. Usa tu imaginación y sigue tu oído. Puedes usar esta técnica para componer fondos armónicos sencillos para tus propias composiciones, para acompañar a otros músicos o simplemente para disfrutar tocando el piano.

"Comping" de Acordes en la Guitarra (avanzado)

Sobra decir que nuestra visión tonal de los siete acordes también se puede aplicar a la guitarra, y esto puede ser la inspiración para un método completo de aprender el "comping" de acordes en la guitarra. Como la guitarra es mi instrumento principal, este tema me ha fascinado durante toda la vida. La forma en que las notas se colocan en la guitarra hace que sea posible desarrollar una metodología enteramente visual para aplicar la armonía tonal a la guitarra. Usando esta visión es posible improvisar acordes en la guitarra tan libremente como lo hacen los pianistas. El método completo para aplicar la armonía tonal a la guitarra sería demasiado grande para incluirlo en este libro. Pero lo que sí puedo ofrecerte ahora mismo son dos cosas.

Primero te puedo ofrecer lo que yo creo que es el mejor consejo para darte en este momento. Te animo a que investigues el tema por ti mismo usando nada más que tu guitarra y las ideas presentadas en este capítulo. Piensa en cómo adaptarías el ejercicio de "comping" para piano a tu guitarra. Obviamente no es práctico ser tan rígido en crear las diferentes inversiones porque la guitarra no te permite tocar notas consecutivas con tanta facilidad como el piano. Pero hay innumerables otras formas de agrupar las notas. Por ejemplo, piensa por un momento en el acorde 1. El acorde 1 tiene las notas 1, 3, 5, y 7. Si consideras el registro entero de tu guitarra desde la nota más grave (la cuerda E grave abierta) a la nota más aguda que puedes alcanzar, ¿tienes alguna idea de en cuántos lugares diferentes puedes encontrar las notas 1, 3, 5 y 7 de un tono concreto? La respuesta es *docenas*. El mástil de tu guitarra está cubierto de notas del acorde 1 por todas partes. Mira cuántas notas del acorde 1 encontramos en el tono de F, usando solamente la región entre los trastes 1 y 12:

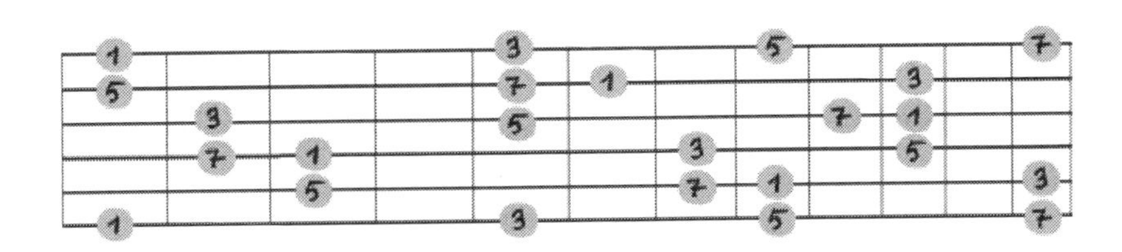

Lo que tendríamos que hacer con la guitarra, entonces, es inventar una manera sistemática de estudiar *todas* las posibilidades e incorporarlas en nuestro vocabulario musical. Mientras experimentas y descubres todas las maneras posibles de agrupar estas notas, te darás cuenta de muchos patrones. Algunas de las figuras cambiarán ligeramente en otros tonos, debido a la afinación irregular de la guitarra. Las figuras serán también ligeramente diferentes para otros acordes de la escala mayor (el acorde 2, el acorde 3, etc.) porque las notas de estos acordes están separadas por intervalos diferentes a los intervalos que separan las notas del acorde 1. Estudiaremos esto en más profundidad en los capítulos posteriores. Pero por ahora, te animo a que simplemente disfrutes tocando las notas de los siete acordes básicos y que observes las figuras que resultan en el mástil de tu guitarra. Esto te enseñará muchas lecciones importantes sobre la armonía y la guitarra. Si solamente continúas por esta línea de pensamiento, eventualmente harás los mismos descubrimientos que yo he hecho, y te prometo que será un viaje impresionante lleno de muchas sorpresas.

La otra cosa que te puedo ofrecer ahora es mi curso completo en formato de vídeo para guitarristas. En mi escuela de improvisación en línea yo enseño mi sistema entero para aplicar la armonía tonal a la guitarra. El sistema sigue la misma filosofía presentada en este libro y te proporciona los recursos para poder tocar cualquier nota acompañada por cualquier acorde. Al contrario del enfoque típico de "método para guitarra" que consiste en memorizar unas cuantas maneras de tocar cada acorde, te enseñaré a literalmente improvisar cada acorde que toques. Esto hace que el "comping" se vuelva una verdadera forma de arte, que te ofrece la misma libertad creativa que tienes cuando estás improvisando un solo. También te permite tocar la guitarra completamente solo, sin ningún tipo de acompañamiento, porque serás capaz de controlar tanto la melodía como la armonía simultáneamente al estilo "chord-melody". Algún día intentaré poner todo esto en un libro sólo para guitarristas. Pero si puedes unirte a mi escuela en línea tendrás acceso inmediato al curso de vídeo entero en el cual te enseñaré personalmente cómo desarrollar esta capacidad en tu guitarra. Aprende más sobre esto en: www.ImproviseForReal.com.

Resumen

En el Ejercicio 3: La Armonía Pura hemos visto varias formas nuevas de aplicar nuestra práctica de improvisación a los sietes ambientes armónicos básicos:

1. Siete Mundos Expandidos (registro modal, registro tonal y registro ilimitado)
2. Acordes de Casa
3. Cantar Acompañado
4. Tocar Acompañado
5. Seguir la Armonía
6. "Comping" de Acordes en el Piano (avanzado)
7. "Comping" de Acordes en la Guitarra (avanzado)

En los próximos capítulos te daré aún más ideas que puedes comenzar a investigar inmediatamente usando las técnicas que has aprendido en el Ejercicio 3. Espero que pases incontables horas disfrutando con este material.

Componer tu propia música

Ahora que ya conoces los siete ambientes armónicos, tienes un buen primer conjunto de materiales para empezar a componer tus propias piezas. Componer música es divertidísimo y puede ser una gran fuente de satisfacción personal. Te ofrece la misma libertad creativa que disfrutas cuando estás improvisando, con el lujo añadido del *tiempo*. Puedes tomarte todo el tiempo que quieras para poner cada nota justo en su sitio, y puedes cambiar tus ideas tantas veces como quieras. Lo mejor de todo es que componer te proporciona una forma de crear música que perdura. Cuando estamos improvisando, cada momento es único y nunca podrá volver a repetirse. La música que se crea es algo privado, solamente compartido por las pocas personas que se encuentran ahí en ese momento. Componer es nuestro intento de capturar esos momentos hermosos y preservarlos para siempre.

Componer, como improvisar, es una cosa muy personal. Hay muchas maneras de componer y no puedo ni imaginar a qué se parecerá finalmente tu proceso. De la única cosa que estoy seguro es que será *tu* proceso, y nadie puede decirte cómo deberías hacerlo. Pero puesto que muchas personas se sienten intimidadas por la idea de dar los primeros pasos como compositores, quiero ofrecerte algunas ideas que pueden ayudarte a comenzar con esta parte de tu vida creativa.

Aquí te dejo unos consejos rápidos antes de que empecemos:

> *Lo importante es el proceso, no el producto.* Nuestra meta no es producir una cantidad arbitraria de composiciones. Solamente queremos empezar a *disfrutar* el arte de organizar sonidos en composiciones. De hecho es muy divertido colocar los sonidos en una página o en un programa de ordenador y ver como tu composición toma forma poco a poco. Si te acercas a la composición con la mente relajada y abierta, es extremadamente adictiva. Enfócate en divertirte, y el resto se resolverá por sí solo.
>
> *No te juzgues a ti mismo.* No hay normas y no hay ninguna táctica prohibida. Eres libre de imitar, fantasear, plagiar, calcular o incluso poner notas al azar en una página sin saber ni siquiera cómo sonarán. Puede que algunas técnicas te llenen menos que otras, pero tú descubrirás todo eso por ti mismo. Con el tiempo gravitarás hacia el estilo que sea más gratificante para ti personalmente. Por ahora, no te preocupes por saber si estás componiendo de la forma "correcta". Haz lo que tú quieras, ya que de eso se trata el componer.
>
> *No esperes una idea completa.* Mucha gente piensa que la forma en la que funciona la inspiración es que una composición musical completa simplemente aparece en tu cabeza. Y como esto nunca les ha pasado a ellos, suponen que no tienen el "don" de la composición. Pero no funciona así. La inspiración no es nada más que sentirte fascinado por un sonido o por una idea en particular. Quizás mientras estás haciendo una de las actividades en el Ejercicio 3 te sientas atraído por el sonido de una nota concreta en un acorde concreto. ¡Desarrolla esa idea! Apunta esa nota y construye una composición alrededor de ella. Quizás en ese momento solamente puedas componer uno o dos compases porque eso es todo lo que se requiere para expresar esa sencilla idea. Pero apúntala de todos modos.

Si apuntas las melodías, las progresiones de acordes y las ideas de composición que se te ocurren cada día, pronto tendrás una amplia variedad de materia prima que puedes utilizar para crear hermosas composiciones.

Haz que cada composición cuente exactamente una historia. No intentes meter todos tus conocimientos musicales dentro de cada composición. Tienes todo el tiempo en el mundo para hacer infinitas composiciones. Por lo tanto, trata de que cada composición sea una sola cosa especial. Expresa tu idea claramente sin complicarla. Luego suelta esa idea y pasa a la siguiente.

Estas son algunas de las ideas que me han ayudado a superar mis propios miedos y dificultades con respecto a la composición. Espero que también puedan servirte a ti de ayuda. Ahora echemos un vistazo a un par de maneras sencillas de empezar a hacer tu propia música. A lo largo de tu vida llegarás a componer música de formas mucho más sofisticadas. Pero incluso con las sencillas técnicas presentadas en este capítulo podrías disfrutar de la composición durante años.

Para empezar, necesitarás tres cosas:

1. Alguna manera de producir los siete acordes de la escala mayor. Para la mayoría de las personas esto sería un piano o un teclado sencillo. Pero también podría ser una guitarra o incluso un programa en tu ordenador.

2. La capacidad de grabar este acompañamiento y escucharlo varias veces para poder imaginar melodías y oír cómo suenan sobre este fondo armónico. Puedes usar una grabadora de cintas, una grabadora digital o programa de edición de audio en tu ordenador.

3. Un sistema para escribir o capturar de alguna forma tus ideas musicales (tanto la melodía como la armonía) para poder trabajar con ellas o guardarlas para una fecha posterior. Esto podría ser tan simple como lápiz y papel o podría ser tan sofisticado como un programa de edición MIDI en tu ordenador.

Si tienes estos elementos cubiertos entonces ya tienes todo lo que necesitas para empezar a componer tu propia música. Para mostrarte lo fácil que es empezar, hagamos juntos un par de composiciones. Para la primera, escogeremos primero una progresión de acordes y luego pensaremos en la melodía.

Empezar con la armonía

Una manera en la que puedes componer una pieza musical es empezar con una serie de acordes que te guste especialmente. Una técnica muy buena para principiantes es simplemente alternar entre un par de diferentes acordes de la escala mayor, porque esto casi siempre produce un telón de fondo muy atractivo para una canción. Por ejemplo, digamos que elegimos el acorde 2 y el acorde 6. Puedes dibujar una estructura sencilla en un papel y organizar los dos acordes de la forma que te guste. Este es un ejemplo:

Con un piano o teclado, puedes usar nuestra técnica de Acordes de Casa para crear un acompañamiento sencillo que alterne entre los dos acordes. (Si quieres ahorrarte la molestia de tener que visualizar la escala mayor a través de las teclas negras y blancas, puedes tocar en el tono de C por ahora. Las siete notas de la escala mayor de C son las siete teclas blancas, así que tocar Acordes de Casa en el tono de C es especialmente fácil.) Cuando puedas tocar bastante bien tu acompañamiento, haz una grabación de ti mismo tocando estos acordes en el piano. Más tarde pondrás esta grabación de fondo mientras imaginas melodías. Por lo tanto, asegúrate que la grabación sea lo suficientemente larga para que tengas mucho tiempo para investigar melodías antes de que se termine la grabación.

Ahora vamos a crear la melodía. Puedes hacerlo de numerosas maneras:

> *Imaginar una fantasía musical.* Esta es una de mis maneras preferidas de componer música. Imagínate que estás en un escenario frente un público enorme. Hay un silencio total y la iluminación es perfecta. ¿Cómo empieza la música? ¿Qué tipo de ambiente crea? ¿Qué otros instrumentos hay en la banda? Si empiezas tu composición con este momento en mente, a veces lo único que tienes que hacer es escuchar el concierto en tu mente para saber cómo encaminar tu composición.
>
> *Cantar libremente.* Otra forma de crear melodías es simplemente relajarte dentro de la música y permitirte cantar cualquier sonido que se te ocurra. Ten en cuenta que a veces cuesta reconocer una melodía preciosa incluso cuando la encuentres. Puede que pases una mañana entera cantando melodías para ti mismo y nunca encuentres esa melodía perfecta que te convence del todo. Pero a menudo, algunas horas después de terminar, te encontrarás cantando algún trozo de una de las melodías que investigabas. Ahora te sale sin querer, y la cantas sólo porque se te ha pegado. *Esa* es la preciosa idea que deberías desarrollar.
>
> *Improvisar con tu instrumento.* También puedes sacar tu instrumento e improvisar libremente sobre tu acompañamiento. Si colocas un segundo dispositivo de grabación, puedes capturar tus improvisaciones y escucharlas más tarde. Cuando escuches la grabación, puede que te sorprendas de la belleza de algunas de las líneas que tocaste. A menudo cuando estamos

improvisando estamos tan ocupados intentando crear música que no apreciamos completamente el valor de nuestras propias ideas. Oírlas en una grabación nos permite juzgarlas más objetivamente. Usar la improvisación como una técnica de composición es un poco como la práctica de "lluvia de ideas" en el mundo de los negocios. Simplemente lanzas todas las ideas que se te ocurran sin juzgar, y luego vuelves a examinar este material para buscar ideas de valor. Si quieres probar esta técnica, te doy un consejo que te puede ayudar. Intenta improvisar líneas con muy pocas notas. La mayoría de las personas tiene la tendencia de divagar con sus improvisaciones, usando cientos de notas cuando unas pocas serían más interesantes. Si tu meta es producir una composición digna de escuchar repetidamente, es especialmente importante que seas muy económico con tus notas. No sientas que tienes que deletrearlo todo para el oyente. La ambigüedad crea misterio y le permite al oyente proyectar sus propios sentimientos en la composición. No tengas miedo de expresarte con pocas notas.

Esculpir tus ideas. Esta es realmente la esencia de lo que diferencia la composición de la improvisación. Las técnicas anteriores pueden ser útiles para estimular tu creatividad pero son solamente el comienzo. Luego vas a querer trabajar sobre estas ideas para que la historia fluya exactamente como quieres. Lo bueno de esta parte de tu trabajo es que no necesita estar conectada en el tiempo con tu momento de inspiración. Si te despiertas un día con ganas de componer, no tienes que esperar que una idea hermosa te caiga del cielo. Puedes simplemente sacar tus apuntes y grabaciones de las ideas que has capturado como materia prima, y seleccionar unas pocas ideas que te parezcan especialmente interesantes. Si has hecho un buen trabajo capturando tus inspiraciones musicales en el momento, entonces deberías tener siempre mucha materia prima que puedes esculpir cuando te apetezca trabajar en tus composiciones.

Para continuar con nuestro ejemplo, ahora imagínate que a través de alguna combinación de los enfoques anteriores, finalmente te decides por la siguiente melodía para los acordes que decidimos anteriormente:

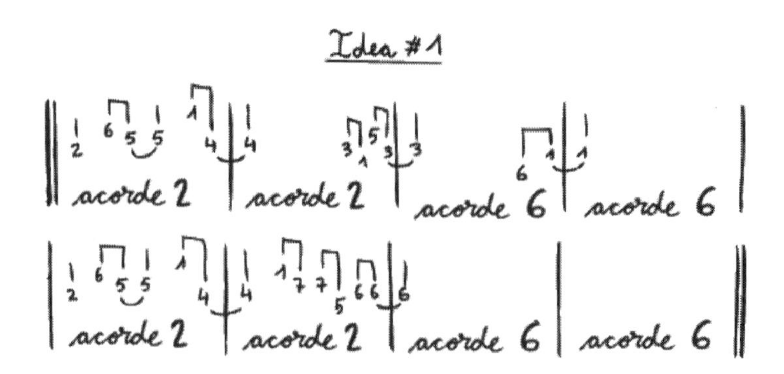

Puede que no estés satisfecho del todo con esta pieza musical como una composición terminada, pero es un comienzo y podría servir algún día como una pequeña parte de una composición más larga. Esto es ya un gran logro para un solo día. Recuerda que tenemos la vida entera para componer música y no siempre sabremos en el momento cómo aprovechar cualquier fragmento que componemos. Sólo tienes que disfrutar del proceso y seguir capturando tus mejores ideas para usarlas en el futuro.

Empezar con la melodía

Ahora miremos el enfoque opuesto, que es empezar con una melodía que te guste especialmente. Como antes, un buen primer paso es escribir esta melodía para que puedas ver la forma de la pieza claramente. Digamos por ejemplo que te tropiezas con una melodía que te gusta mientras estás practicando el Ejercicio 3 sobre el acorde 1:

Idea #2

Esta pequeña frase podría servir de inspiración para una melodía más larga, y podría incluso ser la base de una canción entera. A menudo cuando estamos improvisando, nuestras ideas no serán más largas que este ejemplo. Pero luego cuando te pones a trabajar en estas ideas para crear una composición, se te ocurren ideas sobre cómo podría continuar el resto de la melodía. Por ejemplo podrías extender tu idea unos compases más para crear lo siguiente:

Idea #2

Ahora viene la parte más divertida. El hecho de que imaginaste la melodía original sobre el acorde 1 no significa que esta sea tu única opción. Podrías también darle a tu canción un fondo armónico mucho más rico. Si eres lo bastante bueno con el piano para tocar esta melodía y algunos acordes básicos a la vez, entonces puedes probar una gran variedad de acordes para acompañar tu melodía. Pero si esto te resulta demasiado difícil en el piano, entonces puedes hacer lo mismo que hicimos anteriormente pero en orden inverso. Puedes hacer una grabación de tu melodía y luego reproducir la grabación mientras pruebas diferentes acompañamientos de acordes en el piano. Quizás decidas por algo como lo siguiente:

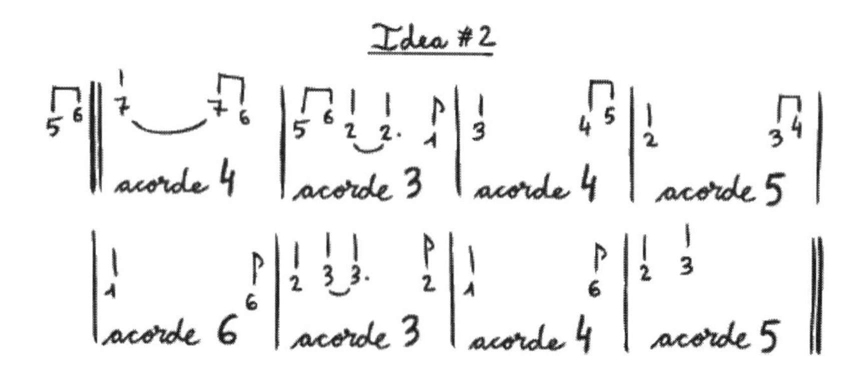

Con estos nuevos acordes, nuestra melodía ahora suena mucho más hermosa e interesante. Y nuestra canción todavía resulta muy agradable y melódica al oído porque cada sonido en nuestra composición final viene del mismo tono. En el futuro eliminaremos esta limitación pero te animo a que pases todo el tiempo que puedas (incluso años) componiendo con sólo las siete notas y los siete ambientes armónicos básicos de la escala mayor. Las habilidades que aprendes aquí son precisamente las que te permitirán expresarte con sentido incluso cuando estés trabajando con materiales mucho más abstractos.

Espero que estos ejemplos te hayan dado algunas ideas que te ayudarán a empezar con una de las actividades más gratificantes para cualquier músico, que es componer música original. Como con todo lo que construyes a lo largo del tiempo, la mejor parte es que todo lo que creas queda creado para siempre. Cada nueva idea o pequeño esfuerzo te lleva adelante. Al principio probablemente sentirás que tu trabajo no está llegando a ser gran cosa. Pero un día mirarás hacia atrás con una gran satisfacción a una colección entera de tus propias creaciones. Mientras tanto, tómate tu tiempo y disfruta cada paso del camino.

Y recuerda...

> Lo importante es el *proceso*, no el *producto*.
>
> No te juzgues a ti mismo.
>
> No esperes una idea completa.
>
> Haz que cada composición cuente exactamente una historia.

“Jam sessions” familiares

Uno de los grandes placeres que la música nos ofrece es la posibilidad de tocar con otras personas. El placer de improvisar colectivamente con otros músicos no se parece a nada más en este mundo. La habilidad de tener esta experiencia por ti mismo es uno de los beneficios más gratificantes de entender la armonía.

En el Ejercicio 2 aprendiste todas las habilidades que necesitabas para participar en jam sessions como solista. Aprendiste a orientarte de oído en cualquier pieza de música y a improvisar libremente sin importar en qué tono esté la canción. Como intérprete individual, esto es todo lo que necesitas para improvisar con confianza en cualquier situación musical por el resto de tu vida.

Pero ahora que has empezado el Ejercicio 3 has entrado en un territorio completamente nuevo. Ahora puedes hasta *crear* estas jam sessions y ofrecerles esta maravillosa experiencia a otras personas. Ni siquiera hace falta que los otros músicos entiendan la armonía. No es necesario que vean el “panorama general” para disfrutar de improvisar juntos. Lo único que necesitan es una manera sencilla de saber dónde encontrar las notas que suenan bien para su oído. Con tu comprensión de la armonía, puedes fácilmente darle a cualquier músico la poca orientación que necesita para hacer música con el grupo.

El título de este capítulo está inspirado en la imagen de una familia tocando música junta. No importa si son músicos serios, aficionados o si no tienen ningún tipo de experiencia musical. Tampoco hay una edad mínima requerida. De hecho a veces los momentos más sorprendentes y hermosos provienen de niños pequeños. Pero tanto si quieres tocar con amigos, con familia o sólo con otros músicos, las ideas de este capítulo están pensadas para un contexto social íntimo como una fiesta en tu casa.

El éxito de una jam session no depende del nivel de habilidad técnica de los participantes sino de su habilidad de contribuir a un ambiente en el que todo el mundo se siente libre para expresarse y disfrutar. Tú tienes un papel fundamental en fomentar este ambiente. Está claro que será más fácil si estás empezando con personas positivas y abiertas, pero no cometas el error de suponer que ellos sabrán automáticamente qué hacer. Unas pocas palabras tuyas pueden lograr mucho para establecer un ambiente de seguridad, respeto y alegría. Esta es la clave para tener una experiencia que todo el mundo disfrutará y recordará por mucho tiempo.

En este capítulo voy a tratar de darte algunas ideas sobre cómo usar lo que ya has aprendido para crear jam sessions para cualquier número de participantes. Primero miraremos el aspecto social de reunir a las personas y crear el ambiente adecuado, y luego hablaremos sobre diferentes tipos de juegos musicales y actividades que puedes proponer.

Reunir a las personas

A continuación quiero mencionar algunos consejos relacionados con la parte logística de organizar la jam session. Estas son sólo mis observaciones basadas en mi propia experiencia. Piensa sobre cómo estas ideas pueden aplicarse a tu estilo personal y a tu situación.

Hora y lugar. Si quieres hacer una jam session como parte de una fiesta por la noche, te aconsejo que empieces temprano y que tengas consciencia de la hora, sobre todo si tienes vecinos a quienes les puede molestar el ruido por la noche. Es mejor tener muchas jam sessions que terminan a una hora razonable que tener una sesión espectacular que dura toda la noche pero que haga que te expulsen de tu vecindario. Intenta arreglar el espacio de tal forma que incluso las personas que no están tocando estén incluidas. A algunas personas les gustará acompañar simplemente escuchando y disfrutando, y la energía positiva que contribuyen puede ser tan valiosa como la música en sí. (Después de que hayas tocado música durante unos años, te darás cuenta de que los buenos oyentes son mucho más excepcionales y valiosos que los buenos músicos.) Asegúrate que estas personas estén tan cómodas y tan incluidas como los intérpretes.

A quién invitar. Este es un tema delicado sobre el que vale la pena pensar. Personalmente, yo pienso que la música debería ser democrática en el sentido en que todo el mundo tiene el mismo derecho a tocar música como un medio de disfrute y crecimiento personal. Pero esto no significa que todo el mundo toca música por estos motivos. Para algunos es una celebración del ego y una oportunidad para demostrar su superioridad sobre los demás. Yo te podría decir que una parte de tu misión en la vida es traer a estas ovejas perdidas a tu redil y ayudarles a encontrar su felicidad en la vida. Pero la realidad es que algunas personas dominan el espacio colectivo tanto que su presencia es destructiva. Solamente tú puedes decidir si debes ser paciente con estas personas o despacharlos para que otras personas en la jam session puedan expresarse sin ningún conflicto. Como no siempre es fácil predecir qué personas contribuirán a un ambiente positivo, una buena solución es proponer cada jam session como un evento puntual, sin ningún plan de repetirla. De esta manera puedes disfrutar de cada persona por lo que él o ella aporta, y no tienes que sentirte obligado a invitar a las mismas personas a la siguiente jam session. Recuerda que un ingrediente clave para hacer música es el *espacio*. Si cualquier músico consume demasiado espacio, los demás no tendrán espacio para trabajar. No seas tímido a la hora de restringir las invitaciones. De hecho es una parte muy importante de tu responsabilidad.

Valores. Aunque tú no tengas ganas de juzgar a nadie, no des por sentado que los demás automáticamente saben esto de ti. Mucha gente se aterroriza con la idea de improvisar en público. Tienen miedo de que no sabrán qué hacer, que se bloquearán o que simplemente a nadie le va a gustar lo que tocan. Tu trabajo como anfitrión es asegurarte que todo el mundo entienda que de lo que se trata es de divertirse y escucharse los unos a los otros, y no de comparar a algunas personas con otras. Puedes decir esto explícitamente o solamente transmitir esta actitud en tus conversaciones. Pero de una forma o de otra, asegúrate que todo el mundo sepa que este es un lugar seguro para tocar, experimentar, expresarnos y cometer errores.

Hacer música

A continuación te presento algunos juegos musicales y actividades para estimular tu creatividad. Una vez que la gente empiece a tocar y se sienta cómoda, con frecuencia empieza a inventar sus propios juegos y maneras de hacer música. Cuando esto pase, te puedes olvidar de mis propuestas. Piensa en estas ideas meramente como posibilidades para romper el hielo, y úsalas sólo si la gente se queda atascada o no ve cómo empezar.

Bocetos de Sonido. Este es un juego musical muy sencillo en el cual creamos gradualmente un entorno de sonidos muy completo. Empieza con un solo músico que repite una frase corta y sencilla. La frase puede ser tan sencilla como una sola nota, o puede ser una melodía corta. Pero esta frase tiene que ser tocada repetidamente con un ritmo constante durante todo el tiempo que dure el juego. Luego el siguiente músico añade una frase diferente (también repetida) a este ambiente. Ahora dos músicos están tocando juntos y el ambiente musical es más interesante. Cada uno de los dos músicos debe continuar repitiendo su frase musical durante todo el juego. Entonces el siguiente músico puede entrar con su propia frase repetida, y luego el siguiente y así sucesivamente hasta que todos los músicos estén tocando. El resultado final a veces puede ser tan sorprendente y tan placentero que todo el mundo se ríe a carcajadas. Pero te doy un consejo: el espacio de sonidos se llena muy rápidamente. Cada músico debería ser muy cuidadoso para no añadir demasiadas notas al ambiente. De hecho algunos de los mejores resultados ocurren cuando cada músico añade solamente una nota. A medida que todas las notas vayan cayendo en su sitio, se crea un ambiente muy interesante.

Improvisación con Bocetos de Sonido. Este es parecido al juego anterior pero cada músico empieza su contribución tocando una corta improvisación libre antes de elegir una frase para repetir. El primer músico improvisa libremente durante un minuto o dos. En algún momento de su improvisación, empieza a repetir una frase corta. Cuando empieza a repetir una frase, esta es la señal para que el siguiente músico comience a improvisar libremente sobre esta frase repetida. Cuando el segundo músico termina de improvisar, él o ella se decide por una frase corta para repetir, y empieza a tocar esta frase repetida junto con el primer músico, que todavía está tocando su frase repetida. Esta es la señal para que el tercer músico puede entrar ahora con una improvisación libre, y así sucesivamente. Esto continúa hasta que todos los músicos hayan hecho su improvisación y estén tocando sus frases repetidas en el ambiente general.

Improvisación Extendida con Bocetos de Sonido. El juego anterior funciona con cualquier cantidad de personas pero será muy corto si no hay muchos intérpretes. En este caso, podemos continuar con el juego incluso después de que todos los músicos ya están tocando sus frases repetidas. Cuando la última persona haya terminado su improvisación y ahora esté tocando una frase repetida, el primer músico puede *abandonar* su frase repetida original e improvisar libremente de nuevo. Después de la improvisación, él o ella inventa una nueva frase corta para repetir y añadir al grupo. Luego el segundo músico puede hacer lo mismo y así sucesivamente. De esta manera podemos seguir tomando turnos indefinidamente, y el fondo musical sobre el que estamos improvisando también sigue cambiando y evolucionando continuamente. Este juego es especialmente bueno cuando sólo hay dos o tres personas porque los cambios en el ambiente son muy radicales cada vez que alguien cambia su parte.

Bocetos de Sonido hasta la Improvisación Libre. Con simplemente darle a cada músico la libertad de *cambiar* su frase repetida cuando él quiera, abrimos la puerta al fascinante mundo de la improvisación libre. La cosa más difícil sobre la improvisación libre para los principiantes es el *control*. Como hay tantas posibilidades, nuestra propia libertad nos paraliza y empezamos a tocar aleatoriamente sin desarrollar ninguna idea coherente. Por esta razón, usar Bocetos de Sonido es una buena manera de enfocar la atención de cada intérprete en una idea musical sencilla que puede desarrollar. Para convertir los Bocetos de Sonido en una plataforma para la improvisación totalmente libre, lo único que tenemos que hacer es darle a cada músico el permiso para variar, expandir o abandonar su frase repetida cuando él quiera. Probablemente algunas personas cambien su patrón repetido solamente ocasionalmente mientras que otros cambien su patrón tan a menudo que de hecho ya no existe más ningún patrón. Ambos extremos están perfectamente bien. Cada persona es libre para aportar lo que quiere.

Improvisación Libre. Esto es tal y como suena. Cada músico puede tocar lo que él o ella quiera en cualquier momento. Cada persona también tiene la libertad de *no* tocar, y este es un componente crítico para hacer que la música se mantenga interesante. Si todos los músicos están tocando todo el tiempo, entonces la textura total de la música nunca cambia. Pero solamente con dejar de tocar, un músico puede cambiar radicalmente el sonido del grupo. Luego cuando vuelva a tocar, el sonido de su instrumento será mucho más poderoso porque es nuevo otra vez. Esto ayuda a dividir la música en "capítulos" y le da un sentido de forma. El obstáculo más común para la improvisación libre es empezar. Una buena manera de empezar es dejar que un solo músico comience a improvisar libremente sin acompañamiento. Con realmente *escuchar* a este primer músico, empezamos a tener todo tipo de ideas musicales que podemos añadir. Lo único que se requiere es un valiente voluntario para ser el primero en tocar. Luego los demás pueden entrar gradualmente cuando empiecen a tener ideas.

Improvisación en un Tono. Esta idea no es una actividad en sí sino una norma muy interesante que podemos aplicar a cualquier juego musical. Hasta ahora no hemos impuesto ninguna restricción a las notas que las personas pueden tocar. Esto nos conduce a muchos sonidos exóticos y maravillosos, ya que el resultado final casi siempre incluirá notas y frases de muchos tonos diferentes. Pero también puede resultar muy agradable producir sonidos más convencionales, similares a los que oímos en la música popular. Para lograr esto, sólo tenemos que elegir un tono y ponernos de acuerdo en que todos tocaremos solamente usando las notas de este tono. Prueba esta variación con cualquiera de los ejercicios de arriba, y verás que el sonido resultante es mucho más sencillo. Si algunos de tus invitados tienen poca tolerancia por los sonidos disonantes, esta norma puede ayudar a que la improvisación parezca más "musical" a sus oídos. Una cosa que hay que tener en cuenta es que no todos los instrumentos asignan los mismos nombres a las notas. Por ejemplo, cuando el piano toca la nota Bb, esta misma nota se llama C en la trompeta. Pero es probable que cada músico ya sepa cómo realizar esta traducción para su instrumento. Y en cualquier caso es fácil verificar si hay malentendidos, simplemente tocando la escala todos juntos antes de empezar. Si todas las escalas no suenan de forma igual entonces hay una confusión en alguna parte, y probablemente esté relacionada con las diferencias en los nombres de las notas en cada instrumento. Pero una vez que todo el mundo tenga claro el tono en el que vamos a improvisar, podemos tocar cualquiera de los juegos musicales de arriba limitándonos a un solo tono, y está garantizado que el resultado sonará muy armonioso.

Improvisación Sobre un Acorde. Aquí es dónde nuestra música realmente empieza a sonar como las canciones que oímos en la radio. Vas a usar lo que aprendiste en el Ejercicio 3 para crear ambientes armónicos sobre los que la gente puede hacer su solo. Para crear un fondo de un acorde particular, sólo tenemos que designar una "sección rítmica" para proporcionar el ambiente armónico. Estos podrían ser dos o tres músicos de metales o vientos, o podrían ser los instrumentos armónicos más tradicionales como la guitarra, el bajo y el piano. Pero en cualquier caso, la forma en que estos músicos pueden crear la sensación de un acorde particular consiste simplemente en limitar lo que tocan a las cuatro notas de este acorde. Lo bueno de este juego es que no hace falta que los músicos entiendan de dónde vienen los acordes. Puedes simplemente decirles qué notas se les permite usar. Por ejemplo, digamos que hemos acordado tocar en el tono de C y tú propones una improvisación sobre el acorde 2. Sólo tienes que pausar un momento para pensar en las notas del acorde 2 en el tono de C (las notas son D, F, A y C). Entonces les dices a los miembros de tu sección rítmica que su trabajo es crear un acompañamiento que consista en solamente estas notas. Pueden improvisar este acompañamiento usando Bocetos de Sonido o pueden arreglarlo de una manera más pensada, decidiendo juntos qué notas tocará cada persona. Cuando ya tengan su acompañamiento hecho, los demás músicos pueden hacer turnos improvisando sobre este acompañamiento. Los solistas no tienen que saber nada sobre las notas del acorde 2. Su trabajo es usar todas las notas del tono de C para improvisar libremente de oído.

Improvisación Sobre una Progresión de Acordes. Esta es la misma idea, pero en vez de tocar un solo acorde en la sección rítmica, ahora pueden alternar entre dos acordes diferentes o incluso inventarse una línea que pase por varios acordes. Todo depende de la habilidad y nivel de confianza de los músicos que forman la sección rítmica. Para los solistas, los cambios de acorde no representan ninguna complejidad adicional ya que no tienen que saber nada sobre los acordes. Su trabajo es simplemente hacer solos libremente en el tono de la música (usando las siete notas de la escala).

Pero para la sección rítmica el trabajo puede complicarse rápidamente. Por lo tanto, en el principio es mejor empezar con pocos acordes. Incluso una simple alternancia entre dos acordes de la escala mayor puede ser un fantástico telón de fondo que es muy inspirador para hacer un solo.

Tocar Canciones Populares. Si tu jam session incluye a un guitarrista o a un pianista, puede que conozcan los acordes de una o más canciones populares. Si eres capaz de reconocer en qué tono se basan estas canciones, entonces puedes explicar a los otros músicos cómo encontrar el tono para que ellos puedan improvisar libremente en el tono de la música. Esta es una idea que puede que no seas capaz de aprovechar ahora mismo. Pero pronto serás un experto en reconocer las progresiones de acordes y los tonos de oído, y podrás usar este conocimiento para ayudar a los demás a encontrar el tono de la música y disfrutar de improvisar sobre canciones populares.

Tocar Standards de Jazz. Si los músicos en tu jam session son más avanzados, puede que les guste improvisar sobre standards de jazz. Si un standard se queda en el mismo tono todo el tiempo, entonces probablemente la mayoría de tus invitados podrán disfrutar improvisando sobre la canción. Sólo tienes que decirles qué notas pertenecen al tono de la canción. Pero muchos standards de jazz incluyen varios cambios de tono. Para los músicos que ya tienen un cierto nivel de habilidad, esto hace que los standards de jazz sean muy divertidos para tocar e improvisar. Pero para un principiante, esto puede ser muy frustrante. Si tienes algunas personas que quieren tocar standards y otras que no pueden hacerlo, podrías proponer a los principiantes que tomen un descanso y así dejar que los músicos de jazz se diviertan. La otra opción es insistir en que todos los juegos musicales incluyan a todos. Pero normalmente los músicos están más que dispuestos a hacer un descanso y dejar que otros luzcan, especialmente si ellos ya han tenido muchas oportunidades de lucir por sí mismos. Tú sabrás lo que es mejor en ese momento.

Espero que estas ideas te ayuden a sentirte capaz de organizar una jam session que será agradable para todos. Podríamos continuar inventando juegos musicales durante mucho tiempo y te animo a que lo hagas. También recuerda no subestimar a la gente que invitas a tu jam session. Cuando consigas romper el hielo y que los músicos empiecen a tocar, probablemente ellos mismos inventen sus propios juegos que serán aún mejores que los que te he presentado aquí.

Sólo quiero dejarte un último consejo. Este consejo tiene que ver con mantener viva la magia cuando tus invitados están tocando. La contribución más importante que aportas a una jam session no está en los juegos musicales que propones, ni en las notas que tocas en tu instrumento. Está en lo que haces mientras *otras* personas están tocando sus solos. Cuando alguien está tocando un solo, escucha cada nota que toque. Muchas veces cuando estamos improvisando, nos sentimos insatisfechos con nuestra música porque no logramos expresar exactamente lo que queremos. Puede que haya un solo momento glorioso en el que se nos ocurre una idea brillante y la ejecutamos perfectamente. Tú tienes que estar presente en ese momento, tanto por tu propio enriquecimiento como para que el músico tenga a alguien con quien celebrar esa victoria.

Sol y Luna

De los siete ambientes armónicos que has estado explorando, hay dos que son tan importantes en nuestra música que eclipsan todos los demás. De hecho casi todas las canciones en el mundo están construidas sobre uno de estos dos centros tonales. Son tan fundamentales para nuestra música como lo son el Sol y la Luna para nuestra poesía. Uno representa calidez, luz y alegría. El otro representa oscuridad, misterio y melancolía. Juntos nos ofrecen una variedad tan enorme de sentimientos y sensaciones que muchos músicos no se dan cuenta de que son simplemente dos acordes diferentes de la escala mayor. Y estos dos centros tonales son tan famosos que incluso los que no son músicos están perfectamente familiarizados con las palabras técnicas que usamos para describirlos: Mayor y Menor.

Los dos centros tonales son el acorde 1 y el acorde 6. Puedes apreciar las diferencias entre los dos ambientes armónicos comparándolos paralelamente:

1 · 2 · 3 4 · 5 · 6 · 7 1

6 · 7 1 · 2 · 3 4 · 5 · 6

Usando la primera escala como referencia, observa dónde las dimensiones de la segunda escala son diferentes. Fíjate atentamente en los sitios exactos en los que las dos escalas son diferentes. Observa que hay tres notas que se encuentran en lugares diferentes:

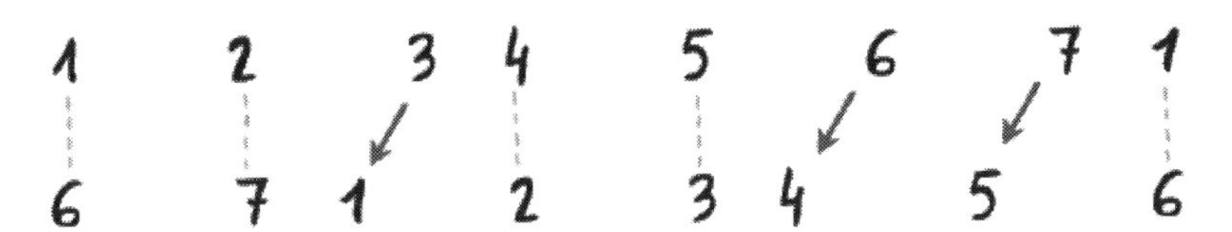

Durante los próximos meses, quiero que prestes una atención especial a estos centros tonales en tus estudios. También deberías continuar investigando los demás acordes. Todos los siete ambientes armónicos son hermosos e importantes, y cada uno de ellos tiene una lección específica que te puede enseñar. Pero intenta dedicar tiempo cada semana a un estudio especial de los dos centros tonales más importantes en nuestra música.

Ahora te voy a mostrar un ejercicio muy potente que te enseñará más sobre estos dos centros tonales que toda la teoría en el mundo. En realidad es solamente una manera muy específica de practicar el Ejercicio 3. El ejercicio se llama “Sol y Luna” y lo haremos en dos partes. Después de que ganes confianza con esta versión simplificada puedes avanzar a la versión completa:

Sol y Luna (nivel principiante)

1. Elige cualquier nota al azar en tu instrumento para ser la nota 1.

2. Usando todas las técnicas que aprendiste en el Ejercicio 3: La Armonía Pura, practica improvisando en el acorde 1. Puedes usar Siete Mundos Expandidos, Acordes de Casa, Cantar Acompañado y Tocar Acompañado, además de cualquier otro juego o ejercicio musical que inventes tú mismo.

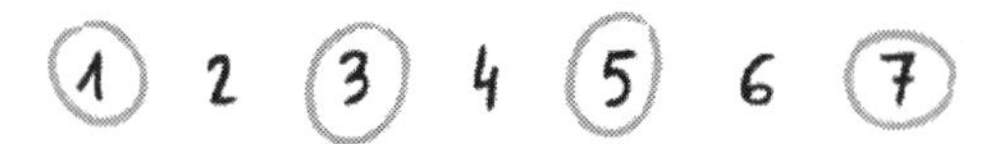

3. Cuando hayas investigado todas las posibilidades que te ofrece el acorde 1, vamos a cambiar el ambiente armónico y construir el acorde 6 en este mismo lugar. Vuelve a tu nota inicial, la que has estado usando como nota 1. Ahora vamos a considerar que esta misma nota es la nota 6 en vez de la nota 1. Toca la escala mayor entera a partir de esta nota 6 hasta la próxima nota 6 una octava más arriba. Improvisa durante un minuto en este nuevo tono para que te acostumbres a las nuevas notas. Luego usa las mismas técnicas del Ejercicio 3 para practicar improvisando en el acorde 6.

4. Alterna entre los pasos 2 y 3. Improvisa unos minutos en el acorde 1, usando tu nota inicial como nota 1 de la escala mayor. Luego improvisa unos minutos en el acorde 6, usando la misma nota inicial como nota 6 de la escala mayor. Observa exactamente cuáles son las notas que cambian cuando intercambias los dos ambientes. Observa también cómo cambia el *sonido* general de tu música.

Te aconsejo que pases mucho tiempo (semanas incluso) explorando este ejercicio en todos los tonos. Recuerda que tu meta no es meramente dominar los detalles técnicos sino hacer tus propios descubrimientos personales. En cuanto a la teoría, el cambio de mayor a menor es bastante sencillo. Algunas notas se desplazan a otros sitios y ya está. A un nivel puramente técnico probablemente dominarás el ejercicio de arriba el primer día. Pero la forma en que estos cambios afectan tu estado de ánimo, y el efecto hipnótico que los dos ambientes tienen sobre las *emociones* en tu música, es algo muy profundo.

Hay algo de lo que todavía no he hablado mucho, pero me gustaría decir unas palabras sobre ello ahora. Cuando estabas tomando tus primeros pasos en este método, yo intentaba usar palabras muy ligeras como "juegos musicales", "deambular libremente", "ser juguetón", etc. Empecé de esta manera a propósito porque algunas personas se sienten muy intimidadas por palabras como "improvisación libre". Ya da bastante miedo tener que enfrentar el oscuro y misterioso mundo de la armonía por primera vez. No necesitamos la presión adicional de tener que montar un espectáculo o hacer algo que suene musical.

Pero ya no eres un principiante, y espero que el mundo de la armonía ya no te esté pareciendo tan oscuro y misterioso. Por lo tanto, creo que ahora es un buen momento para reflexionar sobre qué es lo que realmente estás haciendo. En el comienzo de mi método yo planteé la mayoría de las actividades como juegos musicales. Pero me imagino que ya estás empezando a sentir que no estás solamente jugando. Estás también creando música, y tu música expresa algo. Cada vez que te sientas a practicar este método, lo que realmente estás practicando es tu propia capacidad para crear música espontáneamente. Teniendo esto presente, te animo a tomarte tu tiempo con el ejercicio de arriba. No lo hagas de forma mecánica como si fuera meramente un ejercicio técnico. Úsalo como un ejercicio *creativo*. Cada nota que tocas es un reto para sacar lo mejor de ti, para expresar algo personal y bello. No hay notas que no sean importantes. No te sientas satisfecho con dominar el material a un nivel técnico. El desafío real consiste en demostrar lo que tú puedes expresar con este material.

Sol y Luna: Nivel Maestría

Cuando llegues a poder visualizar ambos ambientes armónicos (mayor y menor) instantáneamente en cualquier tono en tu instrumento, y sus diferencias hayan llegado a tener un significado personal para ti, entonces estarás listo para crear formas de canciones basadas en los dos centros tonales. Esto es lo que hacemos en la versión completa de Sol y Luna.

1. Elige cualquier nota al azar en tu instrumento para ser tu nota 1.
2. Vamos a practicar improvisando sobre una forma muy sencilla de canción. Usaremos el acorde 1 como el centro tonal, y usaremos solamente un acorde más como una salida del acorde 1. Como ejemplo, vamos a elegir el acorde 4. Imagina una canción sencilla basada en estos acordes:

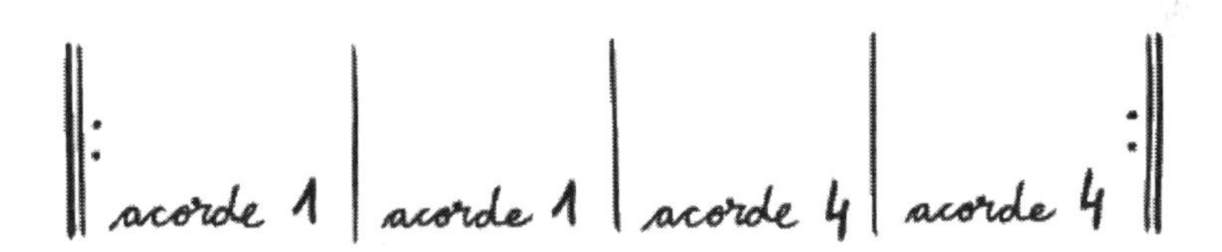

3. Para comprender mejor la armonía de esta sencilla canción, haz tu propio *mapa tonal* que muestra el flujo de las notas consonantes a través de los dos ambientes armónicos:

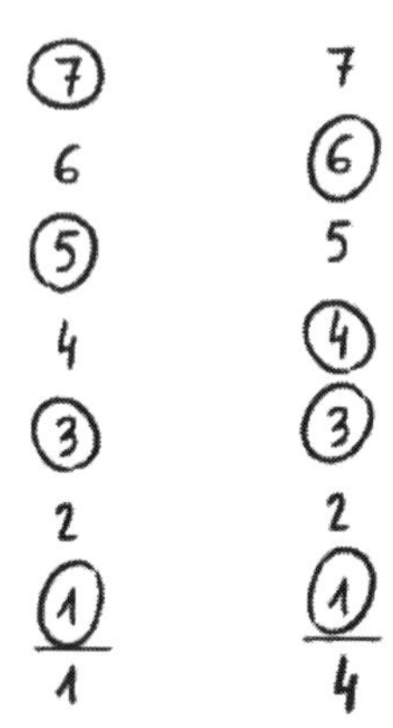

4. Usando todas las técnicas que aprendiste en el Ejercicio 3: La Armonía Pura, practica haciendo música sobre esta forma sencilla. Acuérdate de investigar ambos acordes usando Siete Mundos Expandidos, Acordes de Casa, Cantar Acompañado y Tocar Acompañado.

5. Cuando hayas investigado todas las posibilidades musicales que los dos acordes te ofrecen, es hora de cambiar el centro tonal a menor. Vuelve a tu nota de partida original, la nota que has estado usando como nota 1. Ahora vamos a considerar que esta misma nota es la nota 6 en vez de la nota 1. Toca la escala mayor entera a partir de esta nota hasta la siguiente nota 6 una octava más arriba. Improvisa durante un minuto en este nuevo tono para acostumbrarte a las nuevas notas.

6. Ahora vamos a reproducir la misma forma de canción que usamos anteriormente, pero esta vez la canción entera estará basada en el centro tonal menor, que es el acorde 6. El primer acorde en la canción será obviamente el acorde 6, pero tenemos que solucionar la cuestión de cuál será el otro acorde. Lo que queremos preservar es la *relación* entre los dos acordes. En nuestro ejemplo anterior, alternamos entre el acorde 1 y el acorde 4. Una manera de ver claramente la relación entre los dos acordes es simplemente imaginarte a ti mismo caminando hacia arriba desde la nota 1 a la nota 4:

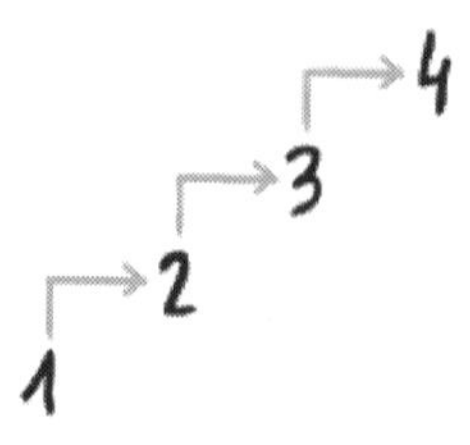

Este es el mismo movimiento que tenemos que preservar en el nuevo centro tonal:

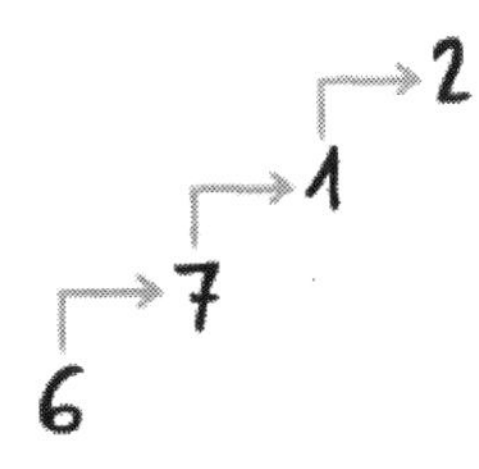

Como puedes ver, si queremos reproducir el mismo movimiento armónico en el centro tonal menor, tendremos que subir al acorde 2. Así es cómo sería la canción original si se basara en el centro tonal menor del acorde 6:

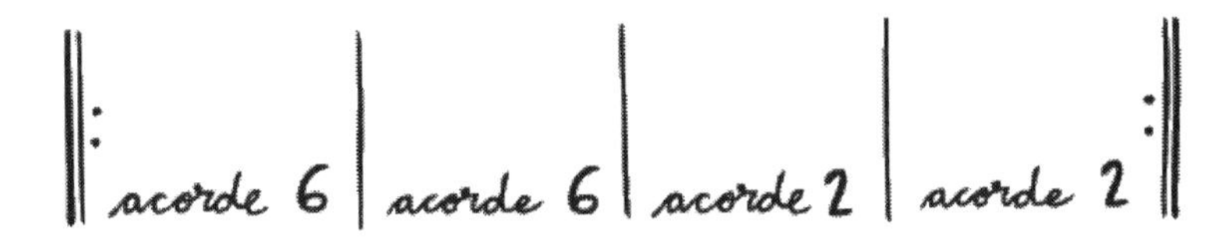

7. De nuevo, puedes dibujar tu propio mapa tonal de los dos acordes para ver claramente cómo fluye la armonía a través de los dos ambientes armónicos:

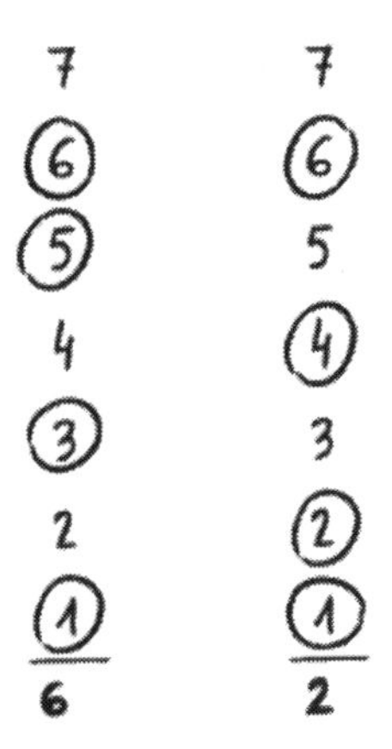

8. Ahora usa todas las técnicas que aprendiste en el Ejercicio 3 para practicar hacer música sobre esta forma de canción. A un nivel puramente emocional como oyente, fíjate en lo que esta canción tiene en común con la que creaste anteriormente usando los acordes 1 y 4. Fíjate también en lo que es diferente entre las dos canciones.

9. Alterna entre los pasos 4 y 8. Pasa diez minutos en la tonalidad mayor usando los acordes 1 y 4. Luego pasa diez minutos haciendo música en la tonalidad menor usando los acordes 6 y 2. Observa cómo la escala cambia cuando alternas entre mayor y menor, y cómo esto afecta el sonido de tu música.

Sol y Luna es una forma muy avanzada de practicar el Ejercicio 3. No deberías intentar este ejercicio hasta que hayas dominado los siete ambientes armónicos por separado. Pero una vez que te sientas completamente cómodo haciendo música en cualquiera de los siete ambientes armónicos, a partir de ese momento podrías usar Sol y Luna como tu herramienta principal para estudiar la Armonía Pura. Cada vez que lo practiques, seleccionarás una nota diferente para usar como tu centro tonal, y un acorde diferente para contrastar con el acorde 1. La consecuencia de estas sencillas variables es que tú eventualmente terminarás estudiando todas las relaciones armónicas posibles en todos los tonos, tanto en la tonalidad mayor como en la tonalidad menor. Esto hace que el ejercicio Sol y Luna (Nivel Maestría) sea un ejercicio increíblemente compacto que te permite practicar *todo* lo que has visto en mi método hasta ahora.

Quiero terminar este capítulo con algunos pensamientos sobre la velocidad de tus avances. Supongo que ya te has dado cuenta de que cada vez que te explico uno de estos ejercicios, te estoy dando quizás *meses* de trabajo para mantenerte ocupado. Intenta recordar que estos no son deberes y que no tienen una "fecha de entrega". Son solamente ideas que puedes guardar para un día lluvioso. En cualquier momento que tengas ganas de sumergirte en el mundo de la armonía, mi esperanza es que abras este libro y rápidamente encuentres una actividad que te parezca divertida e interesante. Pero recuerda que este método no es algo que jamás puedas realmente completar. De hecho, ni siquiera necesitas experimentar personalmente cada ejercicio que te enseño. Son sólo ideas y posibilidades. El principio más importante para guiarte es el que te dije al principio de este libro. Esta práctica musical entera existe exclusivamente para tu disfrute personal. Nuestra única meta es que aprendas a usar tu instrumento como la puerta hacia tu propio paraíso personal. Si ya has encontrado por ti mismo esta puerta, entonces la verdad es que da igual lo que estudies de ahora en adelante. *Todo* lo que hagas dentro de tu mundo privado de la armonía te hará aprender y crecer. Por lo tanto, te animo a simplemente absorber nuevos conceptos según tu propio apetito. Diviértete con lo que ya sabes y cuando tengas hambre por más conceptos, vuelve aquí y miraremos algo nuevo.

Tensión y Relajación (en la melodía)

Una de las características definitorias de la música occidental es la interacción constante entre Tensión y Relajación. En nuestra música apenas pasa un segundo sin que esta pequeña historia se manifieste de una manera o de otra. De hecho nuestra música está tan llena de esta interacción que sería literalmente imposible contar todas las veces que sentimos estas sensaciones a lo largo de una canción típica.

Cuando trabajas en el Ejercicio 3: La Armonía Pura, eres muy consciente de la diferencia entre las "notas del acorde" en cualquier ambiente armónico y las "otras notas" de la escala. Por ejemplo, en el ambiente armónico del acorde 1, las notas del acorde son 1, 3, 5 y 7 y las otras notas son 2, 4 y 6. En realidad, mi definición del acorde 1 como solamente las notas 1, 3, 5 y 7 es una simplificación que vamos a rectificar más adelante. Pero por ahora esta simplificación nos ayuda mucho. Para un principiante que está intentando ordenar este inmenso mundo de la armonía moderna, un buen primer paso es simplemente aglomerar todas las notas juntas y meterlas en dos sacos: las notas del acorde y las otras notas.

Pensemos un momento sobre esta dinámica entre las notas del acorde y las otras notas. Cuando estás improvisando en Siete Mundos Expandidos y estás usando todas las notas de la escala, ¿te das cuenta de que las notas del acorde siguen siendo las notas más consonantes? En otras palabras, ¿puedes sentir las sensaciones de Tensión y Relajación en tu música cuando te mueves desde una de las "otras notas" a una nota del acorde? Si no, vuelve al Ejercicio 3 y practica esto muy lentamente, y presta atención a lo que sientes.

También podemos percibir estas sensaciones en la música que oímos. La próxima vez que escuches tu álbum favorito, quiero que intentes notar estas mismas sensaciones de Tensión y Relajación en tu cuerpo. Pero ten cuidado de no pensar demasiado en ello. Recuerda que no se trata de adivinar cómo funciona la música. Se trata de *darte cuenta* de lo que la música ya hace en ti. Simplemente dirige tu atención hacia tu interior, e intenta notar si hay algunos momentos que puedes identificar claramente como momentos de una gran tensión seguida por una relajación placentera en tu cuerpo.

También tienes que recordar que estos conceptos son subjetivos y que al final son solamente metáforas. No puedes etiquetar cada nota que oigas únicamente como Tensión o como Relajación. Una nota puede ser relajada comparada con la nota anterior pero tensa comparada con la nota que sigue. Por eso no estamos intentando etiquetar cada momento como Tensión o Relajación. Sólo quiero que te des cuenta de estas sensaciones en tu cuerpo cuando surjan.

Ahora vamos a ver un ejercicio que se podría considerar como el Nivel Maestría del Ejercicio 3. A este nivel tenemos consciencia de todas las notas de la escala cromática y practicamos usando todas estas notas en nuestra música. Todavía podemos organizar estas notas en categorías distintas, pero ahora hay *tres* categorías:

- las *notas del acorde* (las cuatro notas que componen el acorde según nuestras definiciones en el Ejercicio 3)

- las *otras notas* (las tres notas de la escala que no están en el acorde)
- las *notas fuera del tono* (las cinco notas que están fuera de la escala, o los cinco puntitos negros en nuestro dibujo del mapa tonal)

Obviamente, tocar notas fuera del tono no tiene nada de difícil. Lo que es difícil es mantener el *control* de tu música mientras lo haces. Cuando haces el siguiente ejercicio, haz un esfuerzo constante por mantener el ambiente armónico vivo, pasando la mayoría de tu tiempo en las notas del acorde y en las otras notas de la escala. Reserva las notas que están fuera del tono para los momentos especiales, al menos en el principio. Esto te ayudará a que llegues a conocerlas sin perder la sensación del ambiente armónico que estás explorando.

Ejercicio 3: Nivel Maestría

1. Elige cualquier nota de partida en tu instrumento y escoge uno de los siete ambientes armónicos para estudiar. Haz dibujos de las tres diferentes categorías de notas en este ambiente: las notas del acorde, las otras notas de la escala y las notas que están fuera del tono. En nuestro ejemplo utilizaremos el acorde 2.

(2)	2	
		#1
(1)	1	
7	7	
		#6
(6)	6	
		#5
5	5	
		#4
(4)	4	
3	3	
		#2
(2)	2	

2. Usando Siete Mundos Expandidos o Tocar Acompañado, improvisa con las tres categorías de notas. En tus primeras experiencias con las notas que están "fuera", intenta resolver estas notas directamente a la nota de la escala más cercana. En otras palabras, no abandones los problemas musicales que provoques. No dejes una "nota fuera" ahí colgada en el aire y luego te marches a otro sitio para lanzar una nueva idea. Crea la tensión y disfrútala todo el tiempo que quieras pero luego *resuelve* esta tensión antes de continuar.

3. Cuando llegues a conocer el sonido de cada una de las cinco notas que están fuera del tono, trata de incorporarlas también en tus improvisaciones con la voz usando Cantar Acompañado. Al principio va a requerir mucha concentración, pero recuerda que no necesitas dominar las cinco notas el primer día. Podrías pasar una semana entera estudiando solamente la primera nota fuera del tono, y en cinco semanas las tendrías todas.

4. En general, de ahora en adelante cuando practiques el Ejercicio 3: La Armonía Pura, intenta tener presentes las tres categorías de notas. Incluye estas notas en tu consciencia y en tu música. Cuando puedas imaginar y reconocer el sonido de cada una de las doce notas de la escala cromática en todos los siete ambientes armónicos de la escala mayor, podrás declararte un verdadero maestro de la Armonía Pura.

Tensión y Relajación (en la armonía)

En el último capítulo vimos cómo las notas individuales pueden crear una sensación de tensión o de relajación contra el ambiente armónico. Pero en cualquier pieza de música, este mismo drama de Tensión y Relajación también ocurre en la armonía. Cuando un acorde disonante fluye hacia un acorde más relajado, esto produce exactamente las mismas sensaciones de Tensión y Relajación que hemos estado aprendiendo a sentir en nuestras melodías.

Supongo que esto ocurre a algún nivel entre cualquier par de acordes. Pero hay una combinación particular de acordes que produce una sensación tan clara de Tensión y Relajación que se ha convertido en el motor básico del movimiento armónico en toda nuestra música. Esta combinación es el acorde 5 (representando la Tensión) y el acorde 1 (representando la Relajación).

Para experimentar esto por ti mismo, usa las técnicas que aprendiste en el Ejercicio 3 para estudiar la siguiente progresión:

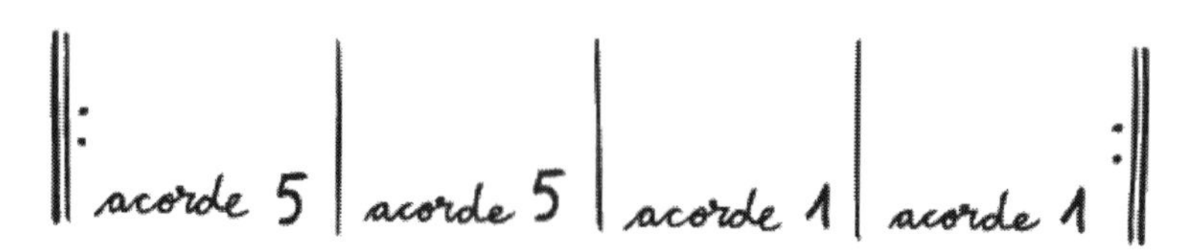

Para sentir el flujo de tensión y relajación que ocurre en la armonía, intenta quedarte muy cerca de las notas del acorde en ambos ambientes. No uses muchas notas que están "fuera" intentando producir tensión *contra* el acorde del momento. Sólo toca las notas del acorde y quizás ocasionalmente las otras notas de la escala. De esta forma cuando el acorde 5 fluya hacia el acorde 1, sentirás claramente cómo la tensión del acorde 5 se relaja en el acorde 1.

A un nivel puramente emocional, observa cómo la armonía anterior funciona. La línea empieza en tensión y termina en relajación:

tensión | tensión | relajación | relajación

Esto le da a la línea una sensación de finalidad. Te da la sensación de que esta podría ser la última línea de la canción. Y si la canción continúa, podemos repetir esta misma línea de nuevo o podemos pasar a una idea nueva. Pero la frase musical actual se siente completa cuando llegamos al acorde 1.

Ahora mira lo que sucede si invertimos el orden de los dos acordes:

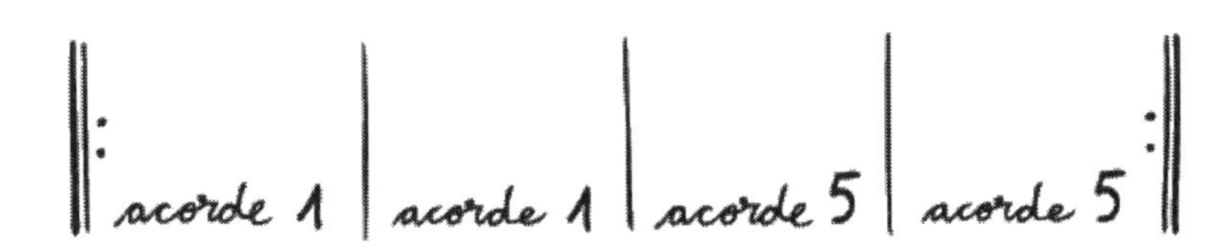

Emocionalmente, ahora nos quedamos en suspense al final de la línea:

relajación | relajación | tensión | tensión

Observa que puedes sentir esta tensión en tu cuerpo. Cuando alcanzas el final de la línea sabes instintivamente que debe venir otra línea a continuación. Sabes que de ninguna manera la canción va a terminar con ese acorde 5. Simplemente no suena bien. Está pidiendo una resolución.

Si puedes sentir las sensaciones de tensión y relajación cuando tocas los dos acordes, entonces ya comprendes los acordes perfectamente. No vamos a ir mucho más lejos con este tipo de análisis porque en realidad lo que tenemos que hacer es volver al mundo de los sonidos y simplemente escuchar cada acorde tal como es. Pero puesto que estos acordes tienen un papel tan importante en la creación del movimiento armónico en nuestra música, quiero mostrarte algunos ejemplos más.

En el ejemplo anterior, fíjate que cuando terminamos una línea musical en tensión (el acorde 5), tiene el efecto de abrir una conversación, como si alguien estuviera haciendo una *pregunta*. Y fíjate que cuando terminamos una línea musical en relajación (el acorde 1), esto tiene el efecto de terminar una conversación, como su alguien estuviera *respondiendo* a una pregunta. Lo que esto significa es que podemos fácilmente organizar esta dinámica de Tensión y Relajación en una forma más larga de Pregunta y Respuesta:

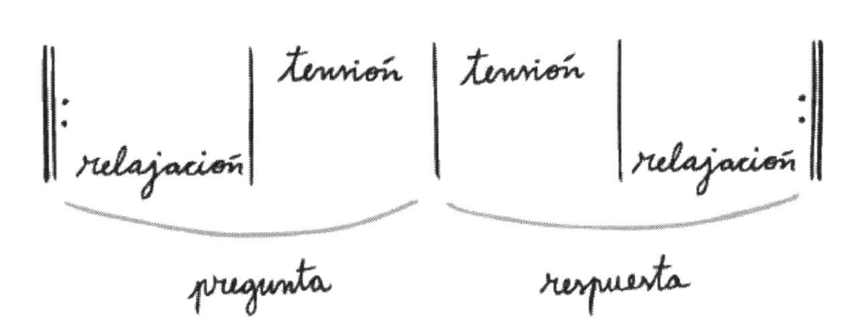

La manera de expresar esta forma musicalmente sería con los siguientes acordes:

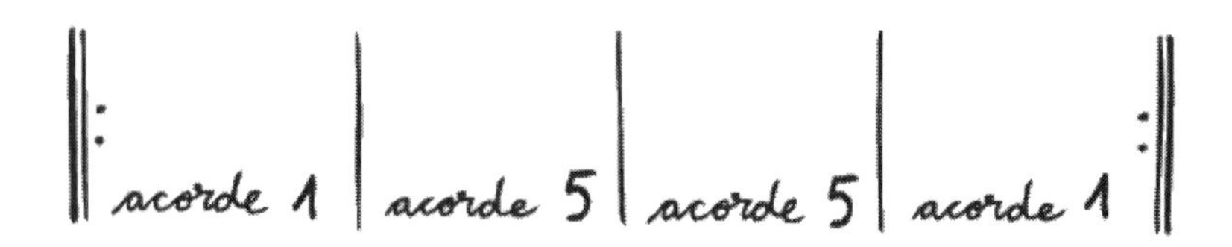

Efectivamente, si tocas esta forma de canción notarás que así es exactamente cómo se siente. Cualquier melodía que toques por encima de los dos primeros compases suena como una pregunta. Y cualquier melodía que toques por encima de los dos últimos compases suena como la respuesta a esta pregunta.

Para afinar tu propia percepción de Tensión y Relajación en la armonía, deberías practicar improvisando sobre todas las formas de canción presentadas en este capítulo. Estos ejercicios sencillos te darán una base sólida en el arte de improvisar con "frases completas". Este enfoque lírico será muy valioso para ti más adelante, cuando estés improvisando sobre material mucho más abstracto.

Cuando llegues al Ejercicio 4 aprenderás cómo usar estos conceptos para crear una sensación de dirección y movimiento hacia *cualquier* parte de nuestro sistema musical. Por ahora, hay solamente tres ideas de este capítulo que realmente necesitas entender:

- El acorde 5 produce tensión, pero no cualquier tipo de tensión. Produce un tipo de tensión muy específica que causa que tu oído espere una resolución en el acorde 1.
- Con un poco de maniobra, podemos usar esta misma técnica para hacer que los oyentes sientan una atracción muy fuerte hacia *cualquier* centro tonal en nuestro sistema musical.
- Este es el concepto que exploraremos plenamente en el Ejercicio 4: La Armonía Mixta.

Figuras musicales

En este capítulo estudiaremos las cuatro figuras de acorde que aparecen en la escala mayor. Aprenderás a reconocerlas de oído, a visualizarlas en tu mapa tonal y a crearlas en cualquier parte de tu instrumento. Dominar estas figuras musicales es la clave para tu próximo paso hacia adelante como improvisador. Es a través de la alteración de estas figuras que podemos crear todos los sonidos exóticos de la Armonía Mixta.

La primera figura de acorde se llama "mayor". Tiene la siguiente forma:

1 3 5 7

Estás tan familiarizado con esta figura de acorde que no necesitamos hacer nada especial para investigarla más. Esta es la figura que estás usando cada vez que improvisas en el acorde 1. Por lo tanto, la única nueva información aquí es que este tipo de acorde se llama "mayor".

La siguiente figura de acorde que encontramos en la escala mayor tiene una séptima bemol. Llamaremos a esta figura de acorde "dominante". Un acorde dominante tiene las siguientes cuatro notas:

1 3 5 b7

Para oír la diferencia entre un acorde mayor y un acorde dominante, saca tu instrumento y toca ambas figuras de acorde. Escoge cualquier nota de partida y haz que esa nota sea la nota 1 de tu escala mayor. Puedes tocar la escala entera primero si esto te ayuda a orientarte. Luego toca solamente las notas 1, 3, 5 y 7 e improvisa con estas notas durante un momento. Lo que estás tocando es un acorde mayor. Ahora baja la nota 7 un semitono para tocar la nota b7. En nuestro dibujo de la escala mayor, este es el puntito negro entre las notas 6 y 7. Como cualquier nota alterada, puedes visualizar exactamente dónde está localizada la nota b7 con sólo imaginar nuestro dibujo de la escala mayor entera:

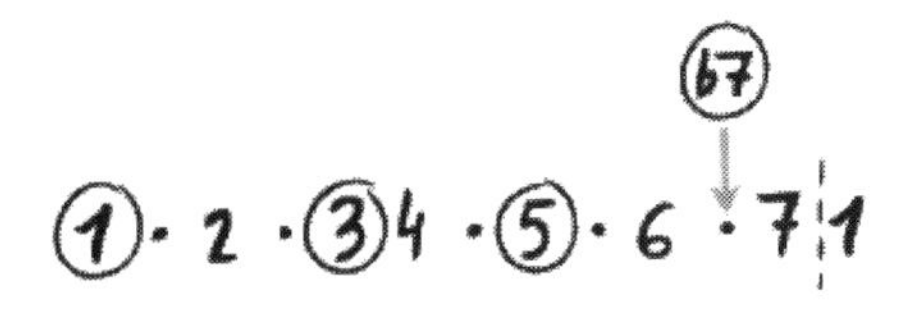

Improvisa durante un par de minutos con solamente las notas 1, 3, 5 y b7. Este es el sonido de un acorde dominante. Alterna entre el acorde mayor y el acorde dominante hasta que puedas sentir la diferencia entre los dos.

La siguiente figura de acorde que encontramos en la escala mayor se llama "menor". Tiene tanto una tercera bemol como una séptima bemol:

1 b3 5 b7

De nuevo, puedes visualizar las dos notas alteradas usando nuestro dibujo de la escala mayor. La nueva nota b3 es el puntito negro entre las notas 2 y 3:

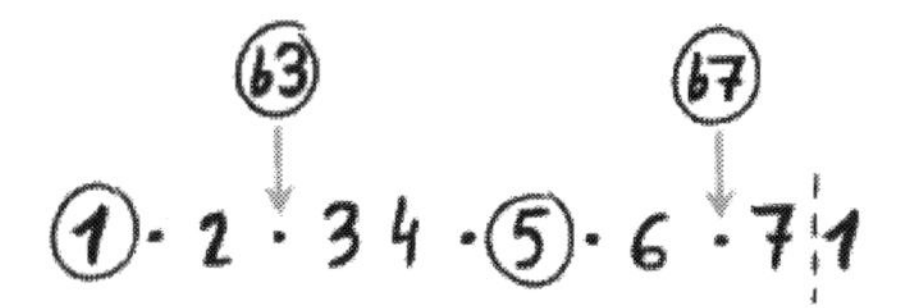

Para conocer este sonido por ti mismo, improvisa durante unos minutos con solamente las notas 1, b3, 5 y b7. Este es el sonido de un acorde menor. Compáralo con el acorde mayor, alternando entre los dos. Compáralo también con el acorde dominante. Observa cómo cambia el sonido de tu música cuando cambias entre las diferentes figuras de acorde.

La última figura de acorde que encontramos en la escala mayor se llama "menor con quinta bemol". En esta figura de acorde, todo es bemol excepto la nota 1.

1 b3 b5 b7

La nueva nota alterada es b5, que está localizada entre las notas 4 y 5 de la escala mayor:

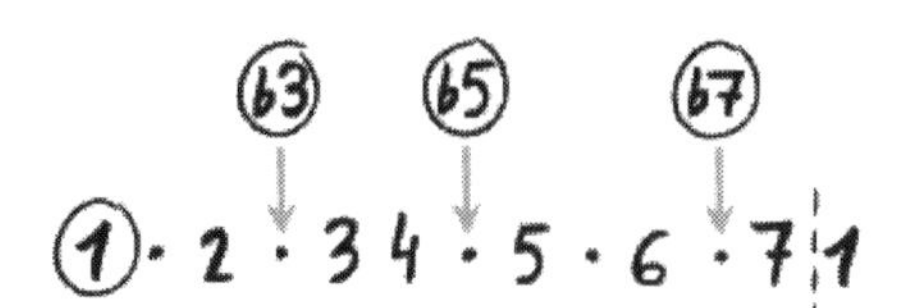

Improvisa durante unos minutos con solamente las notas 1, b3, b5 y b7. Esta figura probablemente le suene extraña a tu oído. La figura de acorde menor con quinta bemol tiene un sonido muy hermoso y misterioso, pero no se usa con mucha frecuencia en la música popular excepto como acorde de transición. Probablemente tu oído no esté acostumbrado a pasar mucho tiempo en este acorde. Pero tómate tu tiempo para disfrutar de su exótico sonido. Recuerda que cada vez que un sonido le suene inusual a tu oído, esto significa que estás aprendiendo algo nuevo. ¡No huyas de estos momentos! Celébralos y disfruta el nuevo descubrimiento.

En resumen, hay cuatro figuras de acorde que se encuentran en la escala mayor:

mayor	=	1	3	5	7
dominante	=	1	3	5	b7
menor	=	1	b3	5	b7
menor b5	=	1	b3	b5	b7

Todavía no te he mostrado *dónde* aparecen estas figuras, pero nos ocuparemos de eso en el próximo capítulo. Primero tenemos que ganar confianza y fluidez con las cuatro figuras de acorde. No es suficiente comprenderlas de manera intelectual. Acuérdate del ejemplo de Michael Jordan practicando tiros libres. La maestría lleva tiempo. Debes estudiar estas figuras de acorde hasta que aprendas a oírlas, a reconocerlas, a imaginarlas y a tocarlas en cualquier parte de tu instrumento sin un solo momento de hesitación. A continuación te muestro algunas actividades para ayudarte a desarrollar este nivel de maestría.

Saltar de Roca en Roca

Este ejercicio me recuerda la experiencia de cruzar un arroyo saltando desde una roca a la siguiente. Requiere que visualices claramente las distancias entre las notas de cada figura de acorde.

1. Elige una de las cuatro figuras de acorde para estudiar (por ejemplo mayor).
2. Elige una nota de partida en tu instrumento para ser la nota 1.
3. Ahora toca solamente las notas de la figura del acorde que seleccionaste. (En nuestro ejemplo las notas serían 1, 3, 5 y 7.) Pero en vez de imaginar la escala mayor entera para localizar estas notas, quiero que uses lo que sabes sobre las *distancias* entre las notas en cada figura de acorde. Estas distancias se muestran en el siguiente dibujo:

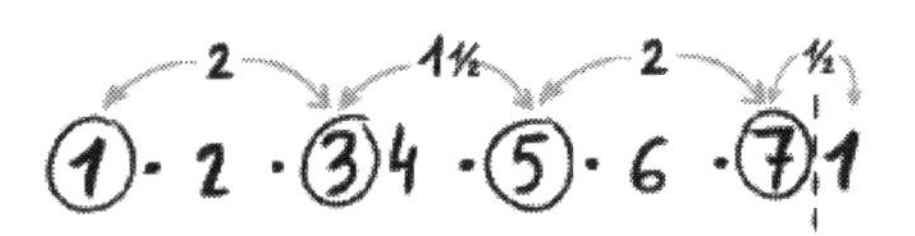

Mira bien este dibujo y fíjate en las distancias entre las notas del acorde:

- Hay 2 tonos enteros entre las notas 1 y 3.
- Hay 1½ tonos entre las notas 3 y 5.
- Hay 2 tonos enteros entre las notas 5 y 7.
- Hay ½ tono entre la nota 7 y la siguiente nota 1.

Estudia este dibujo y apréndete estas distancias profundamente para que no necesites visualizar la escala entera para encontrar las notas de esta figura de acorde. Aprende a confiar en las distancias entre las notas del acorde para que puedas saltar directamente a cada nota como si estuvieras saltando de roca en roca por un arroyo:

4. Improvisa con las cinco notas (las notas 1, 3, 5, 7 y la nota 1 de la siguiente octava) durante unos minutos. Relájate y tómate tu tiempo para disfrutar del sonido de este acorde. Trata de visualizar las distancias entre las notas pero también trata de realmente escuchar el sonido de cada nota. Sé juguetón y haz melodías en cada rincón del dibujo de arriba.

Pero, ¿qué pasaría si hubieras elegido una de las otras tres figuras de acorde para estudiar? Aquí tienes el conjunto completo de dibujos para ayudarte a visualizar los saltos entre las "rocas" en cada figura de acorde:

Mayor

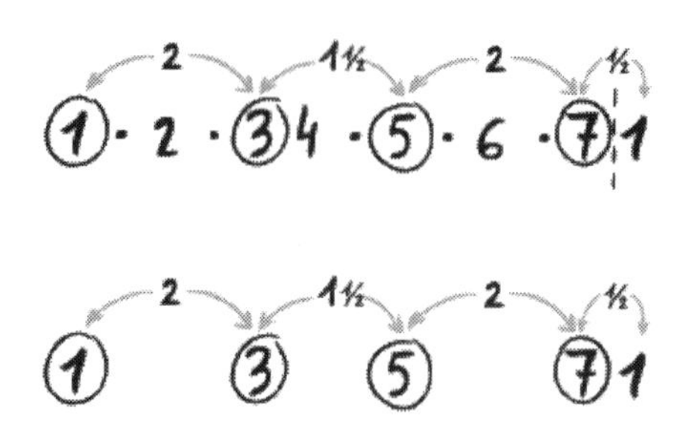

Dominante

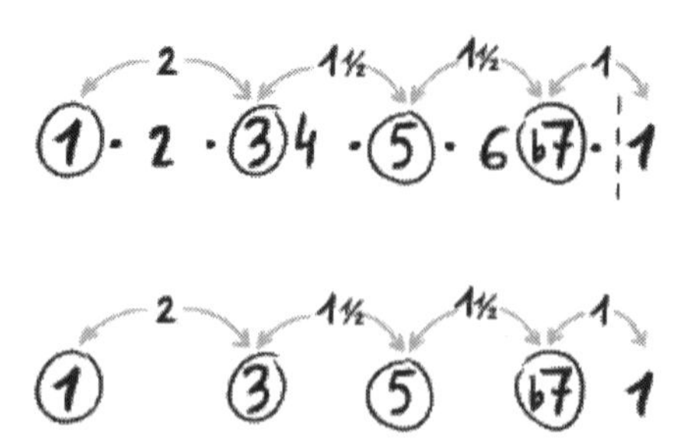

Menor

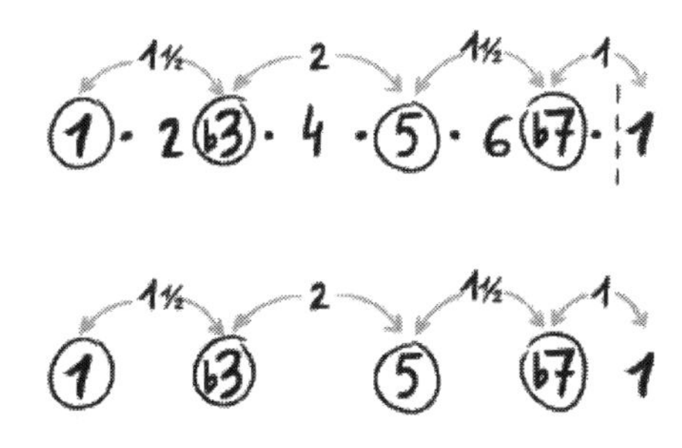

Menor b5

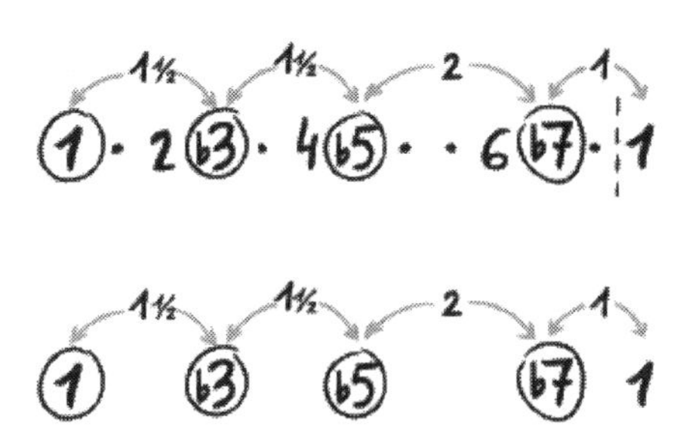

Si tienes dificultad realizando los saltos entre las notas, recuerda que ya conoces una técnica muy poderosa para aprender a visualizar y ejecutar cualquier tipo de movimiento por tu terreno musical. Esta técnica es el Ejercicio 1. Si te encuentras luchando con este ejercicio de las rocas, vuelve al Ejercicio 1 y úsalo para practicar los cuatro tipos de intervalo que necesitas para hacer todas las figuras de acorde de arriba. Los cuatro intervalos son el semitono, el tono entero, la tercera menor (1½ tonos) y la tercer mayor (2 tonos enteros). Usa el Ejercicio 1 para ganar confianza moviéndote por todo tu instrumento usando los cuatro intervalos. Más tarde, cuando vuelvas a los ejercicios de este capítulo, los encontrarás mucho más fáciles.

Cantar las Figuras

Como te expliqué en el Ejercicio 2, la manera más eficaz de dominar cualquier concepto musical es estudiarlo con nada más que tu voz y tu imaginación. Practicar con tu instrumento es importante, pero crecerás mucho más rápidamente como músico si practicas tu habilidad de imaginar claramente todos estos sonidos sin la ayuda de un instrumento. Un buen primer paso es cantar las siguientes dos melodías para ti mismo.

Por supuesto, en el principio puedes usar tu instrumento para oír los sonidos antes de cantarlos. Pero cuando tengas los sonidos claros en tu mente, deja de lado tu instrumento y practica cantando los sonidos puramente con tu voz. Deberías estar cantando en voz alta los números con cada sonido ("uno, tres, uno.......uno, tres bemol, uno").

Ahora canta las siguientes dos melodías:

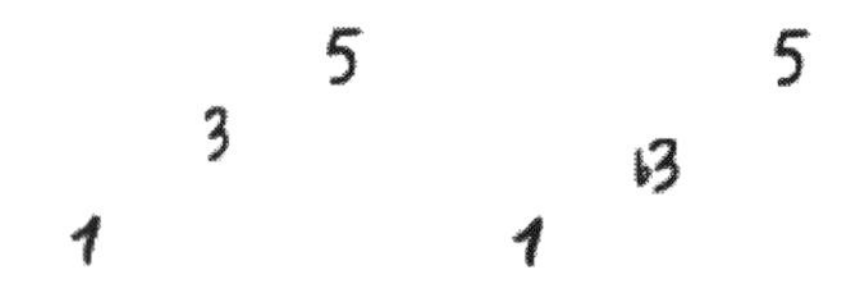

Los dos ejemplos de arriba te desafían a imaginar por ti mismo la diferencia entre mayor y menor. La diferencia está en la tercera, que es bemol en un acorde menor.

Ahora canta las siguientes dos melodías. Estas pueden ser un poco más difíciles:

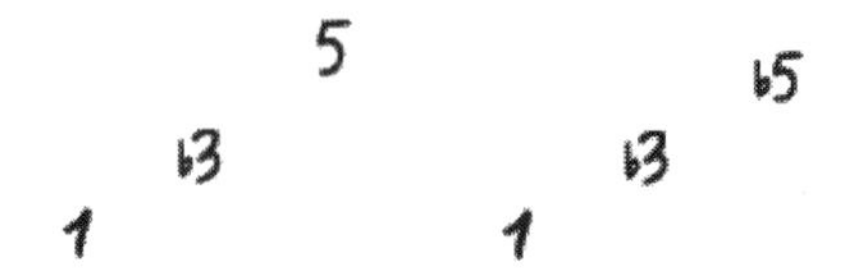

Creo que ya puedes ver adónde nos está llevando todo esto. Puedes (y deberías) continuar por tu cuenta inventando tus propios ejercicios para comparar y contrastar todos los sonidos en las cuatro figuras de acorde. Como con todo lo demás que hemos estudiado, recuerda que el poder real nunca está en avanzar sino en *profundizar*. Siempre estamos buscando maneras de afinar nuestro enfoque hasta que las diferencias más pequeñas parezcan grandes y obvias. Sobre el papel la diferencia entre la nota 5 y la nota b5 puede parecer insignificante. Pero si te concentras y te enfocas en el sonido cuando cantas las dos melodías de arriba, ¡notarás un *mundo* de diferencia entre las dos!

También deberíamos extender esta investigación a la 7ª. Podríamos empezar por comparar un acorde mayor con un acorde dominante, puesto que la única diferencia entre ellos es que la séptima es bemol en el acorde dominante:

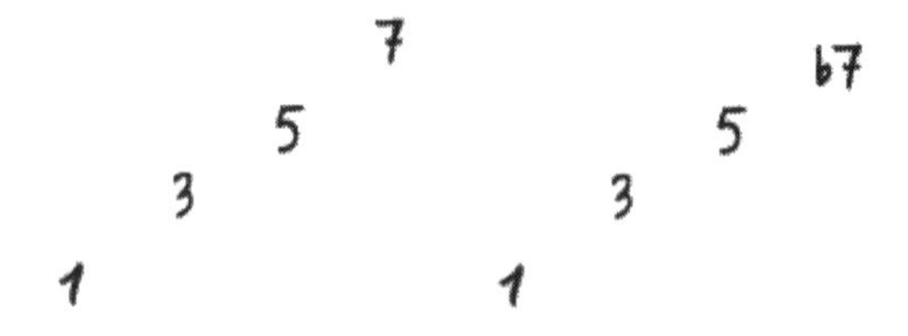

No te olvides de practicar moviéndote en la otra dirección. Por ejemplo, canta las siguientes dos melodías para obtener una perspectiva diferente sobre la diferencia entre la nota 7 y la nota b7:

Y no te olvides de empezar en otros lugares. Por ejemplo, canta cualquier nota al azar e imagínate que esta es la nota 5. ¿Cómo sonarían las siguientes dos melodías?

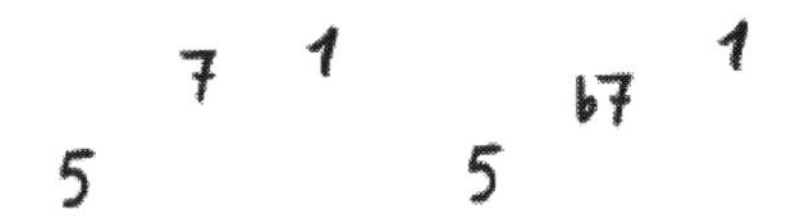

Podríamos pasar todo el día inventando maneras de imaginarnos a nosotros mismos dentro de cada una de las cuatro figuras básicas de acorde. Tómate tu tiempo, improvisa libremente y disfruta. Investiga cada rincón de cada una de estas figuras de acorde. Practícalas tanto con tu instrumento como con tu voz hasta que te sientas con ellas igual de cómodo que te sientes con la propia escala mayor.

Y si quieres *realmente* dominar estos sonidos, incluso puedes combinar las notas en formas que ni siquiera aparecen en la escala mayor. A continuación se muestran algunos ejemplos que puedes tratar de cantar para conseguir "puntos extra". Estas figuras no aparecen en ninguna parte de la escala mayor, pero como ejercicio son una muy buena manera de convencerte de que realmente estás empezando a comprender todos estos sonidos. Intenta cantar las siguientes combinaciones sólo por curiosidad. Te darás cuenta de que estas figuras no pueden venir directamente de la escala mayor. Su sonido exótico las delata.

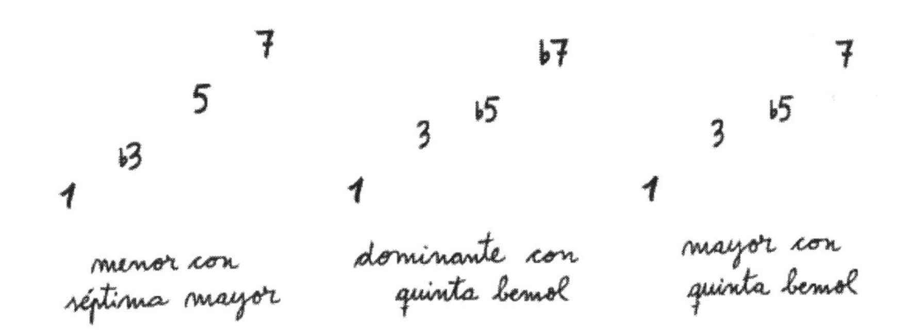

Saltar de Roca en Roca, Extendido

En este ejercicio llevamos nuestra práctica de saltar rocas al siguiente nivel. Ahora aprendemos a ver cada figura de acorde de la misma forma en que hemos aprendido a ver la escala mayor, como un patrón infinito sin principio ni fin. Extenderemos cada figura de acorde a través de nuestro registro musical entero.

1. Elige una de las cuatro figuras básicas de acorde para estudiar (por ejemplo dominante).
2. Elige una de las cuatro notas de esta figura de acorde como punto de partida (por ejemplo 7 bemol).
3. Escoge al azar una nota inicial en tu instrumento (por ejemplo C#). Toca esta nota por un momento e imagínate que estás en la séptima bemol de un acorde dominante. No te preocupes por dónde están localizadas las demás notas del acorde. Este es el momento en el que la mayoría de la gente se pone ansiosa. Esto es porque instintivamente suponemos que tendríamos que saber dónde está la fundamental del acorde para sentirnos orientados. Pero como improvisadores tenemos que aprender a sentirnos perfectamente como en casa sin importar dónde estemos. Por lo tanto, quédate aquí por un momento y trata de acostumbrarte a la idea de que estás tocando la séptima bemol de un acorde dominante. Esta es la única orientación que necesitas.

4. Ahora en vez de imaginarte en un arroyo, imagina que estás en el medio de un vasto océano. Estás encima de una roca llamada b7. Una serie infinita de rocas se extiende delante y detrás de ti. Las rocas son las notas de este acorde dominante extendidas por tu todo registro musical:

5. Comienza a moverte en cualquier dirección y avanza todo lo lejos que quieras. Para cada movimiento, sólo tienes que visualizar claramente la distancia necesaria para el salto.

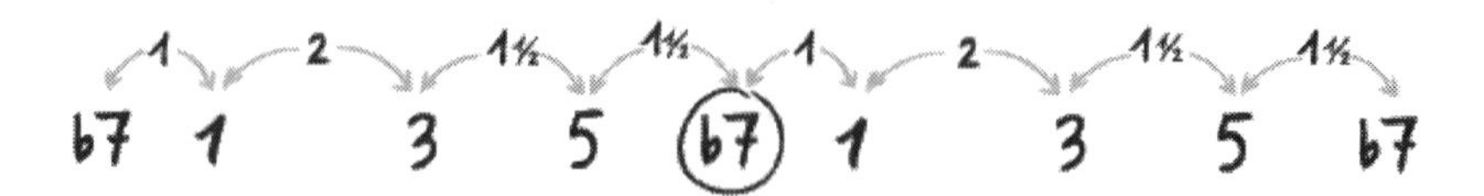

6. Después de cada salto, tómate un momento para descansar y reflexionar sobre dónde estás en el acorde. Quédate en esta nueva nota durante un momento y no te preocupes por cómo vas a hacer el siguiente salto. Es importante darte cuenta de que la única información que necesitas es simplemente la consciencia de dónde estás. Con sólo saber en qué nota estás, tienes toda la información que necesitas para realizar el próximo salto hacia arriba o hacia abajo.

7. Cuando te sientas cómodo realizando estos saltos por todo tu registro musical, improvisa y juega libremente con estas notas. Encontrarás que hay muchas nuevas posibilidades melódicas ahora que puedes entrar en diferentes octavas.

Estudios de Arpegios Flotantes

Esta es, con diferencia, mi forma favorita de estudiar las figuras musicales en cualquier instrumento. Su aspecto meditativo me recuerda mucho el Ejercicio 1. En realidad es mucho más fácil que el ejercicio que acabamos de mirar. Pero a pesar de ello, para mí personalmente este es el ejercicio más poderoso que haya descubierto jamás para desarrollar un dominio personal y profundo de estas figuras musicales.

1. Elige una de las cuatro figuras de acorde para estudiar (por ejemplo el menor b5).
2. Elige una de las cuatro notas de la figura de acorde como punto de partida (por ejemplo b3).
3. Escoge al azar una nota inicial en tu instrumento (por ejemplo G).
4. Toca esta nota (G en nuestro ejemplo) e imagina que estás actualmente en la tercera bemol de un acorde menor b5 (es decir, G = b3).
5. Cierra los ojos. Relájate y trata de entrar en tu estado mental más meditativo. No pienses en completar el ejercicio o en intentar "aprender" algo conscientemente. Vamos a simplemente relajarnos y a disfrutar haciendo algunos movimientos muy sencillos.
6. Toca tu nota de partida varias veces y realmente escúchala. Recuerda que hemos decidido que esta nota es la tercera bemol del acorde:

♭3

7. Ahora vamos a movernos hacia arriba a la siguiente nota de este mismo acorde. En nuestro ejemplo, te moverías hacia arriba 1½ tonos a la nota b5. Pero antes de ir más lejos, vamos a quedarnos con estas notas y tocarlas durante un minuto. Disfruta de la relación entre b3 y b5 y fíjate en cómo suena este intervalo. Piensa para ti mismo en los nombres "3 bemol" y "5 bemol" mientras tocas cada nota.

♭3 ♭5

8. Ahora muévete hacia arriba otro nivel y añade la siguiente nota al acorde. En nuestro ejemplo subirías 2 tonos enteros desde la nota b5 a la nota b7. De nuevo, quédate con las tres notas e improvisa con ellas durante un minuto. Mientras tocas, piensa en sus nombres "3 bemol, 5 bemol, 7 bemol".

b3 b5 b7

9. Aquí es dónde el ejercicio va por un camino diferente. No vamos a ampliar más nuestro enfoque. Tres es el número perfecto de notas para permitirnos contemplar y comparar las distancias. Simplemente disfruta de las tres notas durante un par de minutos más, y fíjate en sus separaciones. Observa por ejemplo que la distancia entre las notas b3 y b5 es ligeramente más estrecha que la distancia entre las notas b5 y b7.

10. Ahora lo que haremos es *desplazar* nuestro enfoque hacia arriba al siguiente grupo de tres notas. No estamos ampliando nuestro enfoque como hicimos en el Ejercicio 1. En vez de eso, simplemente queremos dirigir nuestra atención hacia arriba, hacia el siguiente grupo de tres notas. Para hacer esto, vamos a eliminar la nota más grave y a añadir una nueva nota en la parte superior. En nuestro ejemplo, dejaríamos la nota b3 y añadiríamos la nota 1 en la parte superior. Ahora improvisa con las tres notas durante unos minutos y fíjate en las distancias entre ellas mientras tocas:

b5 b7 1

11. Continúa desplazando tu enfoque hacia arriba y hacia abajo como más te apetezca, pero siempre mantén tu enfoque en exactamente tres notas del acorde extendido. Esta práctica de prestar atención especial a solamente tres notas de la figura musical es un estudio tremendo en la figura entera. Es también una experiencia importante para tu oído, porque te permite conocer la amplia variedad de sonidos que se encuentran dentro de cada una de estas figuras musicales. Si sólo puedes relajarte y tomarte el tiempo para improvisar libremente con cada serie de tres notas, puedes perderte en este ejercicio durante horas.

Te aconsejo que practiques este ejercicio durante unas cuantas semanas o meses antes de seguir avanzando. Las cuatro figuras básicas de acorde que aparecen en la escala mayor son la materia prima de toda la armonía moderna. Por lo tanto, si quieres seguir creciendo como improvisador, es aquí donde tienes que concentrar toda tu energía. Una buena meta para ti mismo es llegar a ser capaz de coger tu instrumento, elegir una nota al azar y empezar a tocar inmediatamente cualquiera de las cuatro figuras de acorde sin la menor hesitación. También deberías ser capaz de hacer lo mismo con tu voz. Empezando en cualquier sonido que se te ocurra cantar, deberías ser capaz de imaginar y cantar todas las demás notas de cada una de las cuatro figuras de acorde.

Este es un proyecto a largo plazo que puedes practicar paralelamente con todas las otras cosas que estás haciendo en tu vida musical. Pero es mejor no avanzar más en este libro hasta que las cuatro figuras de acorde realmente sean tuyas. Sé paciente y busca tu propia manera de disfrutar de hacer música con ellas. No hay ninguna prisa por avanzar al siguiente capítulo. Llegarás mucho más lejos como músico si te tomas el tiempo para llegar a conocer íntimamente cada una de estas figuras musicales. Cuando las domines, te sorprenderás por lo sencilla que realmente es la Armonía Mixta.

Medir distancias

Ahora que eres un experto en las cuatro figuras básicas de acorde, es hora de descubrir dónde se encuentran estas figuras musicales dentro de la escala mayor. Para hacer esto, quiero presentarte un concepto nuevo. Se trata de una manera diferente de usar nuestro dibujo de la escala mayor. Hasta ahora lo hemos utilizado como nuestro mapa del terreno musical en cualquier tono. Sin importar qué nota o acorde estuviéramos tocando, siempre nos orientábamos en relación con este mapa. Pero ahora vamos a usar el mismo dibujo de una manera diferente, como si fuera una *cinta métrica*. Usaremos esta cinta métrica para medir las distancias entre las notas. Esto nos permitirá hacer algunas observaciones importantes que te ayudarán a comprender de dónde procede la Armonía Mixta.

Antes de comenzar, quiero hacerte una pequeña advertencia: es posible que necesites leer este capítulo más de una vez para poder entenderlo todo. A veces puede ser confuso cuando empezamos a usar el mismo dibujo de la escala mayor de dos formas diferentes a la vez. Pero si recuerdas las dos metáforas, la de un mapa y la de una cinta métrica, te ayudará a evitar confusiones.

Primero pongamos nuestro mapa sobre la mesa. Tenemos que usar un mapa grande de dos octavas para poder analizar todos los siete acordes de la escala mayor:

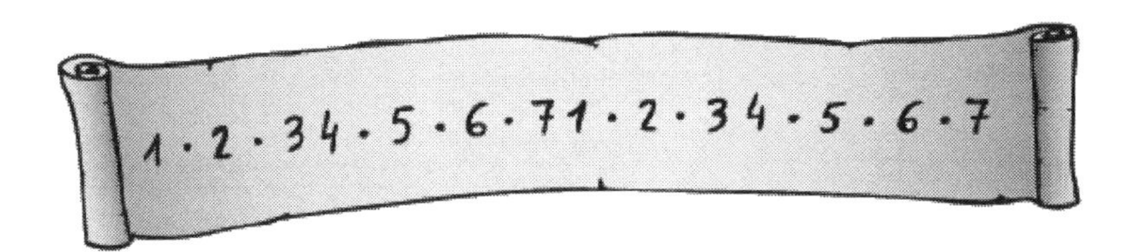

Ahora imagina otra copia de la escala mayor flotando sobre ésta. Esta escala mayor flotante servirá como nuestra cinta métrica. Nos permite ver las dimensiones de cada acorde y observar qué figura de acorde es cada uno. Si colocamos nuestra cinta métrica directamente encima del acorde 1 en nuestro mapa, alineando la nota 1 en nuestra cinta métrica con la nota 1 en nuestro mapa, vemos que por supuesto ambos dibujos coinciden. En el caso del acorde 1 esto no nos muestra ninguna información nueva. El acorde 1 es por definición un acorde mayor:

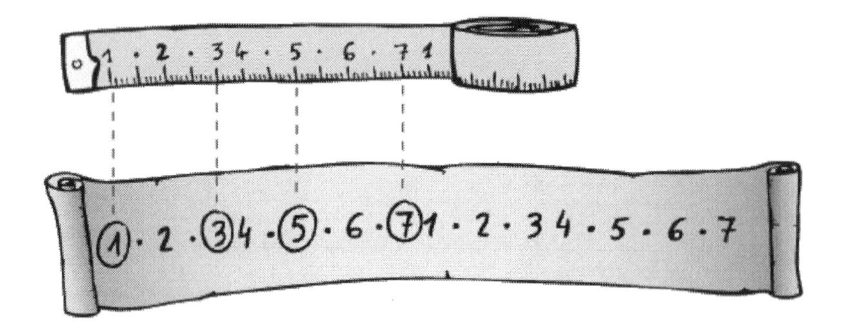

Pero ahora usemos nuestra cinta métrica para analizar el acorde 2. La forma de hacerlo es alinear la nota 1 en nuestra cinta métrica con la nota 2 en nuestro mapa tonal:

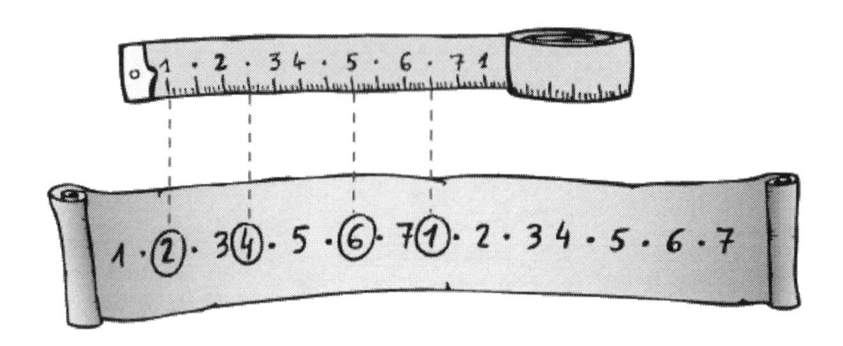

Si miras con atención este dibujo verás que las notas del acorde 2 (las notas 2, 4, 6 y 1 en el mapa tonal) no se alinean perfectamente con las notas 1, 3, 5 y 7 en nuestra cinta métrica. Esto significa que el acorde 2 tiene una figura diferente que el acorde 1. Las distancias indicadas por nuestra cinta métrica nos dicen qué figura tiene el acorde 2. Mira dónde coincide la línea de puntitos rojos con la cinta métrica. ¿Puedes ver que las distancias marcadas son 1, b3, 5 y b7? Lo que esto significa es que el acorde 2 es un acorde menor, porque la figura del acorde 2 coincide perfectamente con nuestra definición de un acorde menor (1, b3, 5, b7).

No tengas prisa por entender cómo utilizarás esta observación. Simplemente sigue mi análisis por ahora. Más adelante haremos ejercicios en los cuales aprenderás a interiorizar, visualizar, y a *oír* todo este material.

(Actividad de tocar)

Puedes confirmar por ti mismo la observación de arriba usando tu instrumento:

1. Escoge cualquier nota de partida. (Para este ejemplo, escojamos la nota F.)

2. Haz que esta nota sea la nota 1 de tu escala, y toca la escala mayor entera desde esta nota 1 hasta la siguiente nota 1, una octava más arriba:

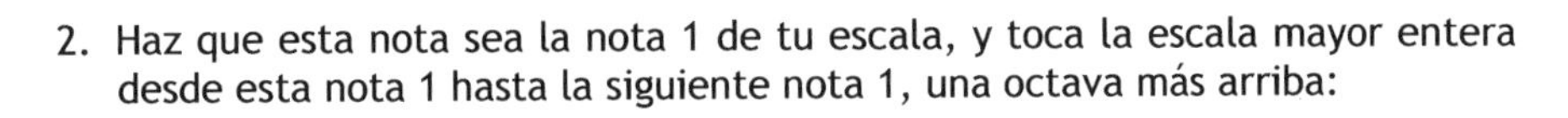

3. Ahora improvisa durante un momento con solamente las notas de un acorde mayor en el que la nota F es la nota 1:

1 3 5 7

4. Ahora baja la 3ª y la 7ª por un semitono para tocar las notas b3 y b7. Improvisa con este acorde menor durante un par de minutos:

1 b3 5 b7

5. Ahora borra esta escala de tu mente y vuelve a tu nota de partida original (la nota "F" en nuestro ejemplo). Esta vez F va a ser la nota 2 de la escala mayor, y vamos a tocar la escala mayor entera desde esta nota 2 hasta la siguiente nota 2 una octava más arriba:

2 · 3 4 · 5 · 6 · 7 1 · 2

6. Toca esta escala unas pocas veces y luego improvisa durante un par de minutos con sólo las notas del acorde 2:

2 4 6 1

7. Como lo reconocerán tanto tus manos como tus oídos, estás tocando exactamente las mismas notas que tocaste anteriormente en el paso 4. Esto es lo que estoy intentando mostrarte. Las notas que estamos analizando son las notas 2, 4, 6 y 1 de la escala mayor. Pero ahora estamos aprendiendo a ver las *distancias* entre ellas. Después de que hayamos aclarado estas distancias, podemos resumir toda esta información muy fácilmente, haciendo referencia a la *figura* del acorde (mayor, dominante, menor o menor b5). En otras palabras, cuando decimos que "el acorde 2 es menor", lo que realmente estamos comunicando es un montón de información sobre los intervalos internos que se encuentran dentro del acorde.

Más adelante haremos más ejercicios para ganar confianza con las dos diferentes maneras de visualizar las notas. Pero por ahora sólo quiero que entiendas que ninguno de los dos puntos de vista es "correcto" o mejor que el otro. Son simplemente dos formas diferentes de comprender dónde están las notas, y necesitamos ambas formas.

Ahora vamos a medir las distancias entre las notas del acorde 3:

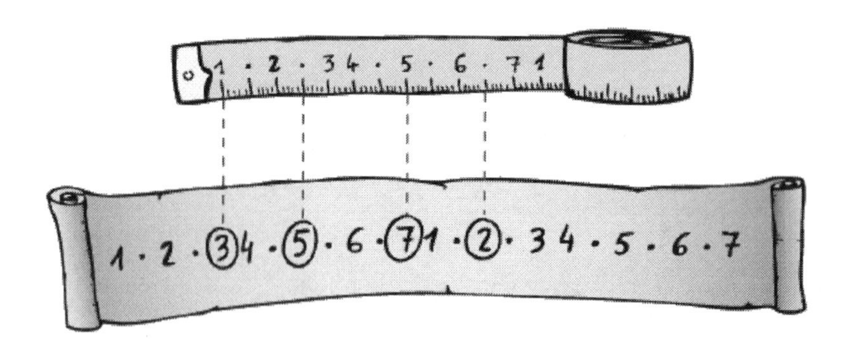

Si miras con atención verás que las notas del acorde 3 se alinean con las notas 1, b3, 5 y b7 de la cinta métrica. Esto significa que el acorde 3 es un acorde menor también, como el acorde 2. Es decir, aunque las notas concretas son diferentes, las *separaciones* entre las notas del acorde 3 son las mismas que las separaciones entre las notas del acorde 2. Ambos acordes tienen la misma figura.

Ahora veamos las dimensiones del acorde 4:

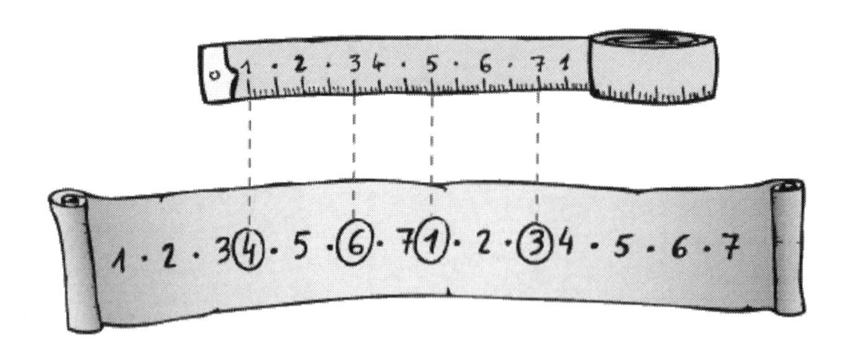

Las notas del acorde 4 se alinean perfectamente con las notas 1, 3, 5 y 7 de nuestra cinta métrica. Esto significa que el acorde 4 es un acorde mayor, exactamente como el acorde 1.

Ahora midamos el acorde 5:

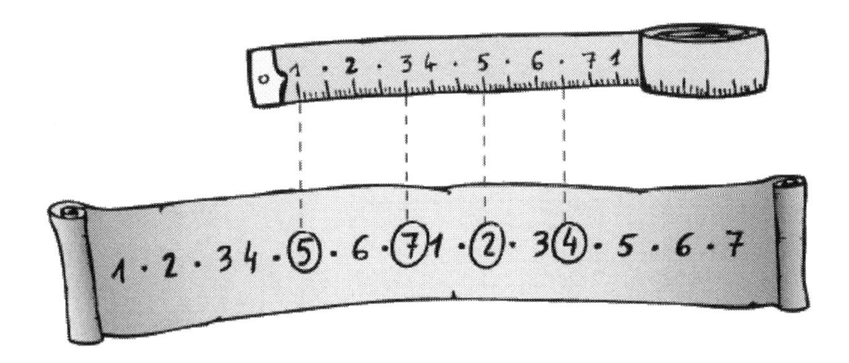

Las notas del acorde 5 se alinean con las notas 1, 3, 5 y b7 de nuestra cinta métrica. Esto significa que el acorde 5 es un acorde dominante.

Es hora de analizar el acorde 6, pero tú ya sabes cuál será la respuesta. Aprendiste en el capítulo “Sol y Luna” que el acorde 6 es el acorde menor más importante de nuestra música. Nuestro análisis con la cinta métrica confirma que el acorde 6 es sin duda un acorde menor:

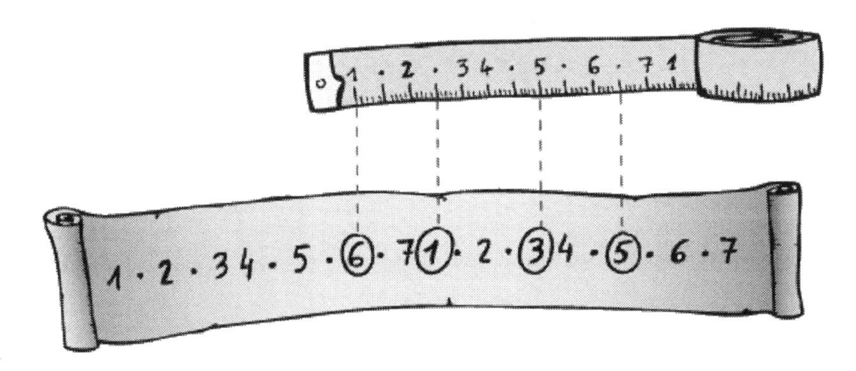

Queda solamente un solo acorde que analizar. Echemos un vistazo al acorde 7:

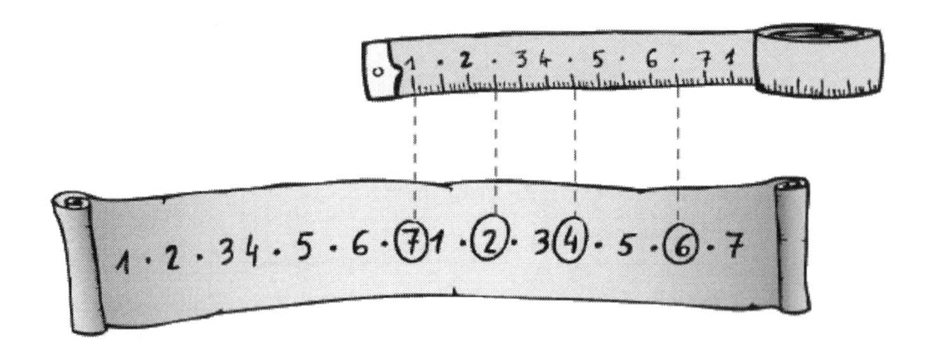

Las notas del acorde 7 se alinean con las notas 1, b3, b5 y b7 de nuestra cinta métrica. Entonces por fin descubrimos dónde se encuentra la figura de acorde "menor b5" en la escala mayor. Es el acorde 7 que tiene esta figura con el sonido tan exótico y extraño.

Hagamos un resumen de estas observaciones:

acorde 1 = mayor
acorde 2 = menor
acorde 3 = menor
acorde 4 = mayor
acorde 5 = dominante
acorde 6 = menor
acorde 7 = menor b5

Ahora por fin te puedo mostrar los símbolos reales que usamos en IFR para describir los siete acordes de la escala mayor. A primera vista estos símbolos parecerán redundantes pero entenderás su utilidad cuando empecemos a alterar las figuras de acorde para crear los sonidos de la Armonía Mixta.

Para los acordes mayores no usamos ningún símbolo adicional. Los dos acordes mayores en la escala mayor son el acorde 1 y el acorde 4. Estos acordes se escribirán simplemente con los números 1 y 4:

1 4

Para los acordes menores usamos un guión después del número para indicar que el acorde es menor. Los acordes menores en la escala mayor son los acordes 2, 3 y 6. Estos acordes aparecerán de la siguiente forma:

2- 3- 6-

Indicaremos los acordes dominantes usando la letra D. El único acorde dominante en la escala mayor es el acorde 5, que se escribirá como lo siguiente:

5D

Y por último necesitamos un símbolo para indicar un acorde menor con su 5ª bemol. Usaremos un guión combinado con el símbolo “b5”. Es el acorde 7 que tiene esta figura de acorde:

7-b5

A continuación te muestro el gráfico final de los siete acordes de la escala mayor, usando los símbolos correctos para cada tipo de acorde. Este gráfico reemplaza el dibujo provisorio que te mostré anteriormente en el capítulo “Los siete ambientes armónicos”.

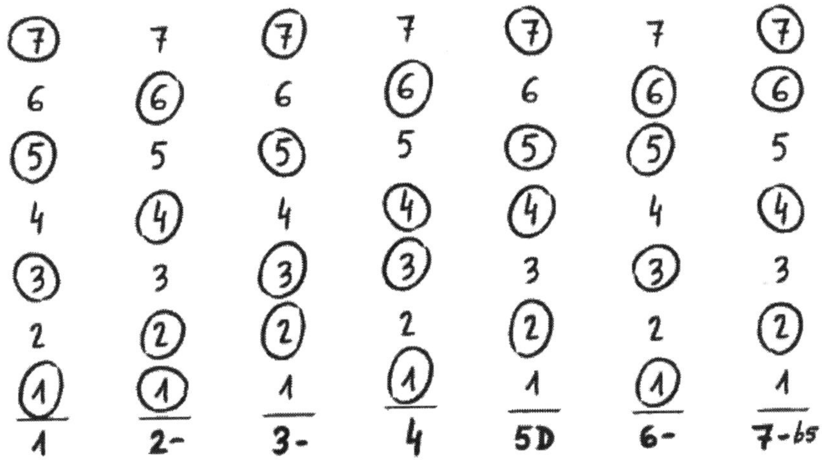

⑦	7	⑦	7	⑦	7	⑦
6	⑥	6	⑥	6	⑥	⑥
⑤	5	⑤	5	⑤	⑤	5
4	④	4	④	④	4	④
③	3	③	③	3	③	3
2	②	②	2	②	2	②
①	①	1	①	1	①	1
1	2-	3-	4	5D	6-	7-b5

En este momento no tienes que hacer nada con estos símbolos nuevos. Pero por favor tómate un minuto para mirar este dibujo y para acostumbrarte a los nuevos símbolos. Yo todavía seguiré refiriéndome a los acordes como el “acorde 1”, el “acorde 2”, etc., cuando hable de ellos. Pero usaré estos símbolos nuevos cuando necesite escribir los acordes en un boceto tonal o en cualquier ejemplo musical.

Llegados a este punto, si te sientes un poco confundido no te preocupes. Es perfectamente normal tener dudas en este momento. Para empezar, puede que te resulte difícil seguir mis explicaciones anteriores con el mapa tonal y la cinta métrica. En segundo lugar, probablemente te estés preguntando qué demonios vas a hacer con esta información. Pero sé paciente. ¡Las respuestas están llegando! Cuando hayas tenido la oportunidad de trabajar con este material tú mismo, volverás a los dibujos que están en este capítulo y los entenderás perfectamente. De hecho, te van a parecer tan obvios que probablemente tengas problemas recordando por qué te parecían confusos al principio.

Cortar y pegar figuras musicales

Estás a punto de dar el salto hacia adelante más grande de todo nuestro viaje juntos. Con solamente un nuevo concepto, vas a multiplicar tus capacidades por cien. Y en el proceso, por fin tendrás todas las herramientas que necesitas para comprender y tocar *todas* las canciones que hayas oído en tu vida.

El secreto de esta nueva capacidad está en comprender de dónde realmente procede la Armonía Mixta. El origen de la Armonía Mixta (como su nombre implica) es la mezcla y reorganización de los sonidos básicos que estudiamos en la Armonía Pura. Simplemente cortando y pegando estos sonidos en otros lugares importantes, podemos producir todos los ricos y sofisticados sonidos de la Armonía Mixta sin ninguna clase de teoría nueva en absoluto.

La razón por la cual no te enseñé este concepto anteriormente es que no habrías podido aprovecharlo sin un dominio personal y profundo de la escala mayor. Necesitas ser una especie de experto en ver figuras musicales antes de que puedas empezar a imaginarlas en otros lugares. Pero ahora que has tenido tiempo para trabajar con las cuatro figuras básicas de acorde, es hora de comenzar a utilizarlos para crear una gran variedad de sonidos nuevos en el terreno tonal.

La metáfora más importante en toda la Armonía Mixta es la de Tensión y Relajación. Ya has aprendido cómo el acorde 5 y el acorde 1 producen estas sensaciones para crear el efecto de dirección y movimiento en una pieza de música. Tu primera actividad en la Armonía Mixta es ver cómo estos mismos conceptos pueden usarse para crear una sensación de movimiento hacia *cualquier* lugar de nuestro sistema musical.

La clave para este movimiento está en el acorde 5. Su figura dominante crea un tipo de tensión muy particular que está perfectamente resuelta en el acorde 1. Sólo con oír el acorde 5, nuestro oído ya empieza a esperar y querer una resolución en el acorde 1. Por lo tanto, si queremos provocar esta misma atracción hacia *cualquier* lugar en nuestro sistema musical, solamente tenemos que poner temporalmente un acorde 5 en el lugar correcto. Este "lugar correcto" es fácil de visualizar si te fijas en la relación entre el acorde 5 y el destino al que nos transporta, que es el acorde 1:

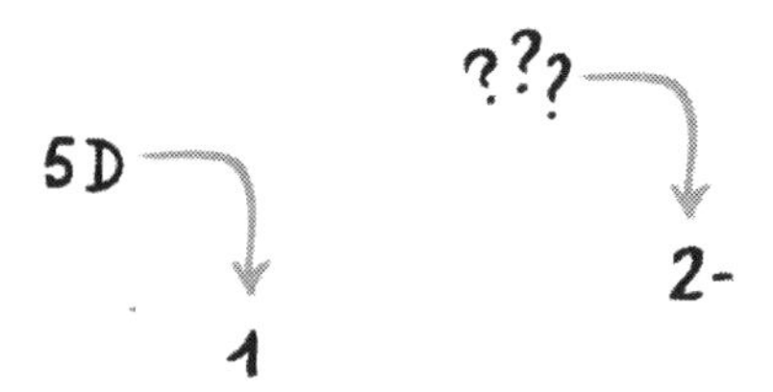

Mira el dibujo de arriba y piensa en esta pregunta: si un acorde dominante colocado en la nota 5 causa que tu oído espere el acorde 1, entonces ¿dónde tendríamos que colocar un acorde dominante para causar que tu oído espere el acorde 2-?

Si adivinaste que el lugar correcto sería la nota 6, tienes razón. Colocando un acorde dominante en la nota 6, creamos la *ilusión* de un acorde 5 en este lugar. Esto causa que el oído ansíe una resolución a su querido acorde 1. Pero como hemos colocado este acorde dominante artificial en la nota 6, en realidad hemos engañado al oído para que sienta una atracción hacia el acorde 2-.

La manera de "colocar un acorde dominante" en la nota 6 es alterar la figura del acorde 6- para que se convierta en un acorde dominante. Llamaremos a este nuevo acorde "6 dominante" y lo escribiremos como "6D". El acorde 6D causa que el oído espere y desee una resolución en el acorde 2-.

¿Pero cómo se ve esto en la práctica? ¿Cuáles son las notas que componen la armonía en este momento? La respuesta a esta pregunta está en comprender que estos acordes alterados no son más que una *deformación temporal* del ambiente armónico básico. No representan un cambio de tono, que es un error que comúnmente se enseña en los cursos de improvisación. Los verdaderos cambios de tono sí existen y hablaremos de ellos más adelante. Pero la gran mayoría de la Armonía Mixta no tiene nada que ver con cambios de tono. Tiene que ver con hacer ligeras alteraciones al ambiente armónico original para sugerir diferentes sensaciones.

Si comprendes que este es el verdadero origen de la Armonía Mixta, nunca tendrás que preguntarte qué "escala" tocar sobre un acorde particular. La pregunta desaparece porque ya tienes todas las notas ahí mismo en tu mapa tonal. Sólo tienes que hacer los ajustes necesarios para acomodar la nueva figura de acorde.

Si mi explicación suena complicada, no te preocupes. En la práctica, la aplicación de este concepto es la cosa más fácil del mundo. Para ver cómo funciona, echa una ojeada a la siguiente progresión de acordes que es muy común en la música americana pop y jazz:

1	6-	2-	5D
(7)	7	7	(7)
6	(6)	(6)	6
(5)	(5)	5	(5)
4	4	(4)	(4)
(3)	(3)	3	3
2	2	(2)	(2)
(1)	(1)	(1)	1

Como ya sabemos que el acorde 6D crea una fuerte sensación de atracción hacia el acorde 2-, no deberíamos sorprendernos al descubrir que una de las variaciones más comunes en la progresión de arriba es reemplazar el acorde 6- con el acorde 6D. La nueva progresión de acordes es la siguiente:

1 6D 2- 5D

Ahora la pregunta sería: "¿Cuáles son las notas que necesito modificar en el acorde 6- para hacer que sea un acorde dominante?" Si te acuerdas de nuestro análisis del acorde 6-, vimos que las notas del acorde 6- están distribuidas en la figura de un acorde menor. Es decir, las cuatro notas del acorde 6- (las notas 6, 1, 3 y 5) están en las posiciones de 1, b3, 5 y b7 en relación con la nota 6:

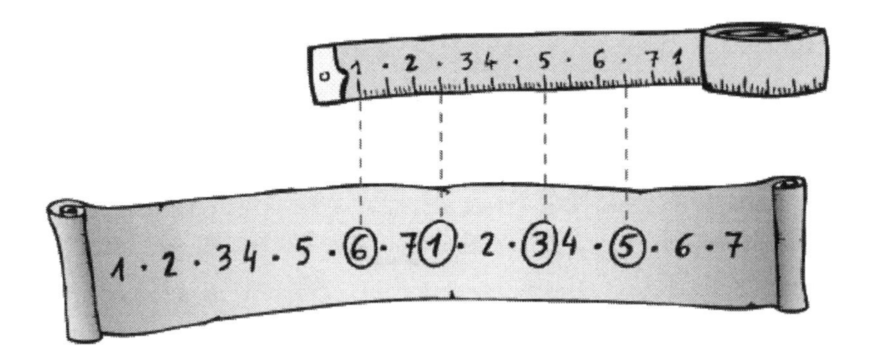

Pero las notas de un acorde dominante serían 1, 3, 5 y b7 en relación con la nota de partida. La diferencia está en la 3ª del acorde. Un acorde menor tiene una 3ª bemol mientras que un acorde dominante tiene una 3ª natural. Por lo tanto, para convertir este acorde menor en un dominante tenemos que elevar la 3ª del acorde un semitono:

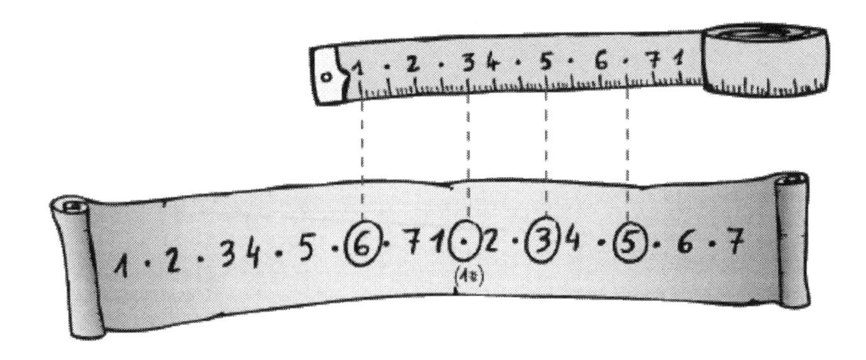

Eso lo es todo. Lo único que tenemos que hacer para crear el ambiente armónico 6D es reemplazar la nota 1 con la nota #1. Las demás notas no sufren ningún cambio:

(7)	7	7	(7)
6	(6)	(6)	6
(5)	(5)	5	(5)
4	4	(4)	(4)
(3)	(3)	3	3
2	2	(2)	(2)
(1)	(#1)	(1)	1
1	**6D**	**2-**	**5D**

Comenzarás a trabajar con estos nuevos ambientes armónicos de la Armonía Mixta en el Ejercicio 4. Pero para que te hagas una idea de lo fácil que puede ser crear estos sonidos en tu música, ahora puedes tomarte unos minutos para tocar la progresión de acordes de arriba. Puedes estudiarla usando cualquiera de las técnicas que aprendiste en el Ejercicio 3, ya sea con tu instrumento principal o con el piano.

Lo que quiero que observes sobre esta manera de estudiar la armonía es cuánta información puede reducirse a un resultado final tan sencillo. La única información nueva que hay aquí es solamente la nota #1. En otras palabras, todo el ambiente armónico de 6D se puede resumir recordando que la única alteración es la nota #1.

A través de tu práctica diaria, aprenderás a integrar todos estos conceptos juntos y convertirlos todos en un gigantesco sinónimo. Para mí, #1 es sinónimo de 6D que es sinónimo de empujar el oído hacia 2-. Más importante aún, como conozco estos sonidos personalmente, puedo reconocerlos y usarlos sin ni siquiera pensar conscientemente en sus nombres. A través de la práctica diaria del Ejercicio 4, tú también desarrollarás esta capacidad.

Ejercicio 4: La Armonía Mixta

<u>Objetivo</u>: Mejorar continuamente tu capacidad de...

Reconocer y crear deformaciones temporales en el ambiente armónico.

El Ejercicio 4 es una manera personal y sencilla de estudiar la armonía moderna que te dará la libertad de continuar aprendiendo y creciendo por el resto de tu vida. En vez de usar la teoría para intentar explicar los acordes inusuales y decirte qué escalas has de tocar sobre ellos, te voy a enseñar un método que te capacita para descubrir y comprender estos acordes por ti mismo.

En su esencia, nuestro método consiste en incorporar cada nuevo sonido dentro de nuestra visión tonal y estudiarlo de la misma forma que hemos estudiado los siete acordes básicos de la escala mayor. De esta manera cada nuevo sonido se integra en nuestro repertorio personal. Luego cuando este sonido aparezca en una canción lo reconoceremos inmediatamente, sin importar en qué tono esté la canción. Y por supuesto el nuevo sonido también estará disponible para usar en nuestra propia música.

En el Ejercicio 3: La Armonía Pura aprendiste una gran variedad de ejercicios poderosos que puedes usar para entrar y explorar los siete ambientes armónicos básicos de la escala mayor. Esencialmente, podrías pensar en el Ejercicio 4: La Armonía Mixta como un paisaje interminable de nuevos ambientes armónicos para explorar. No necesitas ninguna herramienta nueva para conquistar este nuevo terreno. Como ya sabes muchas maneras de explorar cualquier ambiente armónico y hacerlo tuyo, estas mismas "técnicas de exploración" son todo lo que necesitas para descubrir el vasto mundo de la Armonía Mixta.

Como aprendiste en el capítulo anterior, la Armonía Mixta siempre conlleva algún tipo de deformación del ambiente armónico básico. Estas alteraciones crean una riquísima variedad de escalas exóticas con nuevas posibilidades melódicas. Esto significa que mientras nuestro modelo visual de la armonía es muy fácil de entender y de practicar, los sonidos que creamos pueden ser tan abstractos o tan complejos como queramos que lo sean. Dominar estos nuevos sonidos y aprender a expresar algo personal con ellos lleva tiempo. Por lo tanto, la primera cosa que deberías hacer con cualquier ambiente armónico nuevo de la Armonía Mixta es estudiarlo con paciencia y con cariño, usando todas las técnicas que aprendiste en el Ejercicio 3.

Por ahora, no te preocupes por intentar comprender cómo usarás eventualmente los nuevos ambientes de la Armonía Mixta. En el capítulo "Tocar los 'standards' de jazz", verás que los conceptos que estudiamos en el Ejercicio 4 son los ladrillos de los que las canciones enteras están hechas. Pero el poder de nuestro método consiste en estudiar cada ambiente armónico como un mundo en sí mismo. Por lo tanto, tómate tu tiempo con cada nuevo sonido presentado en este capítulo. Disfrútalo plenamente y descubre las nuevas posibilidades melódicas que ofrece.

Después de explorar meticulosamente cada nuevo ambiente armónico, el paso final para integrarlo dentro de tu música es estudiarlo en un contexto tonal. Lo que quiero decir con esto es que lo uses en una progresión de acordes y descubras todas las relaciones entre el nuevo acorde y sus vecinos. Una forma de hacer esto es con un ejercicio que yo llamo "Sendas Melódicas". Este ejercicio te permitirá literalmente *ver* los caminos musicales que serpentean a través de cualquier progresión de acordes, sin importar lo difícil que parezca sobre el papel la progresión de acordes. Nos ayuda a ver el "panorama general" y comprender cómo los acordes se relacionan unos con otros. Te enseñaré el ejercicio usando un sencillo ejemplo de la Armonía Pura para que puedas concentrarte en comprender el ejercicio en sí. Luego comenzaremos a mirar todos los nuevos sonidos hermosos de la Armonía Mixta.

Sendas Melódicas

Como ya sabes, en cualquier ambiente armónico hay unas cuantas notas por las que tu oído se siente especialmente atraído (las notas del acorde) y otras que parecen irresueltas o tensas. Cuando una pieza de música tiene más de un acorde, las notas que atraen al oído cambiarán entre un acorde y otro. Con nuestro enfoque visual de la armonía, podemos ver estas notas claramente e incluso visualizar las sendas melódicas que las conectan. Toma como ejemplo esta sencilla progresión de acordes de la Armonía Pura:

A estas alturas ya deberías sentirte como en casa con cada uno de estos acordes. Pero ahora vamos a mirar cómo fluye la armonía *a través* de ellos. Empezaremos por dibujar un mapa tonal de los tres acordes, y luego miraremos una de las sendas disponibles a través de la armonía.

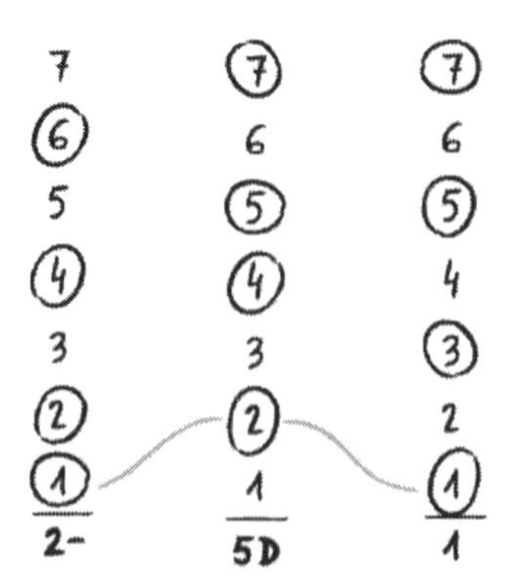

Canta en voz alta los números de esta senda melódica mientras tocas los acordes en un piano o en una guitarra. En este ejemplo, estarías cantando los números “uno.....dos.....uno” mientras tocas los tres acordes. Haz esto una y otra vez hasta que puedas literalmente *oír* esta melodía dentro de los acordes mismos. Luego pasa a la siguiente senda. Enfócate primero en las sendas horizontales muy sencillas, ya que son las más fáciles de oír y de imaginar. Miremos la siguiente senda:

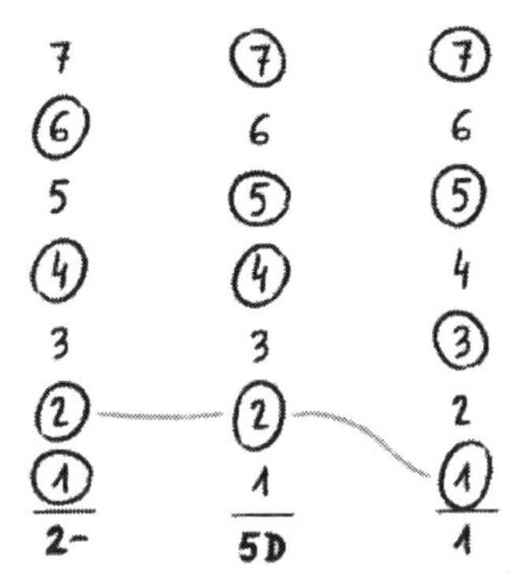

Canta esta nueva melodía varias veces. Luego vuelve hacia atrás y canta la primera melodía un par de veces. Sigue alternando entre las dos melodías hasta que puedas claramente oír ambas melodías en los propios acordes.

Cuando hayas ganado confianza con las notas 1 y 2, entonces puedes pasar a incluir la nota 3 en tus melodías. Esto abre la puerta a dos nuevas posibilidades melódicas:

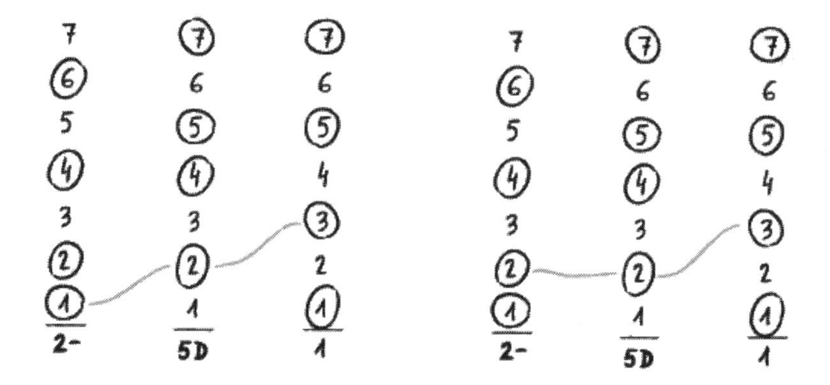

Nuestro trabajo realmente es tan sencillo y metódico como parece. Simplemente seguimos avanzando, explorando cada posible senda melódica a través de los tres acordes. Como puedes ver, aunque te limites a solamente las melodías más horizontales sin grandes saltos, todavía hay muchas posibilidades:

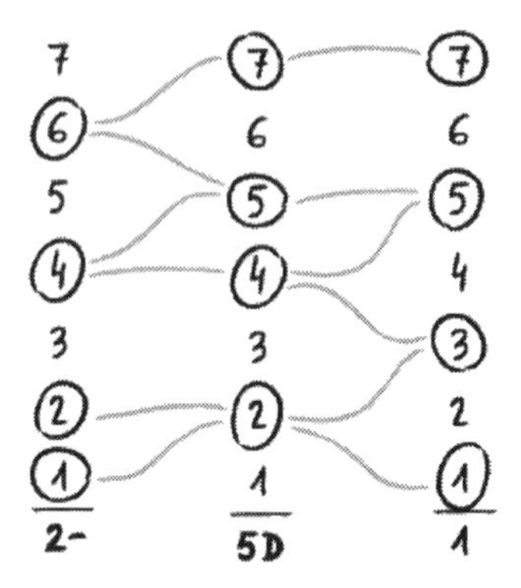

Sigue trabajando con estos acordes hasta que puedas cantar cada una de las sendas melódicas en el dibujo de arriba. No te olvides de las melodías que cruzan la frontera y entran en la siguiente octava. Estas sendas no son tan fáciles de ver en mi dibujo pero son igual de atractivas para tu oído. A continuación te muestro un ejemplo sencillo:

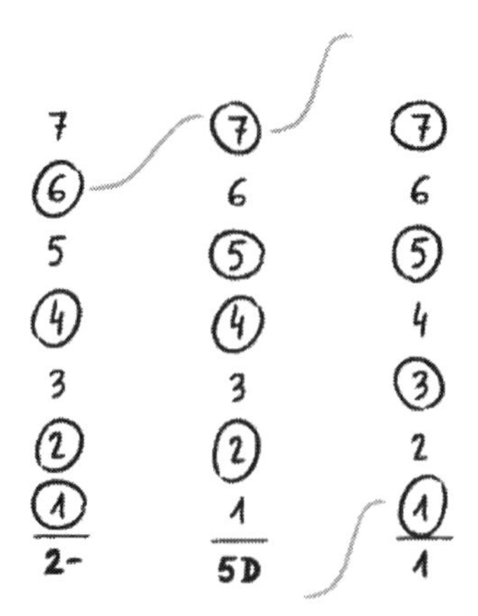

El dibujo es un poco confuso pero lo que estoy intentando mostrar es que la nota final 1 está *por encima* de la nota 7. Después de cantar la nota 7 en el acorde 5D, subes un semitono para aterrizar en la nota 1 de la siguiente octava. No te olvides de explorar estas posibilidades de moverte libremente cruzando la línea de la octava con tus melodías. Recuerda que tu oído no sabe dónde está la línea de la octava. Para tu oído, estas melodías que cruzan la línea de la octava son tan sencillas y melódicas como las melodías que ocurren dentro de una sola octava.

¿Por qué pasamos tanto tiempo investigando cada rincón de estas progresiones de acordes? Recuerda que al artista no le sirven las explicaciones de segunda mano. Un artista necesita tener experiencia personal y directa con los materiales de su arte. La finalidad de este ejercicio no es meramente practicar ejecutando estas melodías. Quizás ya puedas cantar estas melodías con facilidad. Pero la razón por la que pasamos tanto tiempo investigando cada senda melódica es para darte una oportunidad de decidir lo que *tú* piensas sobre cada una de estas melodías. ¿Hay algo aquí que realmente te guste? ¿Hay alguna melodía que encuentres especialmente hermosa? Pon toda tu atención en cada melodía que cantes, y simplemente fíjate en cómo suena y cómo la sientes. Las sensaciones que descubres en este ejercicio son exclusivamente tuyas. No se pueden enseñar a otras personas porque no pueden ser explicadas con palabras o teoría. Pero es este conocimiento personal que es la esencia de la maestría.

Yo debería hacer una ligera corrección al comentario que hice anteriormente con respecto a que estamos estudiando las sendas melódicas a través de esta progresión de acordes. Para ser más exactos, lo que realmente estamos estudiando es cómo la *consonancia* fluye a través de la progresión de acordes. Ni siquiera hemos considerado las posibilidades melódicas de las notas que están fuera de las cuatro notas básicas de cada acorde. Esto es intencional porque primero queremos llegar a conocer las notas que están en el centro mismo de la armonía. Pero después de que aprendas a fluir con la armonía de esta manera, también puedes empezar a practicar tu capacidad para oponerte a la armonía. Esto significa tener la libertad de cantar las notas fuera del acorde. A continuación hay un ejemplo que es especialmente bonito, a pesar de que cada una de las notas está fuera del acorde del momento:

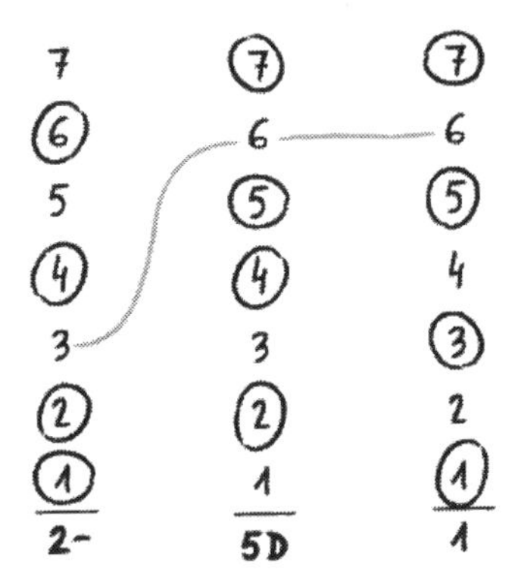

Con el tiempo, puedes aprender a sentirte igual de conectado con la armonía incluso cuando elijas quedarte en estas notas más ambiguas o irresueltas. Cuando llegues a sentirte como en casa cantando cualquiera de las siete notas de la escala en cualquiera de los tres acordes, podremos decir que realmente has dominado la progresión de acordes.

Sendas Melódicas te permite explorar progresiones de acordes de la misma manera que las técnicas del Ejercicio 3 te permitían explorar los acordes individuales. Para cada uno de los nuevos ambientes armónicos presentados en este capítulo, yo te aconsejo que hagas las dos cosas:

1. Primero usa las técnicas que aprendiste en el Ejercicio 3 para explorar los sonidos del nuevo ambiente armónico y practicar creándolo en cualquier parte de tu instrumento.

2. Luego utiliza Sendas Melódicas para descubrir cómo se conecta este nuevo ambiente armónico con otros ambientes relevantes.

Ahora estamos listos para comenzar a crear todos los nuevos sonidos hermosos de la Armonía Mixta. Intentaré ayudarte a planear tu viaje presentándote los nuevos ambientes armónicos de una forma ordenada. Pero en realidad puedes estudiarlos en cualquier orden que te guste. Solamente intentaré presentártelos en el orden que más o menos se corresponde con la frecuencia con la que aparecen en nuestra música.

La Armonía Mixta - Preparación en un movimiento

El primer concepto que deberíamos explorar es el que traté brevemente en el último capítulo, que es el uso de un acorde dominante para crear una sensación de atracción hacía un acorde en particular de la escala mayor. Estos acordes dominantes que creamos nosotros mismos se llaman "dominantes secundarios" porque plagian el acorde dominante original, que es el 5D. Cuando usamos un acorde dominante de esta manera para hacer que el oído se sienta atraído hacia un acorde en particular, decimos que estamos "preparando" este acorde.

El primero de estos nuevos acordes que estudiaremos es el 3D, que prepara el acorde 6-. 3D significa "tres dominante" y tiene las notas 3, #5, 7 y 2. (Si tienes dificultad viendo por qué estas son las cuatro notas que componen el acorde 3D, o por qué el 3D es el acorde que prepara el 6-, encontrarás la explicación completa en el capítulo anterior. No repetiré la explicación para cada nuevo acorde en este capítulo, pero en cada caso estamos simplemente cortando y pegando figuras musicales en nuevos lugares.)

Este es el mapa tonal del nuevo ambiente armónico 3D, y del acorde 6- que el acorde 3D prepara:

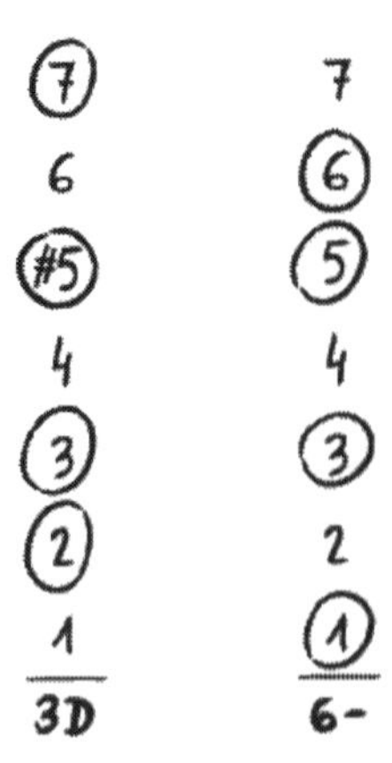

Mirando este resultado tan sencillo, es difícil comprender la importancia de esta información. Pero el acorde 3D es tan fundamental en la música occidental que es hasta más importante que algunos de los acordes originales de la propia escala mayor. Incluso si lo único que supieras de la armonía fuera la escala mayor más el acorde 3D, ya podrías tocar más de la mitad de las canciones que se hayan escrito en toda la historia.

Esto es debido a lo que vimos en el capítulo "Sol y Luna". El acorde 1 y el acorde 6- son los dos centros tonales más importantes en nuestra música. Prácticamente todas las canciones en el mundo están basadas en uno de estos centros tonales. Por lo tanto, los acordes dominantes que preparan el acorde 1 y el acorde 6- serán muy importantes también. Ya tienes mucha experiencia con el acorde 5D preparando el acorde 1. Durante las próximas semanas tu máxima prioridad debería ser investigar con profundidad el nuevo ambiente armónico del 3D y su relación con el 6-.

Para oír el 3D por ti mismo, toca la siguiente progresión de acordes en un piano:

Mientras tocas este ejemplo es muy fácil sentir la sensación de movimiento cuando llegues al acorde 3D. Tan pronto como la nota #5 haga su aparición, tu cuerpo entero se sentirá impulsado hacia el acorde 6-. Esta es la magia del 3D.

También deberías estudiar el 3D y el 6- de la misma forma que estudiaste el acorde 5D y el acorde 1 en el capítulo sobre Tensión y Relajación. Por ejemplo podrías contar historias musicales durante horas sobre esta sencilla alternancia:

Ahora te muestro una progresión que me gusta especialmente. Aparece a menudo en la música latinoamericana, y es la inspiración para el standard "Song for My Father" por Horace Silver:

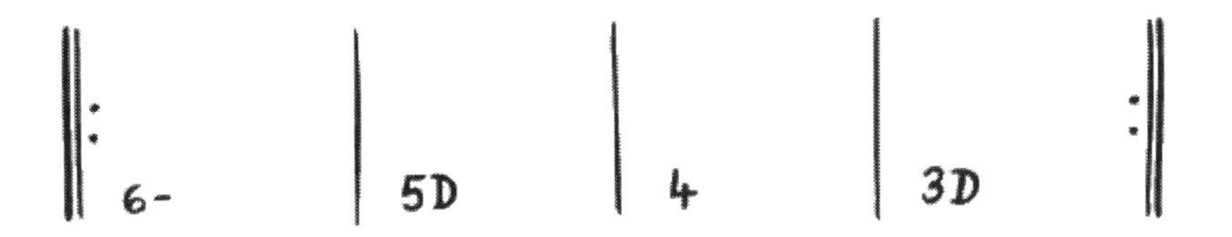

En la canción de Silver hay una ligera alteración más. Él usa el acorde 4D en lugar del 4. Te enseñaré este acorde un poco más adelante. Pero primero tómate el tiempo para familiarizarte con los acordes de arriba, que son muy bonitos tales y como son. Fíjate en la lógica sencilla y dulce de esta línea. Comenzamos en el acorde 6- y empezamos a bajar por la escala. Cuando finalmente lleguemos a la nota 3, estamos justamente en el lugar indicado para dar el salto hacia el acorde 6-, porque el 3D es el acorde que prepara el 6-. Una coincidencia tan perfecta no puede pasar desapercibida, y es por esta razón que esta progresión aparece en la música folclórica de todos los países del mundo. Es tan atractiva y memorable que miles de seres humanos la han descubierto por su propia cuenta. Toca esta progresión en el piano y estoy seguro de que reconocerás su sonido.

Continuemos con el siguiente acorde de nuestra lista. Después del acorde 6-, el siguiente centro tonal más importante en nuestra música es el acorde 4. Para preparar este acorde necesitamos un nuevo sonido llamado 1D:

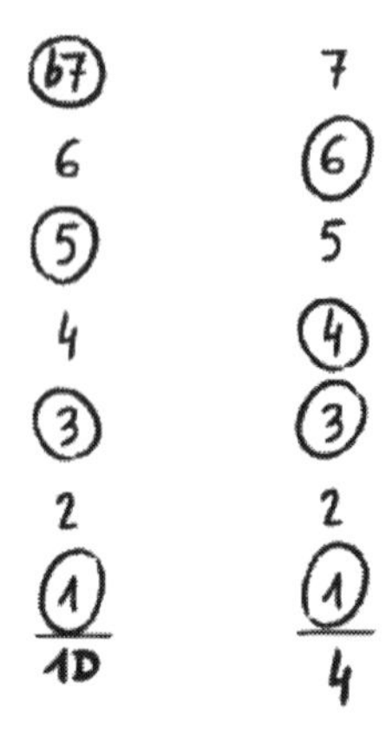

Si tocas estos acordes en el piano, notarás que suenan exactamente como los acordes 5D y 1 que ya conoces. Esto nos lleva a un punto importante sobre el estudio de la Armonía Mixta. Si solamente alternas entre estos dos acordes en un piano, tu oído realmente no estará oyendo los acordes 1D y 4. El problema es que si los únicos acordes que tocas son un acorde dominante y la resolución en su acorde mayor correspondiente, tu oído automáticamente supone que estos acordes son el 5D y el 1. Esto puede parecer muy abstracto pero es lo mismo que ya has visto con las notas de la escala mayor. No puedes simplemente acercarte a un piano, tocar una sola nota y decir "Así es cómo suena la nota 3". La nota 3 sólo suena como nota 3 en el contexto del resto de la escala. Por eso, la única forma de oír y realmente sentir la sensación de la nota 3 es tocar primero la escala entera y luego regresar y tocar la nota 3 de nuevo. *Ahora* estás sintiendo cómo suena la nota 3.

Lo mismo ocurre con los acordes. Para realmente sentir la sensación de 1D, nuestro oído primero tiene que asentarse en el tono de la música. Una forma de hacer esto es simplemente empezar en el acorde 1. A continuación hay un ejemplo que te permitirá sentir el contexto tonal y así poder apreciar las sensaciones de los acordes 1D y 4:

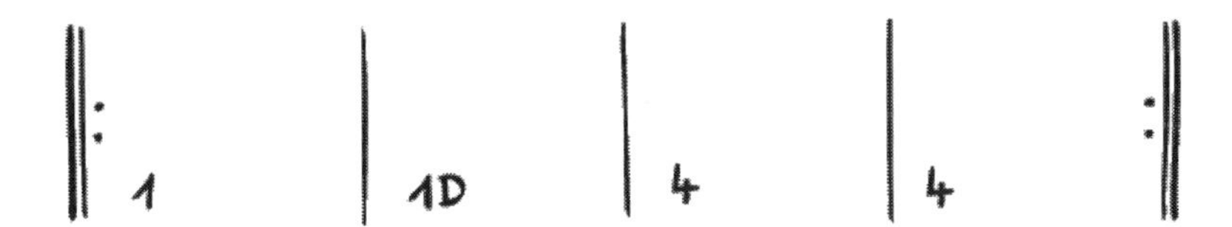

Si tocas estos acordes muy despacio, notarás una repentina sensación de movimiento en el momento en que llegues al acorde 1D. Al principio de la línea cuando estás todavía en el acorde 1, no hay nada que sugiera que nos vayamos a ningún lado. La canción podría quedarse en el acorde 1 durante todo el día. Pero tan pronto como esa nota b7 haga su aparición en el acorde 1D, sentimos un inmenso aumento de la energía que nos empuja hacia el acorde 4. Esta es la sensación del 1D.

Probablemente el ejemplo del 1D que conoces mejor es la canción "Cumpleaños feliz". Puede que no estés exactamente muriéndote de ganas de incluir esta canción en tu repertorio (a no ser que tengas un trabajo suplementario como payaso en fiestas infantiles). Pero es muy interesante estudiarla porque te ofrece un ejemplo clarísimo de algunos de los sonidos más importantes en toda la armonía occidental. Y el mero hecho de que la hayas oído un millón de veces significa que estos sonidos ya están permanentemente grabados en tu mente. En otras palabras, gracias a esta canción, ya conoces los sonidos perfectamente. Sólo tienes que saber *qué* sonidos son. Ahora te muestro los acordes de la canción:

Cumple- ||: años fe- | liz. Cumple | -años fe- | liz. Te de- |
||: 1 | 5D | 5D | 1 |

| seamos | todos cumple- | años fe- | liz. :||
| 1D | 4 | 1 5D | 1 :||

Toca esta progresión de acordes en un piano en un compás de tres por cuatro e intenta cantar la melodía. (Si te cuesta encontrar la melodía te daré una pista: la melodía empieza en la nota 5.)

Observa que la primera línea de esta canción ilustra un concepto que vimos anteriormente sobre cómo el acorde 1 y el acorde 5D se pueden juntar para crear la metáfora de pregunta y respuesta. También observa cómo el acorde 1D funciona en la segunda línea para conducirnos hacia el acorde 4. La canción nos ofrece una lección clara y bonita en los conceptos más básicos de la armonía. No se puede pedir un mejor ejemplo de cómo funcionan estos acordes.

Otro dominante secundario que es importante en nuestra música es el 2D. El acorde 2D técnicamente prepara el acorde 5D. Pero como el 5D crea una sensación de atracción tan fuerte hacia el acorde 1, la mayoría de las canciones que tienen el acorde 2D pasan rápidamente por el 5D y continúan directamente al acorde 1. Casi siempre encontramos el 2D y el 5D trabajando juntos para enviarnos al acorde 1:

7	⑦	⑦
⑥	6	6
5	⑤	⑤
(#4)	④	4
3	3	③
②	②	2
①	1	①
2D	**5D**	**1**

Estudia la progresión de arriba con Sendas Melódicas y presta atención especial a la senda que empieza en la nota #4, luego desciende a la nota 4, y finalmente a la nota 3. Esta melodía es, para mí, la esencia de esta progresión de acordes.

Otra manera de comprender el sonido del 2D es compararlo directamente con el 2- en el mismo contexto. En el siguiente ejemplo, compara la primera línea con la segunda y fíjate en el sonido muy particular de la nota #4 que aparece en el acorde 2D.

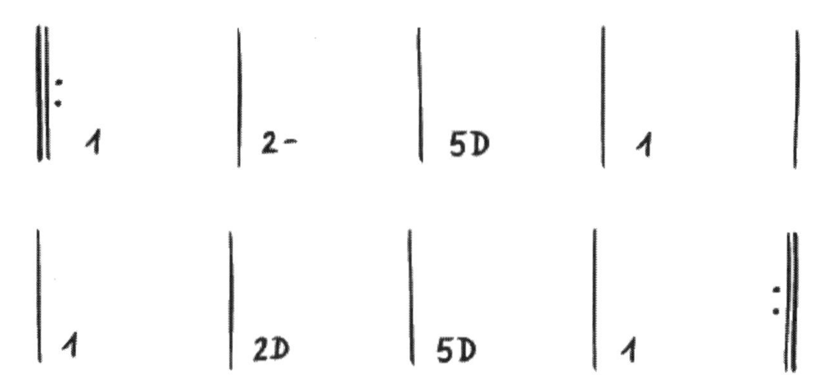

Otra manera muy común de usar el 2D es "corregirla" y convertirla en el 2- antes de avanzar al 5D. Puedes encontrar ejemplos de esto en "Garota de Ipanema" por Jobim y en "Mood Indigo" por Duke Ellington (así como en muchas otras canciones populares).

Probablemente el siguiente dominante secundario más importante es el 6D. Ya hablamos sobre la construcción de este acorde en el capítulo anterior:

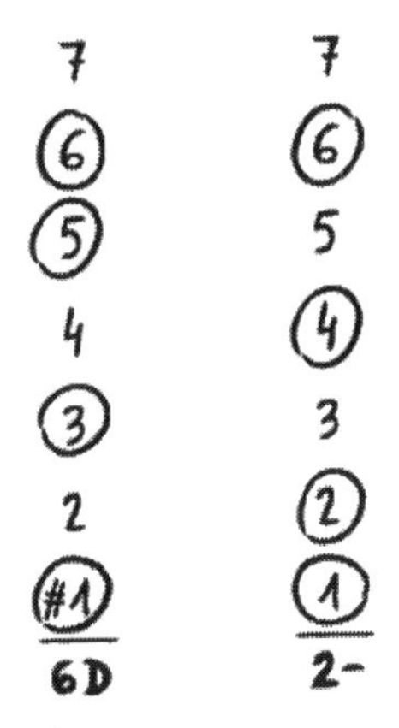

También viste un uso muy común del 6D en el capítulo anterior. Este ejemplo mostraba cómo el 6D podría aparecer en una canción centrada en el acorde 1:

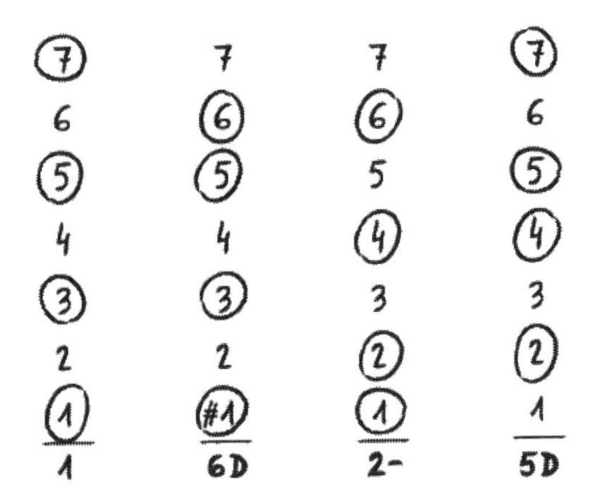

Pero otro lugar en donde aparece a menudo el 6D es en las canciones en menor centradas en el acorde 6-. Cuando el 6- cambia a 6D, de repente nos sentimos impulsados hacia el acorde 2-:

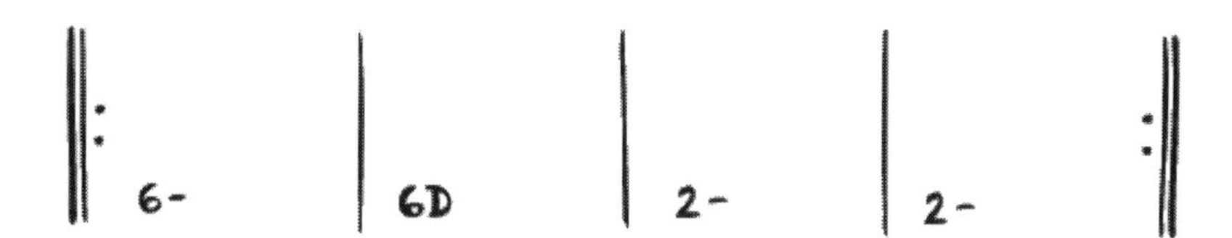

Esto es exactamente lo mismo que vimos en el centro tonal mayor cuando convertimos el acorde 1 en el 1D y luego saltamos hacia el acorde 4:

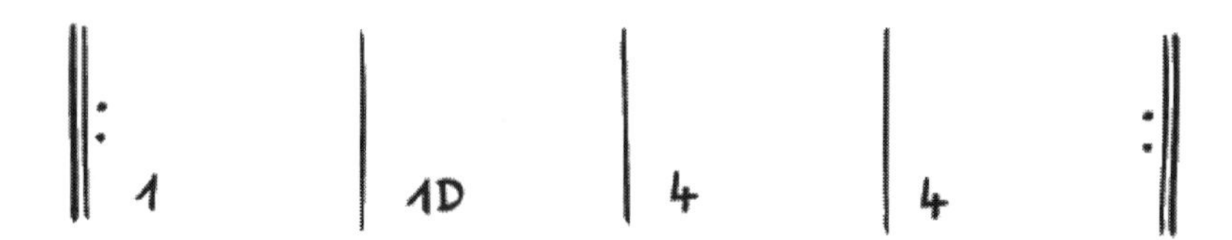

Estudia las dos líneas de arriba por separado, pero fíjate en cómo cada línea funciona de la misma manera.

El último dominante secundario importante es el 7D, que prepara el acorde 3-:

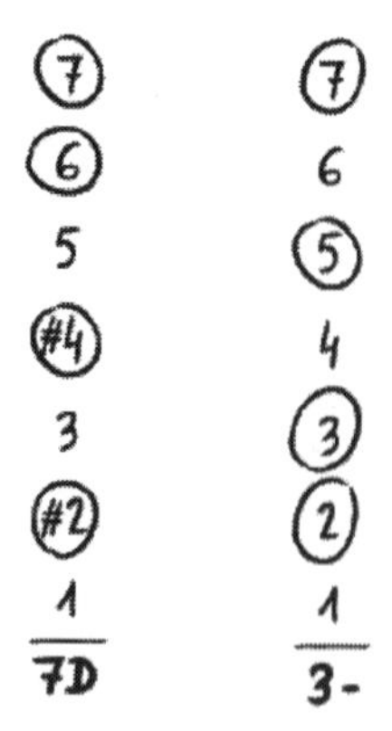

El 7D aparece más comúnmente en las canciones con tonalidad menor basadas en el centro tonal del 6-. Aquí te muestro un ejemplo de cómo el 7D podría empezar una línea que finalmente termina en el acorde 6-:

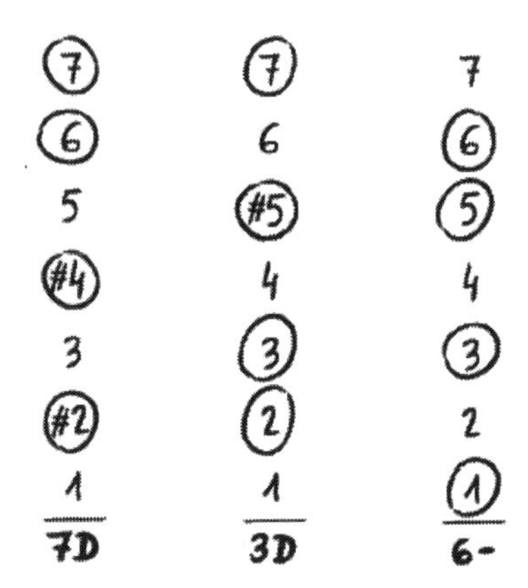

Esta es la misma idea que vimos anteriormente en el centro tonal mayor con los acordes 2D, 5D y 1. En tus propias exploraciones, deberías comparar las dos progresiones de acordes estudiando ambas en el mismo día. Fíjate en lo que es similar entre las dos líneas y lo que es diferente.

Ahora tienes la serie completa de dominantes secundarios que se usan para crear la sensación de movimiento armónico hacia cualquier acorde de la escala mayor. El único acorde que no hemos aprendido a preparar es el acorde 7-b5. Teóricamente podríamos prepararlo de la misma manera que preparamos cualquier otro acorde, colocando un acorde dominante exactamente una quinta por encima de la nota 7. Pero el acorde 7-b5 es tan inestable que nunca se usa como destino de esta forma. Puedes experimentar con esto tú solo pero ahora mismo no pasaremos tiempo con esto. A continuación hay una recapitulación de las preparaciones importantes que deberías estudiar hasta que las controles perfectamente:

acorde 1 :	5D → 1
acorde 2 :	6D → 2-
acorde 3 :	7D → 3-
acorde 4 :	1D → 4
acorde 5 :	2D → 5D
acorde 6 :	3D → 6-
acorde 7 :	(omitido)

Tómate tu tiempo aprendiendo estos conceptos. No sería una exageración pasar hasta un año entero aprendiendo a integrar estos nuevos sonidos dentro de tu comprensión personal de la música. Te los presenté rápidamente pero realmente hay una montaña de material aquí. Con sólo este puñado de nuevos acordes ya puedes entender y tocar casi toda la música popular de todos los países del mundo.

La Armonía Mixta - Preparación en dos movimientos

Probablemente la característica definitoria de la armonía que se encuentra en la mayoría de la música jazz es una pequeña progresión de acordes que usa dos pasos para preparar el destino final. A esto se le llama comúnmente la "progresión dos cinco uno" y no es nada más que una extensión del concepto que acabamos de ver. Pero ahora preparamos cada acorde con dos acordes preparatorios:

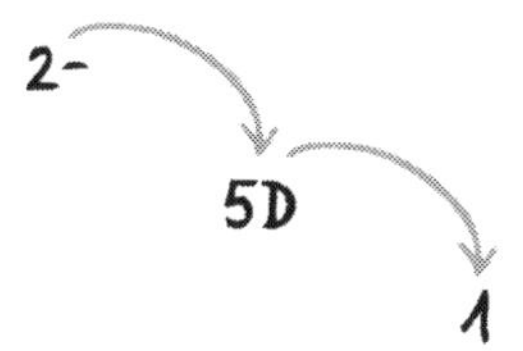

Observa que el primer acorde es el 2-, y no el 2D. Cuando usamos el 2D, el oído espera una resolución final en el siguiente acorde. Recuerda que cualquier dominante secundario le recuerda al oído el acorde 5D y engaña al oído haciéndole esperar una resolución inmediata. A veces los compositores juegan con estas expectativas. Por supuesto no hay nada malo en usar el 2D para preparar el 5D y luego continuar directamente al acorde 1 como vimos anteriormente:

Pero lo que estamos contemplando ahora es diferente. Ahora estamos usando el acorde 2-, y el oído no espera una resolución inmediata en el siguiente acorde. En lugar de eso, el oído reconoce que la verdadera fuente de atracción es el acorde 1, y que pasaremos por dos diferentes estados para llegar hasta allí:

Si quieres tocar música jazz necesitas entender esta progresión de acordes hasta el más mínimo detalle. Esto es parte de la razón por la que usé esta progresión para ilustrar nuestro nuevo ejercicio Sendas Melódicas. Quería darte los dibujos para ayudarte a comenzar a descubrir el funcionamiento interno de esta importante serie de acordes.

Además de ser importante en sí misma, la progresión de acordes de arriba también nos sirve de *modelo* para preparar cualquier acorde mayor. De la misma forma que plagiamos anteriormente el 5D para preparar los acordes en un solo movimiento, ahora vamos a plagiar el 2- y el 5D para preparar los acordes en dos movimientos. Por ejemplo, aquí está la progresión en dos movimientos que prepara el acorde 4:

(b7)	(b7)	7
6	6	(6)
(5)	(5)	5
(4)	4	(4)
3	(3)	(3)
(2)	2	2
1	(1)	(1)
5-	1D	4

Y aquí está la progresión en dos movimientos que prepara el acorde 5D:

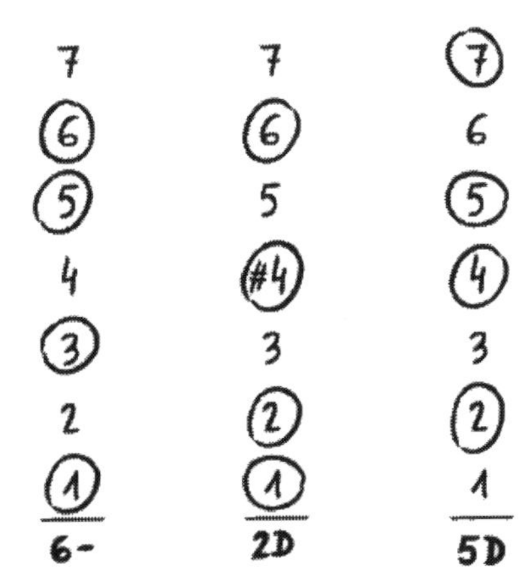

De hecho, las últimas dos progresiones juntas se usaban muy a menudo como puente en los standards de jazz más antiguos. Un ejemplo es el puente de “On the Sunny Side of the Street”, cuya música fue compuesta por Jimmy McHugh:

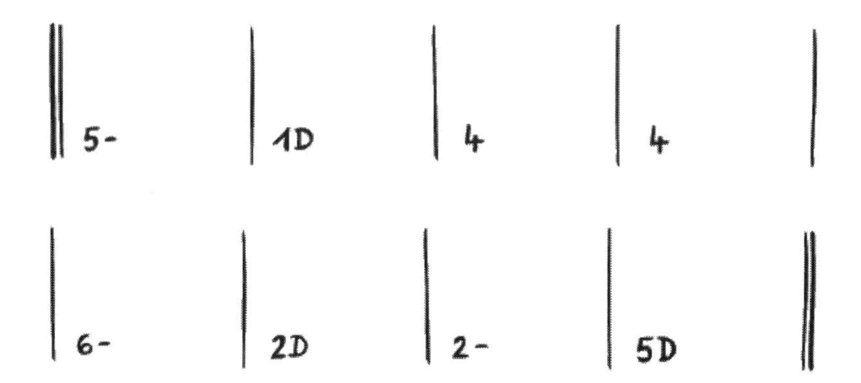

Fíjate que hay un detalle adicional interesante aquí. Justo cuando el oído está esperando el acorde 5D en el tercer compás de la segunda línea, en vez de este acorde aparece el acorde 2- que nos hace esperar la preparación del acorde 1 en dos movimientos. El resultado es que nuestro oído espera volver a la cabeza de la canción cuando acabe el puente. Prácticamente todos los puentes en el mundo terminan de la misma manera, con una progresión de acordes que hace que queramos volver de nuevo al principio de la canción.

Ahora miremos cómo preparamos acordes menores en dos movimientos. Primero miraremos la preparación del acorde 6-, que nos servirá de modelo para preparar cualquier otro acorde menor. Esta es la progresión de acordes que nos lleva al acorde 6-:

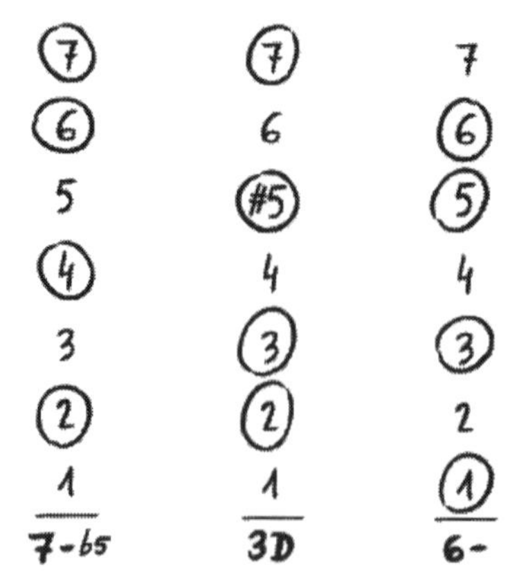

Tal como la progresión 2-, 5D, 1 es el modelo para preparar todos los acordes mayores, esta nueva progresión es el modelo para preparar todos los acordes menores. A continuación te muestro cómo funciona en la progresión hacia el acorde 2-:

b7	b7	7
6	6	6
5	5	5
4	4	4
3	3	3
2	2	2
1	#1	1
3-b5	6D	2-

Un ejemplo es la canción brasileña "Manhã de Carnaval" por Luiz Bonfa (mejor conocida entre músicos de jazz por el nombre "Black Orpheus"). La segunda mitad de la canción empieza con estas líneas:

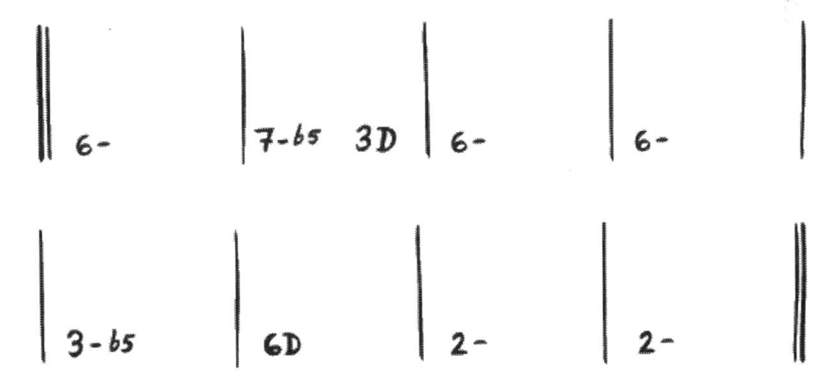

Otro acorde menor que tenemos que aprender a preparar es el 3-. La progresión hacia el acorde 3- destapa un asunto interesante. Vimos anteriormente que el 7D es el acorde que prepara el 3-, porque la nota 7 es exactamente una quinta por encima de la nota 3. Pero ¿qué acorde necesitamos colocar adelante del acorde 7D? En otras palabras, ¿cuál es la nota que es exactamente una quinta por encima de la nota 7? Si adivinaste que es la nota 4 te equivocaste, porque el intervalo entre la 7 y la 4 es una *quinta bemol*. Necesitamos colocar nuestro primer acorde exactamente a una *quinta justa* por encima de la nota 7. De modo que por primera vez necesitamos construir un acorde sobre una nota fundamental que está fuera de la escala mayor. La nota que necesitamos es la #4. A continuación te muestro la progresión completa:

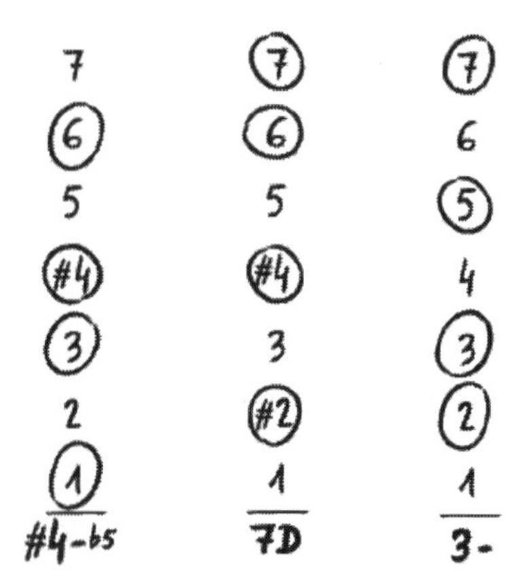

Esta progresión ocurre en muchos standards de jazz. Ejemplos son "These Foolish Things" y "I Hear a Rhapsody". El puente de ambas canciones empieza en el acorde 3- y estas canciones usan la progresión de arriba para manejar la transición. Para mí, el mejor ejemplo del acorde #4-b5 es el primer acorde de "Stella by Starlight". El sonido inusual con el que empieza este hermoso standard es precisamente el sonido del acorde #4-b5.

Ahora ya has visto la serie completa de progresiones de acordes que nos llevan a cada destino práctico en la escala mayor. Digo cada destino "práctico" porque no hemos creado una progresión para preparar el acorde 7-b5. La razón, como mencioné anteriormente, es que este acorde tan inestable simplemente nunca se usa como un destino final de una progresión de acordes. Por eso, no lo vamos a incluir en esta serie inicial de progresiones de acordes que deberías dominar. Aquí está nuestra lista:

acorde 1 :	2-	→	5D	→	1
acorde 2 :	3-b5	→	6D	→	2-
acorde 3 :	#4-b5	→	7D	→	3-
acorde 4 :	5-	→	1D	→	4
acorde 5 :	6-	→	2D	→	5D
acorde 6 :	7-b5	→	3D	→	6-
acorde 7 :			(omitido)		

Es importante comprender que las preparaciones en un movimiento que vimos anteriormente están contenidas ya dentro de estas progresiones más completas. Por lo tanto, todo lo que has visto hasta ahora en el Ejercicio 4 está resumido aquí mismo en este sencillo cuadro que puedes usar como guía para tus prácticas. Cada una de estas progresiones de acordes debería llegar a ser tan familiar para ti como los siete acordes básicos de la escala mayor. Te llevará tiempo y práctica. Pero el viaje es lindo y placentero, y el destino vale el esfuerzo.

Una vez que te hayas convertido en un experto en todas las progresiones en el cuadro de arriba, hay un detalle final que deberías considerar antes de continuar con la siguiente sección. Has visto que la forma en la que preparamos el acorde 1 y la forma en la que preparamos el acorde 6- sirven como modelos para preparar todos los otros acordes. Si nuestro destino es mayor, copiamos la progresión de acordes que nos lleva al acorde 1. Si nuestro destino es menor, copiamos la progresión de acordes que nos lleva al acorde 6-. Pero una variación común que ocurre muy a menudo en la música de jazz es intercambiar estos sonidos para crear una sorpresa para el oído. Por ejemplo, podemos usar la progresión *menor* para preparar un acorde *mayor*. Para hacer esto, sólo tenemos que alterar las escalas del 2- y del 5D (que preparan el acorde 1) para que suenen como el 7-b5 y el 3D (que preparan el acorde 6-). Entonces el oído se sorprende cuando llegamos a un acorde mayor en vez del acorde menor esperado. Aquí debajo se muestra el resultado de usar la progresión menor para preparar el acorde 1:

2-b5	5D	1
b7	(7)	(7)
(b6)	b6	6
5	(5)	(5)
(4)	(4)	4
b3	b3	(3)
(2)	(2)	2
(1)	1	(1)

Lo dejaré como un ejercicio para ti averiguar por qué son exactamente estas notas que producen este efecto. Pero si improvisas durante un rato sobre la progresión de arriba, tu oído debería reconocer que los dos primeros ambientes armónicos son exactamente iguales a los ambientes armónicos del 7-b5 y 3D. La única diferencia son los *nombres* que estamos usando para las notas, porque ahora estamos llamando a nuestro destino final "1" en vez de "6". ¿Puedes ver la escala del ambiente armónico 7-b5 "escondida" en la columna arriba para el acorde 2-b5? ¿Puedes ver la escala del ambiente armónico 3D "escondida" en la columna arriba para el acorde 5D? Si no puedes, no te preocupes. Simplemente toca la progresión y disfrútala. Algún día serás tan bueno visualizando estos ambientes armónicos que incluso los verás cuando estén desplazados o disfrazados de otra manera.

Podemos también usar el mismo principio para preparar el acorde 4. Si queremos primero engañar al oído para que piense que estamos llegando a un acorde menor, podemos usar la siguiente progresión:

(b7)	(b7)	7
b6	b6	(6)
(5)	(5)	5
(4)	4	(4)
b3	(3)	(3)
(b2)	b2	2
1	(1)	(1)
5-b5	1D	4

Como antes, los dos primeros ambientes armónicos usan exactamente las mismas escalas que vimos para el 7-b5 y el 3D. Pero ahora encontramos estas escalas desplazadas a otro lugar, engañando al oído a esperar un acorde menor construido sobre la nota 4.

En ambos casos, el concepto que estoy intentando mostrarte es en realidad muy sencillo. En los compases de preparación, usamos notas que engañan al oído y le hacen pensar que estamos acercándonos a un acorde menor. Es solamente con la aparición final del acorde de destino que sentimos ese cambio repentino de menor a mayor.

Probablemente el ejemplo más claro de la primera progresión es la canción "Night and Day" por Cole Porter. Las dos primeras líneas son justamente esta progresión menor hacia el acorde 1. Cuando el oído oye los acordes 2-b5 y 5D, automáticamente supone que estos acordes son en realidad 7-b5 y 3D. En otras palabras, se engaña al oído haciéndole creer que nos estamos moviendo hacia el centro tonal menor del acorde 6-. La aparición a continuación del acorde mayor sorprende al oído y parece como un repentino rayo de sol. Cuando estudias esta progresión de acordes tú mismo, verás lo que quiero decir.

El puente de "A Night in Tunisia" por Dizzy Gillespie nos muestra otro ejemplo de esta técnica:

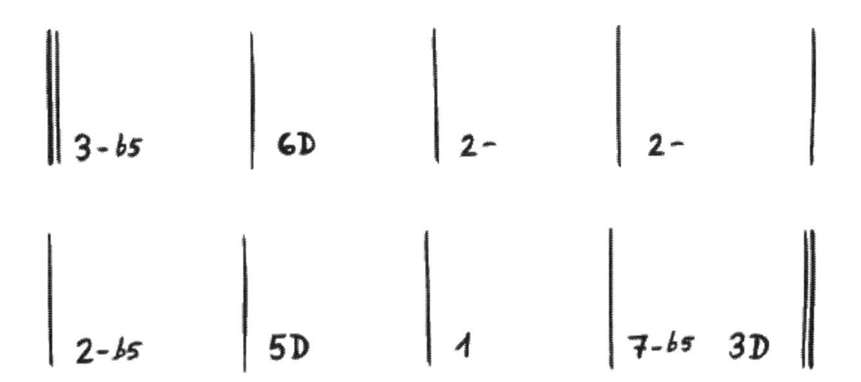

No tengas prisa por comprender todos estos conceptos de forma intelectual. Sólo comienza a trabajar tranquilamente con los sonidos que te he presentado en este capítulo. La lógica de la armonía es muy sencilla pero es difícil de explicar en palabras. La única manera de comprenderla es jugar con los sonidos tú mismo y darte cuenta de cómo se pueden combinar las diferentes figuras musicales para crear diferentes efectos.

La Armonía Mixta - Algunos colores adicionales

De hecho, ya puedes definir y estudiar cualquier ambiente armónico nuevo por tu propia cuenta, simplemente reflexionando acerca de las alteraciones que este acorde causa al tono original de la canción. Dejaré esto para que tú lo hagas, puesto que hay demasiadas posibilidades para cubrirlas todas en un solo libro. Pero hay unos sonidos más que son tan comunes que me gustaría incluirlos aquí. Estos sonidos adicionales son el 4D, el 4- y el b7D. Deberías estudiar cada uno de estos ambientes armónicos por separado, y luego estudiarlos en un contexto tonal. Una buena manera de hacerlo es sencillamente contrastar cada nuevo acorde con el acorde 1. Puedes usar Sendas Melódicas para oír cómo las voces fluyen entre los dos acordes, y puedes usar Cantar Acompañado y Tocar Acompañado (del Ejercicio 3) para improvisar sobre una armonía compuesta de los dos acordes juntos. Este es el dibujo del ambiente armónico 4D, junto con el acorde 1 como referencia.

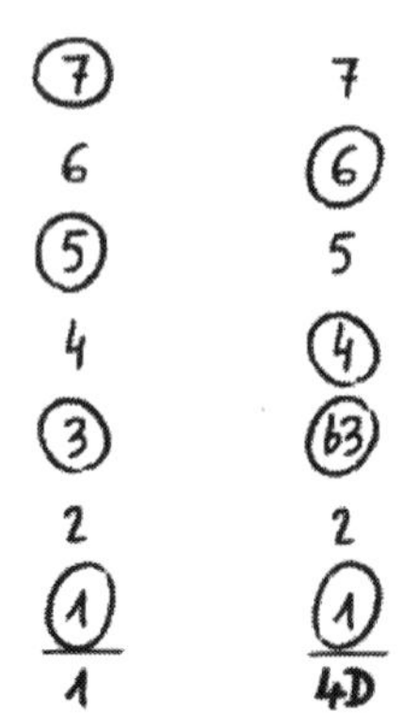

Y aquí está el dibujo del ambiente armónico 4- al lado de acorde 1:

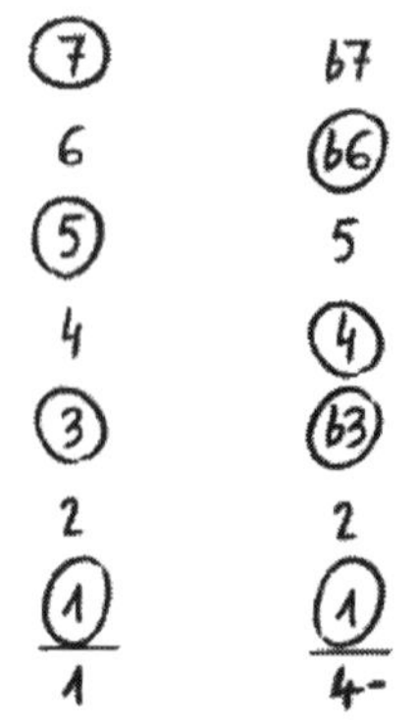

El acorde 4- se usa muy a menudo en los standards de jazz como un acorde de paso entre el acorde 4 y el acorde 3-. Es especialmente común en una progresión que yo llamo el "largo viaje a casa" desde el acorde 4 hasta el acorde 1. A continuación te muestro una forma típica de hacer este viaje armónico:

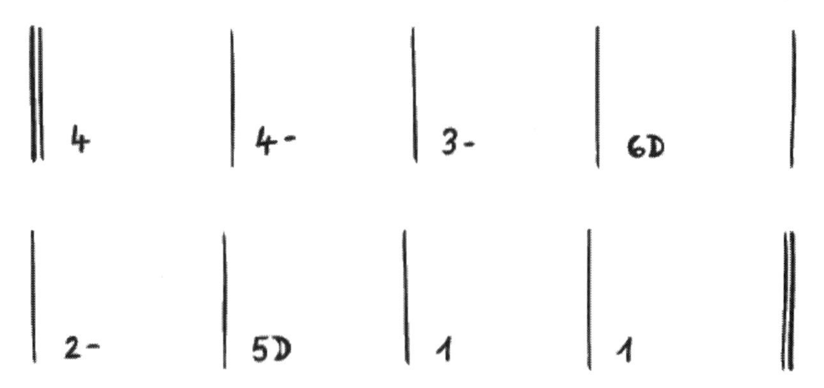

Encontrarás variaciones de esta idea básica en muchos standards de jazz y bossa nova. Aquí tienes unos ejemplos:

After You've Gone
All of Me
All the Things You Are
Anthropology
But Not for Me
Corcovado (Quiet Nights of Quiet Stars)
I've Got You Under My Skin
Meditation
My Romance
New York, New York
Summer Samba
There Will Never Be Another You
Triste
Wave

Como ya puedes ver de esta lista parcial, uno de los beneficios más valiosos de nuestro punto de vista tonal es que empezamos a reconocer los mismos elementos básicos en cientos de diferentes canciones. Estas conexiones pueden ser difíciles de detectar mirando la partitura, porque las canciones están escritas en todos los tonos.

El último sonido importante que quiero compartir contigo en esta sección es el acorde b7D. Este es un acorde dominante construido sobre la nota b7. Tiene un sonido hermoso y tenso que es muy similar al 4D. Aparece a menudo como una forma alternativa de crear tensión antes del acorde 1. Algunos ejemplos claros de este sonido aparecen en las canciones "After You've Gone", "Stella by Starlight" y "There Will Never Be Another You". Lo mostraré al lado del acorde 1 para que puedas estudiar las conexiones con Sendas Melódicas:

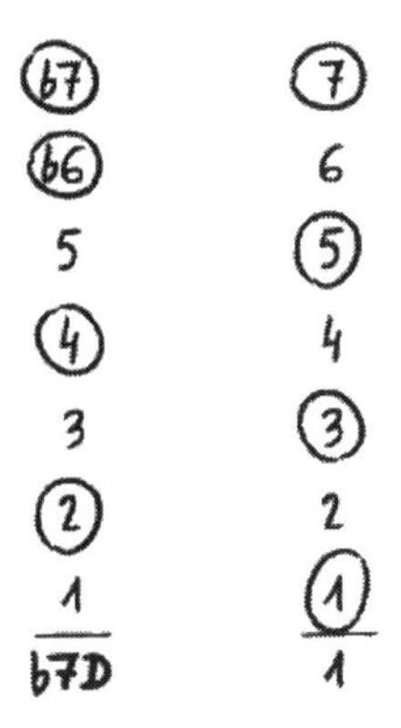

La Armonía Mixta - Pasajes cortos de otros tonos

Muchas canciones incluyen pasajes cortos de otros tonos. Esto es especialmente común en la música jazz. En la mayoría de los cursos de improvisación, la manera de enfrentar estos pasajes es simplemente cambiar de tono mentalmente. Las preparaciones en un movimiento y en dos movimientos que viste al principio de este capítulo son en realidad mis propios conceptos, y no aparecen en otros cursos sobre armonía e improvisación. En su lugar, a los estudiantes de jazz se les enseña a simplemente analizar cualquier partitura buscando progresiones de tipo 2, 5, 1. Luego piensan en cada una de estas progresiones como si fuera un verdadero cambio de tono. Es decir, se le enseña al estudiante que se olvide del tono original y que considere que cada progresión ocurre en un tono diferente. En nuestro lenguaje tonal, podríamos llamar a esta técnica "mover nuestro 1" porque nos estamos adaptando constantemente a una nueva nota como nuestra nota 1. La ventaja de hacer esto es que es muy fácil tocar algo que suene musicalmente correcto. Lo único que tienes que hacer es practicar tu habilidad de cambiar de tono rápidamente. Todo lo demás es muy fácil porque esencialmente pasas tu vida entera solamente tocando la progresión 2-, 5D, 1. Ninguna de las otras progresiones que estudiamos en mi método es necesaria si estás dispuesto a mover tu 1 constantemente.

Pero para tocar standards de jazz y otra música popular, yo no enseño la armonía de esta manera porque no refleja la forma en que el oído humano realmente siente la música. Estos cortos pasajes que usan notas de otros tonos no son, de hecho, un verdadero cambio de tono. El oído humano continúa sintiendo el tono original todo el tiempo. Y aunque es cierto que cambiar de tono mentalmente te puede llevar a las nuevas "notas correctas", este no es el mejor enfoque si tu meta es expresar los sonidos que *imaginas*. No quiero decir que no puedas convertirte en un gran músico usando el enfoque tradicional de cambiar de tono constantemente. A muchos músicos maravillosos se les enseñó a improvisar inicialmente de esta manera. Pero mi opinión personal es que este es un enfoque superficial para comprender las canciones, y que solamente hace que las cosas sean aún más confusas para el improvisador principiante.

Por esta razón, cuando te encuentres con pasajes cortos de otros tonos en las canciones que tocas, te animo a que estudies estos acordes pacientemente y que trabajes para integrarlos en tu consciencia tonal, de la forma en que has visto en este capítulo. Intenta comprender cada nota en relación con el tono *original*, y aprende a trabajar con estas notas sin tener que cambiar de tono mentalmente. Evitar cambios de tono innecesarios es una parte importante de tu crecimiento porque es la manera de mantener a tu compositor interior involucrado y en control.

La Armonía Mixta - Cambios de tono verdaderos y la música modal

Los cambios de tono verdaderos, por otra parte, son una historia completamente diferente. En realidad, los cambios de tono verdaderos no forman parte de la Armonía Mixta porque no representan una deformación del ambiente armónico original. Representan un cambio a un ambiente armónico completamente *nuevo*.

Cuando hay un cambio de tono genuino en una pieza de música, tu oído pierde todos los recuerdos del tono original y no tiene ningún deseo de volver a él. En estos casos, tiene todo el sentido "mover tu 1". Pero observa que la razón por la que movemos el 1 en este caso es la misma razón por la que *no* lo movemos en el otro caso. En ambos casos sólo queremos que nuestro mapa tonal se corresponda con lo que nuestro oído está realmente sintiendo. Cuando hay un cambio de tono genuino, tu oído se olvida del tono original y se orienta en relación con el nuevo. En este caso no sería de ninguna ayuda seguir pensando en términos del tono original, puesto que ya no es relevante.

Algo parecido a los cambios de tono verdaderos sucede mucho en el estilo de jazz modal que se hizo popular en los años sesenta. El mejor ejemplo de este estilo es el grupo que tenía Miles Davis en aquella época con Wayne Shorter, Herbie Hancock, Ron Carter y Tony Williams. En la mayoría de sus composiciones, los acordes individuales no forman progresiones de acordes tonales como las que estamos estudiando en el Ejercicio 4. En cambio, cada nuevo acorde es un ambiente armónico completamente nuevo, independiente en sí mismo. En estas composiciones cada uno de los acordes puede sentirse como un cambio de tono genuino. Por esta razón, cuando tocamos este tipo de música nosotros también debemos adaptarnos constantemente a estos cambios de tono si esperamos comprender lo que nuestro oído está sintiendo. En mi método, trabajamos sobre esto en el Ejercicio 5: La Armonía Libre.

Pero ahora nuestro enfoque está en desarrollar una base muy sólida en los sonidos esenciales de la Armonía Mixta. Esta base nos dará un dominio completo de la armonía tonal como aparece en la música popular de todo el planeta. Para los músicos de jazz esto significa toda la música desde el blues y los primeros standards hasta la era bebop. Concéntrate en este material por ahora, para aprender las lecciones importantes de la Armonía Mixta. Para tu oído, esta es una preparación necesaria para la improvisación totalmente libre que practicaremos más adelante.

Resumen

En el Ejercicio 4: La Armonía Mixta aprendiste a usar un sencillo y compacto modelo mental que te permite integrar cualquier nuevo sonido en tu consciencia tonal y estudiarlo de la misma forma que estudiaste los siete ambientes armónicos básicos de la escala mayor. Este es un proyecto de por vida, puesto que hay prácticamente infinitos sonidos que teóricamente pueden estudiarse de esta forma. Incluí en este capítulo los sonidos más importantes de la Armonía Mixta para que puedas empezar a trabajar inmediatamente en ellos, descubriéndolos por ti mismo y haciendo música con ellos. También vimos un ejercicio nuevo llamado Sendas Melódicas para estudiar el funcionamiento interno de toda una serie de acordes.

A propósito no profundicé en los detalles particulares de cada nuevo ambiente armónico que presenté en este capítulo. Esto es porque no quiero llenarte la cabeza con demasiados de mis propios pensamientos y observaciones. Tú eres el que necesita investigar estos nuevos sonidos y hacer tus propios descubrimientos personales. Con solamente los acordes presentados en este capítulo, ya tienes un mundo entero para descubrir y explorar. Por lo tanto, por favor entiende que tu objetivo no es "terminar" el Ejercicio 4. Si realmente has entendido la forma básica en la que estudiamos la Armonía Mixta, entonces ya has aprendido la verdadera lección del Ejercicio 4. Tienes el resto de tu vida para descubrir estos nuevos sonidos, así que tómate tu tiempo y disfruta del viaje.

El tiempo

¿Te acuerdas cuando eras niño y podías pasarte horas tumbado en la hierba sólo mirando las nubes? ¿Puedes recordar cuando tenías todo el tiempo del mundo para reflexionar sobre tus propios pensamientos y experiencias?

La gente nunca se da cuenta del momento exacto en el que se le escapa su libertad. Sólo comenzamos poco a poco a sentir que no podemos permitirnos ciertos lujos. La mayoría de adultos aprende a convivir con una sensación más o menos constante de prisa. Ni siquiera sabemos por qué estamos tan apurados. Sólo sabemos que lo estamos.

Es irónico que a pesar de toda nuestra agitación todavía conseguimos malgastar grandes cantidades de tiempo. Se nos seduce con facilidad para que veamos una hora de televisión u otro entretenimiento. Pero la mayoría de nosotros nunca se permitiría pasar una hora entera simplemente sentado tranquilamente mirando las nubes.

El secreto de IFR no es una forma particular de entender la armonía. La música es tan sencilla que llegarías a entenderla tú solo si tuvieras suficiente paciencia y curiosidad. Simplemente cantando y contemplando las siete notas de la escala mayor, eventualmente llegarías a descubrir todo lo que se puede saber de la armonía. El verdadero secreto de mi método es simplemente crear una práctica diaria en la que esta reflexión sea posible.

Algunos de mis alumnos me dicen con mucho orgullo en la primera clase que están dispuestos a trabajar muy duro. Yo siempre les hago la misma pregunta: "Pero ¿estás dispuesto a *dejar* de trabajar muy duro?" Nuestra sociedad nos enseña que el crecimiento musical significa acumular conocimientos y habilidades técnicas, y que deberíamos intentar acelerar este trabajo si queremos llegar muy lejos. Las historias de los niños prodigio sólo confirman nuestras sospechas de que ya nos estamos quedando atrás. Poco a poco, nuestro inocente amor por la música se queda eclipsado por una creciente preocupación por mejorar nuestras habilidades. "Tocar" da paso a "estudiar". Somos incapaces de disfrutar plenamente lo que estamos haciendo en el momento porque estamos tan ansiosos por llegar a dónde queremos llegar.

Pero el momento presente no es solamente un descanso agradable en medio de nuestro progreso. El momento presente *es* nuestro progreso. Los descubrimientos realmente emocionantes no te están esperando en alguna parte "allá afuera", en el próximo capítulo o en la lección de la próxima semana. Están justo delante de tus ojos, pacientemente esperando ser vistos. Para verlos por ti mismo, lo único que tienes que hacer es *ir más despacio* y prestar tu atención completa a lo que estás haciendo. Desgraciadamente, esto no es fácil de hacer en una sociedad que constantemente nos avisa que tenemos que ir más rápidamente o nos quedaremos atrás.

En resumen mi consejo para ti es este: quédate atrás. Piérdete en la contemplación del sonido más simple. Olvídate de "todo ese material" que te gustaría dominar algún día. Tira a la basura tu lista de "cosas por hacer". La maestría sólo se adquiere con el crecimiento de tu propia comprensión personal, y esto sólo puede suceder cuando tu mente está vacía y en calma. Si quieres alcanzar tu potencial más alto como músico creativo, lo primero que tienes que hacer es reclamar la libertad que disfrutaste como niño de tumbarte en la hierba y mirar las nubes. La verdad es que nunca perdiste este derecho.

Tocar los "standards" de jazz

No es necesario comprender y dominar todos los nuevos sonidos de la Armonía Mixta para empezar a tocar y a improvisar sobre un repertorio de canciones con otros músicos. Puedes elegir canciones de cualquier estilo, ya que los conceptos de armonía que has estado aprendiendo son los mismos para toda la música popular moderna. Los conceptos son igualmente aplicables al gospel, soul, bluegrass, country, rock, salsa, tango, flamenco y cientos de otros estilos musicales. Además, tú puedes improvisar igual de libremente en cualquiera de estos estilos, incluso aunque la improvisación no forme una parte importante de la tradición de ese estilo.

Pero hay un tipo de música que es tan rica y tan perfecta para improvisar que su nombre ha llegado a convertirse casi en sinónimo de la improvisación. Este estilo es la música jazz. El jazz es como el paraíso para el improvisador. Es como si una cultura musical entera fuera diseñada sólo para nosotros. En otros estilos de música eres afortunado si tus compañeros te dan permiso para hacer la más ligera variación a tu parte. Pero en la música jazz, se da por sentado que tienes libertad creativa total para improvisar todo lo que toques. Los otros músicos te dan suficiente espacio para crear lo que tú quieras, y ellos tocan a partir de tus ideas con sus propias respuestas creativas. De repente ya no se trata de la auto-expresión solamente. ¡Ahora estás teniendo verdaderas conversaciones musicales!

El aspecto más poderoso de esta comunicación entre músicos es algo que ni siquiera se trata en este libro, que es el *ritmo*. En cualquier grupo de jazz, siempre hay una intensa conversación rítmica ocurriendo, que tiene que ver con la manera en que cada músico usa el *tiempo*. Este uso consciente del ritmo le añade otra dimensión fascinante a la música jazz para el improvisador.

Y por último, las canciones mismas que los músicos de jazz usan como vehículos para sus improvisaciones son tan sofisticadas y tan bellas que son la inspiración perfecta para un improvisador. Con tal ambiente ideal compuesto de armonía interesante, conversación rítmica y la energía creativa de otros músicos, tocar jazz puede ser uno de los mayores placeres en la vida. Es por este motivo que tantos músicos continúan tocando e improvisando música jazz.

Para estudiar cualquier canción (de jazz o cualquier otro estilo) usando nuestro método tonal, lo primero que necesitas hacer es crear un boceto tonal de la canción. Esto es lo que nos permite ver cómo realmente funciona la canción. Ten presente que estos bocetos tonales no tienen la intención de reemplazar la partitura tradicional. En cambio piensa en ellos solamente como un recurso didáctico que te ayuda a ver por ti mismo cómo funcionan estas canciones. Mi meta no es reemplazar el sistema de partituras estándar con uno diferente. Mi meta es romper tu dependencia de la música escrita del todo.

Puedes crear tu propio boceto tonal de cualquier canción empezando con una partitura o con una grabación.

> **Empezar con una partitura escrita.** Para hacer un boceto tonal a partir de un "lead sheet" u otra partitura escrita, lo primero que tienes que hacer es identificar el tono en el que está escrita la canción. Luego comienzas por

escribir tanto la melodía como los acordes en números tonales en relación con este tono. Identifica la "figura" de cada acorde que aparece en la canción: mayor, dominante, menor o menor con 5ª bemol. No te preocupes si algunos de los acordes no te resultan familiares. Probablemente te encuentres con algunas figuras de acorde construidas en lugares inesperados. Por ejemplo, quizás encuentres un acorde dominante construido en la nota b3. Aunque no tengas experiencia con este acorde, el primer paso es simplemente escribirlo en nuestro lenguaje tonal. Simplemente escribirías "b3D" y continuarías. Luego haz lo mismo con la melodía, escribiendo cada una de las notas usando su número tonal. Cuando el boceto tonal esté terminado podrás ver muy fácilmente dónde están los sonidos nuevos que no conozcas. Probablemente ya estés familiarizado con la mayoría de los acordes pero normalmente hay al menos un par de acordes que serán nuevos para ti. Para estos acordes que no hemos estudiado todavía, tenemos que reflexionar sobre los cambios que el acorde impone en el ambiente armónico básico. Esencialmente estarás definiendo un nuevo ambiente de "Armonía Mixta" exactamente como los que estudiamos en el Ejercicio 4. Dibuja la columna de notas de la misma manera que hicimos en el Ejercicio 4 e indica cualquier sostenido o bemol que se requiere para crear el nuevo acorde. Finalmente, rodea con un círculo las notas del acorde para que puedas ver a simple vista todo lo que está ocurriendo en la armonía en ese momento. Estudia este nuevo ambiente armónico de la misma forma en la que estudiaste los ambientes armónicos del Ejercicio 4. De esta manera seguirás creciendo como músico con cada nueva canción que toques. Con el tiempo, encontrarás que hay cada vez más acordes que te resultan familiares, porque ya los has estudiado en otras canciones.

Empezar con una grabación. A medida que vaya creciendo tu confianza con la Armonía Mixta, se volverá cada vez más fácil para ti hacer bocetos tonales directamente desde las grabaciones. Te estás preparando para esto cuando trabajes en las actividades "Seguir la Melodía" y "Seguir la Armonía" de los Ejercicios 2 y 3. Pero es importante entender que tu éxito al transcribir una canción entera depende de si tienes o no experiencia personal con cada acorde de la canción. Nadie puede pedirte que reconozcas un acorde que nunca has estudiado. Por lo tanto, no te sientas mal cuando te encuentres con acordes que simplemente no reconoces. Cuando estés confundido, simplemente deja ese espacio en blanco en tu boceto tonal y busca una partitura o transcripción escrita de la canción para averiguar qué acorde se está tocando en ese momento. Luego obviamente querrás estudiar este acorde inusual de la misma manera que hicimos en el Ejercicio 4. Con el tiempo tu repertorio de acordes crecerá y encontrarás cada vez más canciones que puedas transcribir enteramente de oído.

Para empezar miraremos algunos ejemplos de standards de jazz y los escribiremos en nuestro lenguaje tonal. Un buen lugar para empezar es el standard clásico "Autumn Leaves". Con solamente el primer concepto de la Armonía Mixta, el acorde 3D, ya puedes tocar esta canción entera en cualquier tono. Siempre me sorprende que incluso algunos excelentes músicos de jazz a veces tienen problemas tocando "Autumn Leaves" en un tono inusual. Creo que el problema es que se quedan bloqueados pensando en los nombres de los acordes y no se dan cuenta de que la armonía entera de la canción no es nada más que la escala mayor más el acorde 3D. A continuación te muestro mi boceto tonal de la canción. Fíjate que el acorde 3D es el único acorde que no viene directamente de la escala mayor.

Autumn Leaves - music by Joseph Kosma

2-	5D	1	4
7-b5	1. 3D	6-	(6D)
	2. 3D	6-	6-
7-b5	3D	6-	6-
2-	5D	1	4
7-b5	3D	6-	6-
4	7-b5 3D	6-	(6D)

Esta canción es un ejemplo muy bonito de entrelazar las dos progresiones de acordes más importantes que conocemos, el camino hacia el acorde 1 y el camino hacia el acorde 6-. En mi propio boceto tonal hay algunos acordes adicionales entre paréntesis pero no tienes que preocuparte por ellos ahora. Sólo comienza a trabajar con la canción y deja que forme parte de tu aprendizaje del acorde 3D.

A continuación te propongo una lista de actividades y ejercicios que puedes usar para estudiar este o cualquier otro standard que te gustaría añadir a tu repertorio personal:

1. Canta la melodía en números cada día.
2. Toca la melodía cada día en un tono diferente.
3. Estudia cada acorde por separado usando las técnicas que aprendiste en Siete Mundos Expandidos del Ejercicio 3.
4. Toca los acordes en el piano en diferentes tonos usando Acordes de Casa como aprendiste en el Ejercicio 3. (Este es un ejercicio importante incluso para pianistas. A pesar de que puede parecer una forma muy primitiva de tocar acordes, te da una visión importante de *dónde* está exactamente cada nota en la octava tonal.)
5. Practica improvisando sobre la canción usando Cantar Acompañado y Tocar Acompañado como aprendiste en el Ejercicio 3. No te olvides de cantar libremente a veces, sin ni siquiera intentar visualizar dónde estás en la octava. Hablamos de esto en "Cantar Libremente" en el Ejercicio 2.
6. Dedica tiempo a escuchar grabaciones de la canción y a disfrutar de la música sin intentar analizarla de modo alguno. Deja que la canción se absorba dentro de ti a un nivel inconsciente. No trates de reconocer las notas como lo hacemos en "Seguir la Melodía". En cambio, recuerda lo que te dije anteriormente: *memoriza el sonido*. Un verdadero improvisador crea su música en el mundo de los sonidos. Cuando escuches una melodía especialmente hermosa, quédate ahí en el mundo de los sonidos y aprecia cada detalle que puedas. Hablamos de esto en "Escuchar Libremente" en el Ejercicio 2.
7. También deberías estudiar las conexiones entre todos los acordes usando Sendas Melódicas, como aprendiste en el Ejercicio 4.

Para ayudarte a practicar esta última idea, te doy mi propio dibujo de los acordes de Autumn Leaves. Este es el dibujo que yo usaría para descubrir y practicar todas las Sendas Melódicas a través de la armonía.

7	(7)	(7)	7	(7)	(7)	7
(6)	6	6	(6)	(6)	6	(6)
5	(5)	(5)	5	5	(#5)	(5)
(4)	(4)	4	(4)	(4)	4	4
3	3	(3)	(3)	3	(3)	(3)
(2)	(2)	2	2	(2)	(2)	2
(1)	1	(1)	(1)	1	1	(1)
2-	**5D**	**1**	**4**	**7-b5**	**3D**	**6-**

No te asustes por la cantidad de tiempo y esfuerzo que dedicamos a aprender cada canción. Recuerda que todo lo que aprendes estudiando una canción también te permitirá tocar muchas otras canciones. Por lo tanto, no estamos aprendiendo a tocar solamente "Autumn Leaves". Estamos dejando que la canción misma nos enseñe varios conceptos importantes de la armonía básica. Queremos estudiar estos conceptos con profundidad porque continuaremos viéndolos una y otra vez en otras canciones.

En el caso de "Autumn Leaves", el único concepto nuevo para ti es el acorde 3D. Por lo tanto, esta canción te da la oportunidad perfecta para ganar confianza con el acorde 3D. Más tarde, cuando encuentres este mismo acorde en otras canciones, no tendrás que estudiarlo detenidamente porque ya lo habrás conocido por dentro y por fuera.

El siguiente ejemplo es la bossa nova brasileña "Manhã de Carnaval" por Luiz Bonfa. (Esta es la canción que está catalogada como "Black Orpheus" en el "Real Book"). Esta canción contiene todo lo que hemos visto en "Autumn Leaves" además de un concepto más de la Armonía Mixta, que es el camino hacia el acorde 2-. Aquí tienes mi boceto tonal de la canción:

Manhã de Carnaval (Black Orpheus) - Luiz Bonfa

6-	7-b5 3D	6-	7-b5 3D
6-	2- 5D	1	#1°
2-	5D	1	4
7-b5	3D	6-	7-b5 3D
6-	7-b5 3D	6-	7-b5 3D
3-b5	6D	2-	2-
2-	7-b5 3D	6-	4
7-b5	3D	6-	(7-b5 3D)	

| 2- 6- | 2- 6- | 2- 3- | 6- ||

Observa que en esta canción, los únicos acordes que no vienen directamente de la escala mayor son el 3D y los dos acordes que preparan el 2-, que son el 3-b5 y el 6D. (En mi boceto tonal también notarás un acorde disminuido en el compás 8. Por ahora sólo piensa en este acorde como el acorde 6D. En mi escuela de improvisación en línea yo enseño una teoría completa de acordes disminuidos, pero va más allá del alcance de este libro. Cuando nos encontremos con estos acordes en el libro, siempre te diré un acorde diferente que puedes sustituir para poder comprender la función armónica de ese momento. En este caso, es el acorde 6D que realiza la misma función armónica que el acorde disminuido indicado.)

Otra canción excelente que no incluye demasiados acordes nuevos es el standard "All of Me". Esta canción es un maravilloso estudio en el primer concepto del Ejercicio 4, que es la preparación de acordes en un solo movimiento.

All of Me - Gerald Marks and Seymour Warren

Compás 1	Compás 2	Compás 3	Compás 4
1 5 3 **1**	(3) 1 2 1 **1**	7 #5 3 **3D**	 **3D**
6 5 3 **6D**	#2 (3) 3 b7 6 **6D**	5 4 **2-**	 **2-**
3 b3 2 **3D**	3 #5 7 **3D**	2 1 **6-**	 **6-**
7 b7 6 **2D**	6 2 7 **2D**	6 **2-**	7 **5D**
1 5 3 **1**	(3) 1 2 1 **1**	7 #5 3 **3D**	 **3D**
6 5 3 **6D**	#2 (3) 3 b7 6 **6D**	5 4 **2-**	 **2-**
2 1 7 **4**	2 1 **4-**	7 3 5 **3-**	7 6 **6D**
1 6 1 **2-**	3 3 **5D**	1 **1**	 **1**

A continuación te muestro el boceto tonal para un standard muy conocido que te permite practicar las progresiones hacia los tres centros tonales más importantes en nuestra música: el acorde 1, el acorde 6- y el acorde 4. La canción es “There Will Never Be Another You”.

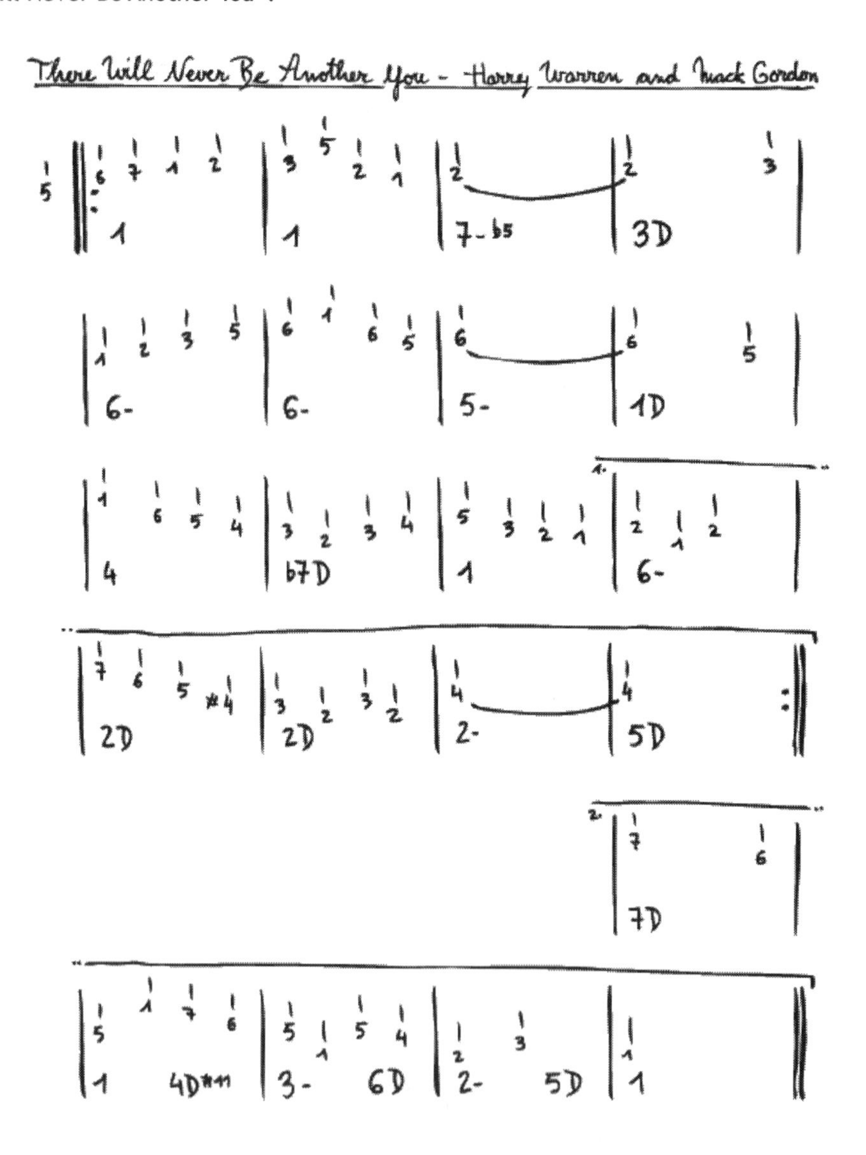

Tómate un minuto para ver claramente cómo funciona esta canción. Tiene una armonía muy linda que es muy sencilla de entender. La canción empieza en el acorde 1 y luego nos lleva por el camino hacia el acorde 6-. A continuación nos lleva por el camino hacia el acorde 4. Una vez llegados al acorde 4, comenzamos una variación de lo que yo llamo el “largo viaje a casa” desde el acorde 4 hacia el acorde 1. (Esta es la progresión que te mostré hacia el final del Ejercicio 4.) Esta es una maravillosa canción para estudiar porque es un viaje precioso por los tres centros tonales más importantes de la música occidental. No podrías pedir un mejor ejemplo didáctico.

Mientras estudias "There Will Never Be Another You", escucha con atención cómo suena el acorde 5- justo después del acorde 6-. Este es un movimiento muy fácil de reconocer y aparece en muchas canciones, debido a que es una transición tan bonita. Probablemente mi ejemplo favorito de este movimiento es la hermosa balada de Miles Davis y Bill Evans, "Blue in Green". No quiero incluir la melodía aquí porque la interpretación de Miles es tan libre que no me siento cómodo diciendo cuál es la verdadera melodía. (Además, no estoy completamente de acuerdo con la melodía escrita en el "Real Book"). Pero te muestro la progresión de acordes completa, y te dejaré a ti la interpretación de la melodía:

Blue in Green - Miles Davis and Bill Evans

||: 4 | 3D | 6- | 5- 1D |

| 4 | 3D | 6- | 7D |

| 3- | 6- :||

Observa lo fácil que es comprender el movimiento armónico en esta canción. Mira el movimiento desde cada acorde al siguiente e imagínate a ti mismo moviéndote por tu mapa tonal, sólo tocando la fundamental de cada acorde. Fíjate en que cada uno de los movimientos es simplemente un paso hacia arriba o hacia abajo en la escala (por ejemplo, el movimiento hacia abajo desde el 4 al 3D con el que empieza la canción) o es uno de los saltos que hemos estado estudiando (por ejemplo el salto desde el 3D al 6-). Esta es una excelente canción para practicar "Seguir la Armonía" porque los movimientos de acorde son tan regulares. Las primeras veces que lo intentes, puede que no reconozcas todos los acordes de oído porque probablemente no hayas ganado suficiente experiencia trabajando con cada uno de estos acordes por separado. Pero puedes apoyarte en mi boceto tonal para orientarte. Si escuchas atentamente la canción y la sigues en mi boceto tonal, creo que puedes tener tu primera experiencia de cómo se siente el poder reconocer acordes de oído.

Podríamos fácilmente llenar el resto de este libro con más ejemplos, pero también puedes hacer estos bocetos tonales tú mismo. Para cualquier canción que te gustaría tocar, simplemente identifica el tono de la canción y luego traduce cada nota y cada acorde a nuestro lenguaje tonal. Pero recuerda que nuestra meta no es meramente traducir las canciones a nuestro propio lenguaje y memorizar los nuevos símbolos de los acordes. Lo que realmente estamos intentando hacer es *comprender* las canciones, para llegar al punto en que ya ni siquiera necesitemos más nuestro boceto tonal porque podemos literalmente *oír* la armonía en la canción. Las mejores canciones para estudiar de esta manera son las canciones que ya te gustan y que tienen un significado especial para ti. Estas son las canciones que más tienen para enseñarte. Analiza estas canciones y estudia cada ambiente armónico muy pacientemente para que puedas llegar a reconocerlos instantáneamente simplemente por su sonido. De esta forma te puedes librar de la necesidad de memorizar progresiones de acordes, y aprender a depender de tu oído como la única orientación que necesitas.

Tocar el blues

Una curiosa característica del método IFR es que nos llevó todo este tiempo para llegar a lo que normalmente es la primera cosa que cualquier estudiante de improvisación aprende: el blues. Esta anomalía se debe a que el blues de 12 compases, mientras que es sencillo en su forma, implica cambios en el ambiente armónico que no sabíamos cómo enfrentar hasta que empezáramos a estudiar la Armonía Mixta.

Antes de mirar la armonía de un blues, quiero aclarar lo que quiero decir con "tocar el blues". La palabra "blues" se refiere a una forma de hacer música que existió en los Estados Unidos hacia finales del siglo diecinueve. Es una creación afroamericana. Deberíamos vigilar de no intentar reducir este enorme cuerpo de poesía y música a unos pocos cambios de acordes. Como profesor, no estoy capacitado para darte ni la más modesta noción sobre lo que es el blues. Si quieres descubrir algo sobre esta hermosa tradición y lo que significa para las personas que la crearon, un buen lugar para empezar sería el libro "Blues People" por Amiri Baraka. Es uno de los mejores libros que conozco sobre blues, jazz y la cultura afroamericana.

Pero la palabra "blues" también tiene un significado diferente para los músicos de jazz contemporáneos. Cuando decimos por ejemplo que vamos a tocar un "blues en F", de lo que realmente estamos hablando es de una forma de canción en particular. Esta forma, también llamada "blues de 12 compases" es solamente una de las incontables formas de canción que existían en la música blues tradicional. Pero es casi la única forma de canción de blues que los músicos de jazz continúan tocando hoy en día, y por esta razón a menudo simplemente le llamamos un "blues". Esta es la forma de canción que quiero mostrarte, para que tú también puedas tocar un "blues en F" o en cualquier otro tono cuando te inviten.

Un aspecto importante de la manera de tocar un blues tradicional es que todos los acordes son acordes dominantes. En otras palabras, el ambiente armónico básico de la canción no es la escala mayor sino el acorde 1D. Esto afecta no solamente el acorde 1D sino también el acorde 4D, como verás dentro de un momento. Primeramente miremos un ejemplo típico de los acordes de un blues:

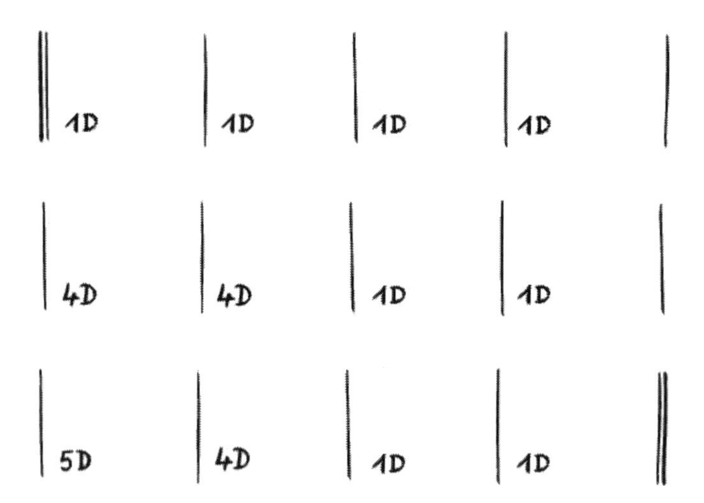

Es importante comprender cómo los acordes apoyan la letra de la canción. Tradicionalmente, aunque la canción tiene tres líneas, la letra sólo tiene dos líneas diferentes. La primera línea de la canción es la enunciación de un problema o algún tipo de frase provocativa que nos deja en suspense. En la segunda línea de la canción, esta misma frase *se repite* una segunda vez, intensificando su impacto. Finalmente en la tercera línea de la canción, se nos da la conclusión de la historia.

En el blues, es la letra que te dará la clave para entender los acordes. Mira las tres líneas de acordes en el dibujo de arriba y reflexiona sobre cómo la armonía apoya la historia contada por la letra. ¿Ves que la primera línea se queda en el acorde 1D mientras el cantante presenta la frase provocativa? Ahora fíjate en la segunda línea. Ahora el cantante está repitiendo la frase provocativa, y mira lo que pasa en los acordes. El fondo armónico cambia al acorde 4D, llamando nuestra atención al hecho de que el cantante está repitiendo su frase anterior. Este acorde 4D aumenta la sensación de suspense. Esto nos ayuda a percibir la urgencia de la historia que el cantante está insistiendo tanto en comunicarnos a través de su repetición. Finalmente, observa como el acorde de 5D introduce un momento de tensión máxima al comienzo de la tercera línea, justo cuando el cantante empieza a contar la segunda mitad de su historia, revelando el significado de todo el verso. Y claro, la tercera línea acaba en el acorde 1D en el momento preciso que el cantante pronuncia su última palabra.

Te muestro esto porque creo que si puedes conectar con el significado de las tres líneas, te sentirás mucho más inspirado a hacer música con ellas. La belleza y el significado del blues no está contenido solamente en los acordes. Para comprender el poder de esta forma de canción tienes que oírla por ti mismo, y esto significa escuchar a muchos artistas del blues tradicional cantando canciones de esta forma. Te aconsejo que tomes muy en serio esta parte de tu formación musical. Antes de que puedas expresar lo que piensas tú sobre el blues, primero tienes que sentir el poder de esta tradición por ti mismo.

Sin embargo, lo que podemos lograr aquí es identificar y comprender los tres ambientes armónicos que ocurren en la canción. Son los siguientes:

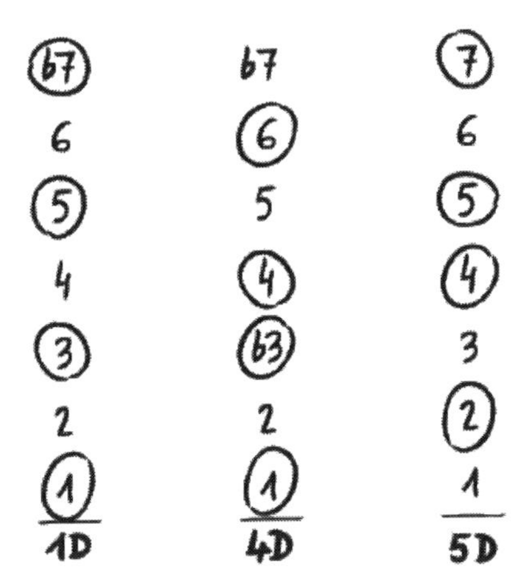

Observa que el ambiente armónico 4D que te presento aquí es diferente del ambiente armónico 4D que te mostré en el Ejercicio 4. La diferencia está en la nota 7. En el ambiente 4D clásico que viste en el Ejercicio 4, la nota 7 no está alterada. Este es un detalle importante y es lo que le da al 4D su sonido tan hermoso y distintivo.

Pero lo que tenemos en el blues es algo diferente. El ambiente armónico básico del blues no es la escala mayor sino de hecho el acorde 1D. Esto significa que la nota b7 ya está presente en el ambiente armónico original de la canción. Cuando llega el acorde 4D y deforma este ambiente, la nota b7 todavía está allí. Es solamente cuando aparece el acorde 5D que esta nota se altera, puesto que el 5D requiere que la nota 7 sea natural.

En realidad no importa mucho si sigues mi explicación o no, ya que de todos modos es bastante subjetiva. Recuerda que nuestro análisis de los ambientes armónicos nunca pretende decirte cuáles son las notas que puedes tocar. Siempre puedes tocar las notas que quieras, expresando cualquier sonido que oigas en tu mente. Lo único que estamos intentando hacer con nuestro análisis armónico es crear un mapa que se corresponda con lo que oímos y sentimos cuando escuchamos la canción. La única finalidad de este mapa tonal es facilitar que te orientes en la canción. Si prefieres usar una nota diferente en tu mapa tonal de la que yo uso en el mío, no hay ningún problema. Siempre deberías intentar organizar la armonía de la manera que te suene más natural a ti.

Aparte de escuchar muchas canciones de blues, la otra cosa importante que deberías hacer para comprender la armonía del blues es estudiar los tres acordes y descubrir las relaciones entre ellos. Te recomiendo que utilices nuestra técnica de Sendas Melódicas para investigar la conexión entre el 1D y el 4D, y también la conexión entre el 5D y el 1D. Esto te enseñará mucho sobre el flujo de las voces entre un acorde y el otro.

Ahora vamos a ver la forma de canción llamada "blues en menor". Curiosamente, para tocar un blues en menor no necesitamos ninguno de los nuevos conceptos de la Armonía Mixta. Todos los tres acordes del blues en menor vienen directamente de la escala mayor sin ninguna alteración. A continuación te muestro un ejemplo de un blues en menor típico. Para esta forma también deberías estudiar todas las conexiones con Sendas Melódicas para descubrir cómo fluye la armonía a través de los cambios de acordes.

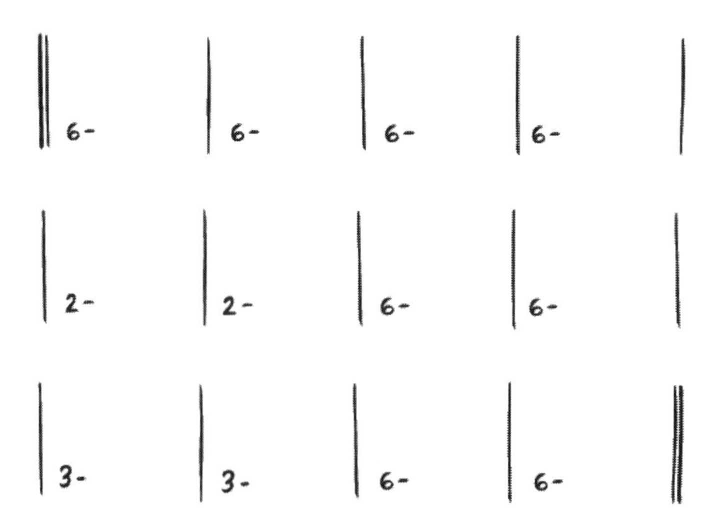

Cuando te sientas cómodo improvisando sobre los acordes de un blues básico tanto en mayor o como en menor, puedes usar los conceptos que aprendiste en el Ejercicio 4 para crear una sensación adicional de movimiento armónico en estas piezas. Por ejemplo, a continuación te muestro una manera en que los músicos de jazz probablemente toquen un blues de 12 compases hoy en día:

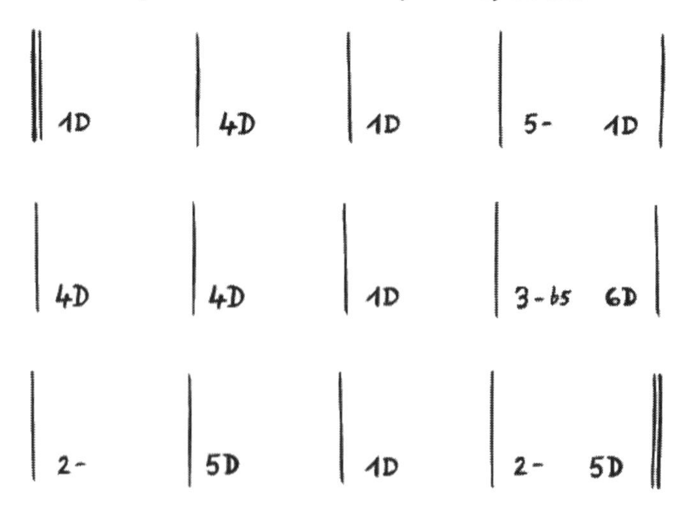

Y aquí tienes un ejemplo de cómo se podría tocar un blues en menor:

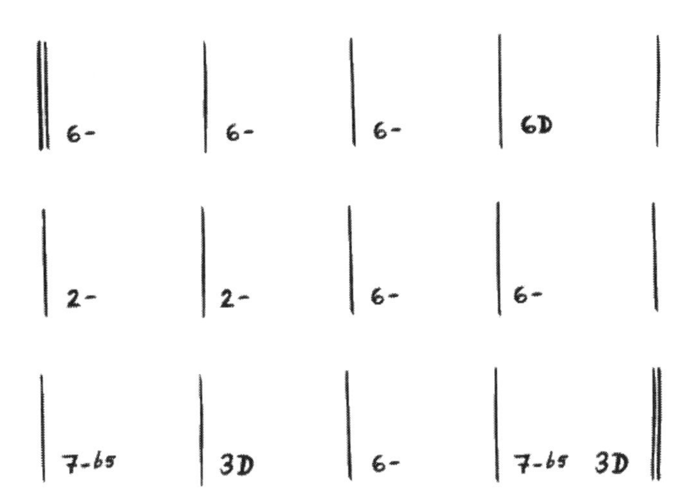

Podríamos continuar imaginando sustituciones de acordes mucho más sofisticadas que mantendrían solamente una relación muy abstracta con la forma original de la canción. Pero te aconsejo que evites crear un mapa tonal demasiado complicado. Dentro de tu propia imaginación, ya posees una capacidad ilimitada de abstracción. Por eso no es necesario tener un mapa sofisticado para tocar música sofisticada. Al mantener tu modelo mental muy simple, puedes improvisar mucho más libremente y crear música mucho más sofisticada sin perderte. También es importante mantener un modelo mental sencillo para que no te conviertas en un esclavo de los cambios constantes de acorde. Lo único que queremos hacer es conectar con el movimiento armónico básico que le da al blues de 12 compases su poder. Es esta *conexión* con la forma de canción en general lo que nos permite contar historias poderosas con nuestras improvisaciones.

Tocar escalas no es improvisar

Llegados a este punto, me imagino que ya estás viendo lo poderosos que son los ambientes armónicos de la Armonía Mixta como herramienta conceptual. Cómo ahora ya puedes visualizar el flujo armónico entero de una pieza musical, podrías fácilmente volar por todo tu instrumento, tocando las escalas apropiadas hacia arriba y hacia abajo de una forma que sonaría muy impresionante. Para muchos principiantes esta nueva libertad de movimiento puede ser absolutamente eufórica. Si siempre te han maravillado los músicos de jazz que pueden entrelazar las progresiones de acordes a la velocidad de la luz, puede ser muy emocionante descubrir esta capacidad por ti mismo.

Pero esta no es la verdadera finalidad de los nuevos ambientes armónicos de la Armonía Mixta. Estos nuevos conceptos no son materia prima para usar en tus improvisaciones. No son más que *mapas* del terreno musical. Su finalidad es permitirte localizar fácilmente los sonidos que *imaginas*. No cometas el error de conformarte con tocar el mapa en sí. Al principio puede parecer emocionante volar hacia arriba y hacia abajo usando las escalas alteradas de la Armonía Mixta, demostrando al público tu dominio de la armonía. Pero tocar escalas no es improvisar, por muy bien que lo hagas.

Acuérdate de que tú estás llegando muy tarde a esta fiesta. Los seres humanos han estado tocando y componiendo música con este material durante *siglos*. Por mucho que practiques, nunca vas a ser capaz de tocar estas escalas ni más rápidamente ni mejor que los millones de otros músicos que lo hicieron antes que tú.

Pero sí tienes algo que ofrecer que es único, especial y que no tiene precio, y eso es tu imaginación. Este es tu tesoro. La claridad mental que logramos con el Ejercicio 4 tiene una sola finalidad, que es mejorar tu capacidad de expresar la música que imaginas. No intentes presumir tu dominio de la armonía como si tuviera algo de valor en sí mismo. En cambio, guarda tu claridad mental para ti solo, como un secreto privado que te permite expresar hermosas melodías sin un solo momento de hesitación. Los verdaderos virtuosos no malgastan su talento haciendo acrobacias tontas. Dedican su virtuosismo a la única finalidad que les interesa, que es hacer que cada nota sea infinitamente hermosa.

Composiciones avanzadas de jazz

El material que hemos estudiado hasta este momento presupone un centro tonal fijo sin cambios de tono. Podrías decir que lo que realmente hemos estado estudiando es la "armonía tonal". En relación con una nota en particular llamada el centro tonal, has aprendido a reconocer el sonido de las doce notas de la escala cromática tonal y has aprendido cómo usar estas notas para crear diferentes tipos de movimiento armónico. La mayoría de las canciones populares incluyendo los standards de jazz se basan puramente en estos conceptos de la armonía tonal. Por lo tanto, ya tienes todos los conceptos que necesitas para desarrollarte como un improvisador de este tipo de música.

Lo que quiero hacer ahora es compartir algunos pensamientos sobre cómo aplicar estos mismos conceptos de la armonía tonal a las composiciones de jazz más sofisticadas. Mi propia experiencia con este proceso es con la música de compositores como Thelonious Monk, Charles Mingus, Miles Davis, Wayne Shorter, John Coltrane y Ornette Coleman. Pero creo que el mismo enfoque también sería útil para estudiar las composiciones de los artistas más contemporáneos como Keith Jarrett, Brad Mehldau, Marc Copland, Egberto Gismonti, Paul Bley, etc.

Ante todo quiero asegurarte que no tiene nada de "difícil" el improvisar sobre las composiciones de jazz más sofisticadas. Al contrario, la riqueza y la belleza de estas composiciones son tan inspiradoras que hacen parecer que la música se toca sola. Es mucho más fácil crear música interesante si estás empezando con una estructura composicional subyacente que ya es fascinante y hermosa. Improvisar buena música sobre estas composiciones no es el problema. Pienso que cualquier dificultad que los músicos tengan con las armonías más sofisticadas es sólo una cuestión de no saber exactamente cómo estudiar la música en primer lugar.

Si quieres improvisar usando una composición de jazz moderna como tu material, sólo necesitas entender cada momento en la composición en la misma profundidad que entiendes las canciones más sencillas a las que estás acostumbrado. No hay nada difícil en este trabajo. Solamente tienes que ver claramente el tamaño del trabajo del que estás hablando. Un típico standard de jazz tendrá solamente uno o dos cambios de tono, normalmente en el puente. Cómo ya sabes por experiencia, incluso un solo cambio de tono en una canción ya es algo que requiere tiempo y práctica para dominar. Por lo tanto, si una composición más sofisticada consiste en catorce compases y cada compás está arraigado en un tono diferente, puedes tener hasta catorce veces la cantidad de trabajo que conlleva un standard típico, solamente para formar una idea básica de cómo fluye la armonía a través de la pieza.

Además, el problema en realidad es más profundo que esto. Antes de que podamos empezar a estudiar los cambios de acordes de una pieza, primero tenemos que decidir por nosotros mismos cuál es la armonía verdadera de la pieza. Este no es un asunto sencillo. Algunos compositores de jazz usan la armonía de una manera tan ambigua y abstracta que no es realista intentar reducir sus composiciones a "lead sheets" como las que estamos acostumbrados a ver en el "Real Book". Aquí es donde la mayoría de los músicos jóvenes se atascan cuando quieren trabajar con material más avanzado.

El "Real Book" es una obra maravillosa que ha proporcionado innumerables horas de disfrute a músicos por todo el mundo. Pero tenemos que ser realistas sobre el uso al que está destinado. El nombre de "Real Book" (libro real) es un juego de palabras que hace referencia a la expresión "fake book". Un "fake book" es un libro de partituras simplificadas que permite que los músicos "finjan" un conocimiento de una canción si se ven obligados a tocarla en una actuación sin haberla podido estudiar con profundidad. El juego de palabras se debe al hecho de que la expresión "fake book" en realidad quiere decir "libro para fingir" pero también se podría interpretar como "libro falso". Por eso, es una broma natural nombrar tu colección de partituras un "libro real" para contrastarlo con los "libros falsos".

Pero esta historia del nombre del Real Book nos sirve para recordar para qué el libro existe. Su valor es que tiene esbozos rápidos y simplificados de una gran variedad de canciones populares. Para hacer pequeñas actuaciones y poder responder a cualquier petición, el Real Book es imprescindible. Pero no es una herramienta adecuada para estudiar composiciones serias. Su formato puede seguir siendo útil como modelo para resumir la armonía de una pieza. Pero eres tú que tendrás que decidir lo que es la armonía en realidad, y qué son los aspectos de la composición que tú quieres incluir en tu propia interpretación.

De la misma manera que hicimos con las siete notas de la escala mayor, nuestra primera tarea con las composiciones de jazz más complejas es llegar a conocer los sonidos con los que vamos a estar improvisando. En otras palabras, no hay ningún "secreto" para improvisar sobre música más sofisticada. Sólo hay que estudiar esta música con la misma paciencia y cariño con que hemos estudiado todo lo demás hasta ahora. Este puede ser un trabajo fascinante y placentero, y no debería ser difícil para nadie. Intentaré darte un esquema de cómo podría ser este trabajo para una pieza determinada.

> **Estudiar la melodía.** Intenta escuchar varias grabaciones de la pieza, sobre todo actuaciones realizadas por el propio compositor. Aprende a cantar la melodía nota por nota y practica tocando la melodía entera en tu instrumento en todos los tonos. Puede que no seas capaz de visualizar la melodía entera en un solo mapa tonal porque el tono de la música puede cambiar varias veces durante el curso de la pieza. Pero acepta este desafío con calma y busca tu propia forma de pensar en estos cambios de tono. Encuentra alguna manera de comprender cómo funciona la melodía de la pieza, y aprende a tocar la melodía entera empezando en cualquier nota de tu instrumento.
>
> **Estudiar la composición entera.** Intenta conseguir una transcripción de la pieza entera realizada por el propio compositor. Si esto no es posible, quizás consigas un arreglo para piano solo, sin acompañamiento. Esto te será mucho más valioso que una "lead sheet" porque a menudo contiene innumerables detalles que no se pueden reducir a una sencilla melodía con símbolos de acordes. No tienes necesariamente que ser capaz de tocar la pieza entera en el piano en el tempo correcto, ya que esto puede ser demasiado difícil. Pero sea cual sea tu nivel con el piano, puedes usar el piano a tu ritmo para descubrir y contemplar cada sonido en la composición. En este momento no te preocupes por identificar la armonía. Olvídate de

buscar escalas y acordes que puedan guiar tus futuras improvisaciones. Simplemente disfruta la experiencia de conocer la composición por lo que es.

Decidir la armonía. Recuerda que la armonía es muy subjetiva, sobre todo con la música más abstracta. Lo que estamos buscando no es necesariamente la "respuesta correcta" sino más bien una forma de hablar de lo que *tú* sientes cuando escuchas la armonía. Mi propia opinión personal es que la autoridad final en estas cuestiones siempre debería ser tu propio oído. Por lo tanto, irónicamente la técnica principal que utilizo yo para estudiar las composiciones de jazz más serias es la primera cosa que te mostré sobre la música. En el capítulo "Comprender comienza por escuchar", probaste un experimento musical en el cual escuchaste una pieza de música y luego intentaste identificar la tonalidad y el centro tonal de la música. (Puede que quieras volver a leer ese capítulo ahora para refrescar tu memoria.) Esto es exactamente lo que yo hago para aclarar la tonalidad de cualquier momento difícil en una composición sofisticada. Encuentro que es mucho más fiable que intentar calcular escalas usando símbolos de acordes escritos en el Real Book. También me lleva a un resultado que es más útil para mí personalmente porque se corresponde con lo que yo realmente oigo cuando escucho la composición. Para cada nuevo sonido en la pieza, simplemente pauso la grabación (o hago una pausa en mi propia interpretación si estoy tocando una transcripción escrita), e identifico las notas que oigo en mi mente como el ambiente armónico del momento. También identifico el centro tonal y luego decido alguna forma de resumir todo esto y escribirlo. Puedes expresar la armonía como un símbolo de acorde similar a los que aparecen en el Real Book. O puedes apuntar una escala entera. Incluso podrías aprovechar el lenguaje tonal que aprendiste en el Ejercicio 4: La Armonía Mixta cuando sea apropiado. Por ejemplo, quizás un acorde particular te suene como el acorde 3D en el tono de F, aunque la composición se base en otro tono. No hay ningún problema con apuntar todo esto. Puedes usar cualquier sistema que te sirva, puesto que eres el único que necesita comprender tu propio pensamiento.

Practicar improvisando. Si ya has aprendido a tocar la composición entera (tanto los acordes como la melodía) en un piano, y has decidido por ti mismo qué sucede armónicamente en la pieza, entonces estás listo para comenzar a crear tu propia música. Practica improvisando sobre cada cambio de acorde con el mismo cuidado que estudiaste tus primeras progresiones de acordes en la Armonía Pura. Especialmente cuando haya cambios de tono, revisa estos pasajes muchas veces para explorar las posibilidades melódicas. Cada cambio en el ambiente armónico produce una sensación particular que el compositor sentía que era importante. Tómate tu tiempo para llegar a familiarizarte íntimamente con cada uno de estos cambios. Aprende a expresar estos cambios de tono tú mismo con tu instrumento, para que puedas producir estas sensaciones con confianza para tus oyentes. El paso final es interiorizar todo esto para que puedas improvisar melodías de oído, expresando tu música exactamente como la oyes en tu imaginación musical.

Lo principal que quiero inspirarte a cultivar es una actitud de amor y de respeto por el trabajo de otros compositores. El trabajo que yo propongo quizás parezca demasiado esfuerzo sólo para añadir una nueva pieza a tu repertorio. Está claro que tampoco es la única manera de enfrentar estas obras. Puede ser un excelente ejercicio de improvisación simplemente tocar una canción usando los símbolos de acordes escritos en una “lead sheet”. Pero sería solamente eso, un ejercicio de improvisación. No te daría la oportunidad de enriquecer tu propia imaginación musical con el pensamiento profundo de un gran compositor.

Yo prefiero estudiar una pieza de música en mucha profundidad antes de intentar hacer algo con ella porque así es cómo a mí me gusta aprender música. Si tengo la opción de elegir entre aprender técnicas de composición de un profesor en un aula o tocar y disfrutar las composiciones de Thelonious Monk, yo preferiría estar tocando Monk. Lo que quiero sugerir es que en vez de ver las composiciones de jazz como “retos”, intenta verlas como obras de arte hermosas que deberían formar parte esencial de tu educación musical. Si tomas el tiempo para estudiar cada composición con profundidad y realmente llegar a conocerla por dentro y por fuera, la improvisación se encargará de sí misma.

La improvisación libre: Sentir, Imaginar, Crear

La "improvisación libre" puede significar muchas cosas. Para algunos significa hacer música con herramientas eléctricas y aparatos de cocina. Para otros significa usar instrumentos tradicionales de una manera no tradicional, como golpear tu saxofón con un martillo o gritar en tu trombón.

Para mí simplemente significa crear música espontáneamente. No hay razón por la que no pueda ser tan hermosa como cualquier otro tipo de música. La improvisación libre no significa necesariamente evitar todo lo que suene melódico o sensible. Sólo significa que los músicos dejan que la dirección de la música tome forma en ese momento.

Una diferencia entre la improvisación libre y la improvisación de jazz tradicional es que los improvisadores libres hacen toda su comunicación con sonidos. Mientras que un intérprete de jazz puede empezar una canción diciendo en voz alta "Toquemos 'Body and Soul' en Bb", un improvisador libre puede empezar una canción simplemente tocando unas pocas notas en el piano. Lo que el pianista realmente está diciendo es "¡Toquemos algo que empiece así!". Los otros músicos escucharán durante un momento y luego tocarán lo que debería venir a continuación, según su propia imaginación creativa.

En cierto sentido, los improvisadores libres son como grandes pintores que deben pintar todos simultáneamente en el mismo lienzo. Tienen sólo unos pocos minutos para crear una obra maestra, y la única comunicación entre ellos tiene lugar en la pintura misma sobre el lienzo. Cada pintor decide qué pintar basándose en lo que los otros están pintando.

Los intérpretes de jazz disfrutan de la misma creación espontánea pero prefieren organizarse un poco antes de empezar. Se ponen de acuerdo sobre lo que van a pintar, quizás una escena campestre de una granja y un campo, y asignan una responsabilidad específica a cada pintor. Uno pintaría el fondo, otro la granja, otro los árboles, etc.

Yo digo los "intérpretes de jazz" y los "improvisadores libres" para ilustrar el concepto de cómo las dos formas de hacer música son diferentes. Pero todos podemos tocar música de muchas formas diferentes y no hay porque limitarnos a un concepto o a otro. En un solo concierto yo podría emplear la improvisación de maneras muy distintas. Quizás toque un par de mis propias composiciones nota por nota como hacen los músicos clásicos. Probablemente toque varias canciones que tengan una estructura flexible con mucho espacio para la improvisación, como hacen los intérpretes de jazz. Y quizás toque un par de piezas sin ningún plan en absoluto, como hacen los improvisadores libres. No hay nada en esto que sea ni correcto ni incorrecto. Es todo simplemente música.

En el Ejercicio 5 vamos a comenzar una nueva práctica musical que es esencialmente la improvisación libre. Pero esta práctica no está restringida a un estilo de música particular. Está claro que *podrías* practicar el Ejercicio 5 participando en las "jams" de improvisación libre con otras personas. Pero también puedes practicar el Ejercicio 5 con los standards de jazz, con canciones de rock o incluso con canciones infantiles. El cambio en el Ejercicio 5 es un cambio interno.

Tiene que ver con el proceso mental que usas para encontrar las notas que imaginas.

En el Ejercicio 2: Nivel Maestría aprendiste a orientarte en cualquier pieza de música usando una sola nota de tu instrumento. La idea es que cualquier nota que toques siempre va a ser una de las doce notas de la escala cromática con relación al tono que estás sintiendo. Si conoces la sensación de todas las doce notas en tu mapa tonal, entonces nunca deberías necesitar tocar más que una sola nota para poder estar perfectamente orientado en cualquier pieza musical.

Como mencioné en su momento, una forma de practicar esta técnica es improvisar sobre toda tu colección de música. Si has intentado esto, probablemente te hayas dado cuenta de que tu experiencia varía mucho dependiendo del tipo de música sobre la que estés improvisando. Con música sencilla que se queda en el mismo tono todo el tiempo, sólo tienes que orientarte una vez al principio de la canción y luego puedes pasar el resto de la canción desarrollando tus propias ideas musicales. Con música más compleja, notarás que el tono cambia con frecuencia. Esto requiere que te orientes de nuevo cada vez que el tono cambie. Por lo tanto, tienes menos tiempo para desarrollar tus ideas antes del próximo cambio de tono.

En otras palabras, improvisar sobre la música muy sencilla te permite practicar tu capacidad de *imaginar* y *crear* música, mientras que improvisar sobre la música compleja te da mucha práctica intentando *sentir* el tono del momento.

En cualquiera de los dos extremos nos perdemos alguna parte del proceso. La música muy sencilla no nos permite practicar nuestra capacidad para sentir dónde estamos en el tono, porque el tono nunca cambia. Y la música muy compleja no nos deja practicar el imaginar y crear música porque muchas veces no hay suficiente tiempo para tocar ni una sola nota antes del que el tono cambie de nuevo.

La mayoría de la música moderna de jazz, la música clásica y la improvisación libre está en algún punto entremedio de los dos extremos. El ambiente armónico está generalmente en constante evolución pero a un ritmo más razonable. Siempre tenemos que estar atentos a lo que estamos sintiendo porque el tono puede cambiar en cualquier momento. Pero todavía tenemos tiempo y espacio para desarrollar y contribuir nuestras propias ideas. Este es el entorno idóneo para practicar el Ejercicio 5.

Para comprender este nuevo enfoque sobre la improvisación, regresemos a ese momento concreto en el Ejercicio 2: Nivel Maestría cuando aprendiste a usar una sola nota en tu instrumento para orientarte en la música. Tenemos que mirar ese corto periodo de tiempo entre la "nota de prueba" inicial y la primera nota que realmente tocas con intención. Este momento es la esencia de la improvisación libre, y en el Ejercicio 5 aprenderemos a incorporar este momento dentro de cada nota que tocamos.

Cuando estabas practicando el Ejercicio 2: Nivel Maestría, la primera cosa que hiciste fue *sentir* dónde estaba localizada tu nota de prueba dentro de la octava tonal que estabas sintiendo. En la práctica, esto sólo significa escuchar y reconocer el sonido de cualquier nota que estés tocando:

Al escuchar el sonido de tu nota de prueba, ya sabes exactamente dónde estás en la octava tonal que estás sintiendo. No importa si este es verdaderamente "el tono" de la música. Tampoco importa si los otros músicos están sintiendo el mismo tono que tú estás sintiendo. Lo único que necesitas es un punto de referencia para poder localizar la siguiente idea musical que quieres tocar.

El siguiente paso es justamente eso: *imaginar* el sonido que quieres añadir a la música. Esta es una idea puramente musical que se te ocurre en forma de sonido:

Y de la misma forma que hiciste con tu nota de prueba, ahora necesitas localizar esta nueva idea musical dentro de la octava tonal que estás sintiendo. Tan pronto como reconozcas cuál de las doce notas de la escala cromática tonal estás imaginando, puedes seguir adelante y *crear* este sonido en tu instrumento:

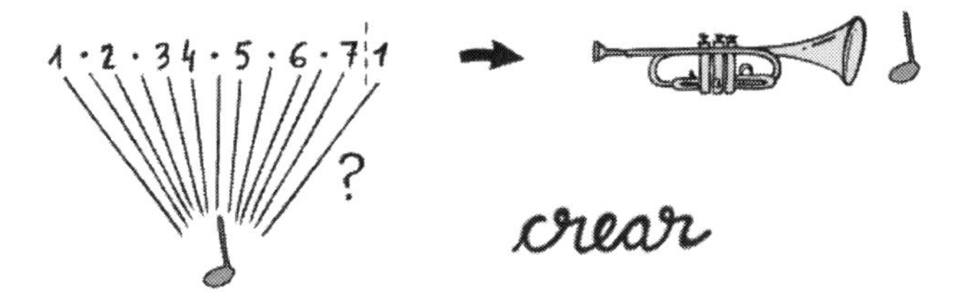

En el Ejercicio 2: Nivel Maestría, solamente hacemos esto una vez al principio de nuestra improvisación. Una vez orientados en la música podemos simplemente disfrutar de nuestra improvisación porque sabemos que probablemente el tono no cambie. Pero en el Ejercicio 5 suponemos que el ambiente musical está cambiando constantemente. Por lo tanto, tenemos que hacer este proceso de sentir, imaginar y crear con cada nota que tocamos. En otras palabras, ya no hay más "nota de prueba". De hecho, cada nota que toquemos sirve como la nueva "nota de prueba". Sin importar cuántas veces el tono de la música cambie, siempre sabremos exactamente dónde estamos en el *nuevo* tono si simplemente escuchamos el sonido de la última nota que hemos tocado.

Como todo lo demás en mi método, en la práctica este proceso es mucho más natural de lo que suena cuando lo lees por primera vez. La descripción de los tres momentos requiere muchas palabras, pero en la práctica no tendrás la sensación de realizar tres acciones distintas. Cuando te acostumbres a la nueva realidad de que el tono puede cambiar en cualquier momento, simplemente empiezas a tocar con una sensibilidad aumentada y aprendes a adaptarte a los cambios que se presenten.

Para darte una idea de cómo se siente improvisar de esta manera, miremos un ejemplo. Imagínate que estás improvisando en un ambiente musical complejo con frecuentes cambios de tono. Tu proceso de pensamiento interno puede ser algo parecido a esto:

> "... Acabo de tocar la nota 3, así que mentalmente es aquí donde estoy en mi mapa tonal..."
>
> "... La siguiente frase musical que oigo en mi mente está compuesta de las notas b6 y luego 5... Las tocaré ahora..."
>
> "...Vale, acabo de tocar la nota b6 y luego la nota 5. Pero de repente ya no *se siente* cómo la nota 5. Ahora esta nueva nota se siente más como la nota 7..."
>
> "...Bueno, ningún problema. Parece que ahora estoy en la nota 7. Veamos cuál es el siguiente sonido que imagino..."
>
> "...Bien, ahora oigo en mi mente una nueva idea musical, y es la nota 6. Ahora voy a tocarla. Sólo tengo que bajar desde la nota 7 a la nota 6."

Obviamente no pensamos todos estos pensamientos verbalmente mientras estamos tocando, pero la experiencia es más o menos así. El caso es que no tienes porque asustarte cuando te sorprenda el sonido de una nota. Simplemente te adaptas a lo que estés sintiendo en ese momento y continúas. Es así de sencillo.

La clave es entender que por muy desorientado que puedas sentirte, nunca estás fuera de tu mapa tonal. Puede que estés en una de las siete notas de la escala mayor o puede que estés en uno de los puntitos negros. Pero siempre estás en *alguna parte* de ese dibujo. Si quieres saber dónde estás, lo único que tienes que hacer es escuchar la nota que estás tocando y fijarte en lo que sientes.

A veces mis alumnos dicen que un beneficio bonito de mi método es que la única información que necesitas recordar mientras estás tocando es la nota en la que estás en ese momento. Si siempre tienes en cuenta el lugar en el que estás en la octava tonal, siempre sabrás dónde encontrar cualquier otro sonido que puedas imaginar. Pero incluso esta afirmación no expresa la historia completa. La verdad es que ¡no necesitas recordar *nada* mientras estás tocando! No necesitas *recordar* en qué parte del tono estás porque puedes *oírlo*. Simplemente con escuchar la nota que estás tocando, puedes orientarte instantáneamente en el tono que estás sintiendo y puedes usar esta orientación para localizar cualquier otro sonido que puedas imaginar.

Por lo tanto, el próximo paso en tu camino como improvisador es librarte de la dependencia de un ambiente armónico estático. Si quieres tocar música más sofisticada, tienes que aceptar la realidad de que el tono que estás sintiendo estará moviéndose constantemente. Para adaptarte a esta situación necesitas desarrollar el hábito de escuchar *cada* nota que toques como si te hubieras perdido en la octava tonal. En cierto sentido, estamos desarrollando el hábito de "perdernos" a propósito. Puesto que ya no podemos contar con que el ambiente armónico se quede constante, tenemos que comprobar cada nota que toquemos y sentir constantemente dónde estamos.

En el Ejercicio 5 comenzarás a practicar haciendo música de esta manera. Pero todo lo que has estudiado hasta ahora es todavía completamente relevante para tu futuro crecimiento musical. Todos los cinco ejercicios del método IFR están diseñados para ser practicados en paralelo. Tu comodidad en practicar el Ejercicio 5 depende de habilidades que sólo se pueden adquirir en los cuatro primeros ejercicios. Por lo tanto, si encuentras difícil o frustrante esta nueva forma de hacer música, no te tortures practicando el Ejercicio 5. Vuelve hacia atrás y trabaja más en los ejercicios anteriores. Es con los cuatro primeros ejercicios que vas a desarrollar el conocimiento, la percepción, la sensibilidad, el control y la rapidez mental necesarios para disfrutar del Ejercicio 5.

Ejercicio 5: La Armonía Libre

Objetivo: Mejorar continuamente tu capacidad de...

Tocar enteramente desde tu propia imaginación, usando tu oído como tu única referencia.

El agua que se filtra hacia abajo por una ladera nunca se confunde con respecto a qué dirección conduce hacia abajo. No importa cuántos obstáculos se encuentre en el camino, el agua nunca sube sin querer. Guiada por la fuerza constante de la gravedad, el agua fluye pasivamente hacia el centro de gravedad de la tierra.

De la misma manera, en cualquier pieza de música el oído humano siente una atracción constante hacia una nota particular llamada el *centro tonal*. Es esta atracción hacia el centro tonal lo que hace que todas las demás notas suenen como suenan. Las notas que armonizan muy sencillamente con el centro tonal se llaman "notas consonantes", y las que crean conflicto se llaman "notas disonantes".

Usando la teoría musical, podemos hasta predecir qué notas sonarán consonantes o disonantes en cualquier situación musical. Para el improvisador, esto significa que sólo con saber algunas escalas y las reglas sobre cuándo usarlas, es muy fácil improvisar líneas que suenan bastante bien sobre cualquier pieza de música. Por esta razón, la mayoría de los métodos de improvisación se basan casi enteramente en enseñar esta teoría. En otras palabras, la atención de los alumnos se desvía lo antes posible de los sonidos mismos, y se dirige hacia un sistema matemático de reglas y fórmulas. Los estudiantes normalmente no se dan cuenta de este truco por parte de sus profesores, pero piensa por un minuto sobre lo que ha sucedido:

- Tu oído percibe algunos sonidos como agradables y otros como dolorosos.
- Podemos crear reglas que resumen estas percepciones.
- Puedes usar estas reglas para escoger tus notas.

¿Ves lo que se ha perdido en este proceso? ¡Lo que se ha perdido es justamente la cosa sobre la que estamos teorizando! La "teoría" musical (en el sentido limitado en el que estoy usando esta palabra ahora) es una herramienta que te permite predecir cómo el oído humano se sentirá en diferentes situaciones. Pero como probablemente tengas un par de orejas humanas pegadas a tu cabeza, podrías en realidad saltarte toda esta teoría preguntarle directamente al experto. Si quieres saber si una nota es hermosa, lo único que tienes que hacer es escucharla.

Exactamente como el agua que fluye hacia abajo por una ladera, el oído siempre sabe lo que está sintiendo. No necesita ninguna teoría para saber cómo se siente cualquier nota. Además, sus percepciones son demasiado sutiles para etiquetas simplistas como "notas correctas" y "notas incorrectas". El oído humano es muy sensible y tiene una personalidad compleja. Cada nota que oímos contiene mil referencias culturales que son imposibles de explicar con palabras. Incluso en la música más sencilla, nuestras torpes teorías no se acercan ni remotamente a poder contar la historia completa. Es por este motivo que el próximo paso en tu crecimiento como músico es aprender a tocar, a pensar y a crear música enteramente en el mundo de los *sonidos*.

En los Ejercicio del 1 al 4 descubrimos muchos nuevos conceptos que fueron útiles en su momento. Estos conceptos eran solamente metáforas, pero nos ayudaron a darle sentido a la música que oímos o imaginamos. A continuación te presento unos ejemplos de las metáforas que hemos estado usando hasta ahora:

- las "notas del acorde" y las "otras notas"
- el "acorde 1"
- la "tensión" y la "relajación"
- la "nota 3"
- el "ambiente armónico 6D"
- tonalidad "mayor" y "menor"
- un "acorde dominante", un "acorde menor", etc.

En el Ejercicio 5 estos conceptos continuarán sirviéndonos pero de una forma diferente. Es hora de que ellos asuman su papel verdadero, como nada más que metáforas. Ya no estamos preocupados con estudiarlos como cosas concretas. En un momento dado una nota puede sentirse como la nota 2 y luego un momento más tarde la misma nota puede sentirse como la nota 3. Podemos tocar una frase que empieza sonando como menor pero luego cambia a mayor y finalmente termina en un sonido dominante. Los conceptos son útiles todavía pero solamente como sensaciones pasajeras que quizás notemos. Los sonidos en sí no llegan al mundo con etiquetas predefinidas.

Tu entrenamiento musical hasta ahora se ha basado en metáforas de la misma manera que usamos los cuentos de hadas para enseñar conceptos metafóricos a los niños. De niños aprendemos sobre "héroes" y "villanos" pero como adultos entendemos que estos conceptos son simplificaciones absurdas. Cualquiera de nosotros puede comportarse como un héroe en un momento y como un villano al siguiente. No vamos por la vida intentando etiquetar a cada persona como héroe o como villano. Pero estas metáforas fueron una herramienta importante para aprender sobre conceptos abstractos como la justicia, la equidad y la diferencia entre lo correcto y lo incorrecto.

Los ejercicios musicales que has estado practicando hasta ahora son un poco como cuentos de hadas musicales. En los cuentos de hadas encuentras personajes simples y unidimensionales como reyes, dragones y gatos con demasiada curiosidad. En nuestros cuentos de hadas musicales encuentras conceptos muy puros y simples como el acorde 6-. En la vida real no siempre es posible catalogar a cada persona como rey o como dragón. Y en la música no siempre es posible poner etiquetas sencillas a cada sonido.

Por esta razón, en el Ejercicio 5 ya no podemos decir más si estamos improvisando en el acorde 1 o en el acorde 6- o en cualquier otro acorde. Y ya no nos importa. Sólo necesitamos una manera de comprender dónde estamos, y una manera de localizar la siguiente nota que estamos imaginando. Probablemente, tanto la metáfora del acorde 1 como la metáfora del acorde 6- nos vaya igual de bien para expresar la idea musical que estamos imaginando. Pero ninguno de los conceptos es "correcto". Son solamente dos metáforas que están a nuestra disposición, porque hemos trabajado en cada una individualmente y hemos aprendido las lecciones que cada una tenía que enseñarnos.

En el Ejercicio 5 estamos practicando el arte de ver las cosas como realmente son. Es un paso más en tu viaje hacia el interior, hacia el mundo de los sonidos mismos. Las primeras actividades de este capítulo te ayudarán a construir un puente para conectar el trabajo que has hecho hasta ahora con la nueva práctica del Ejercicio 5. Luego hablaremos sobre algunas maneras concretas en las que puedes practicar esta nueva forma de hacer música. Empezaremos nuestro trabajo con una visión actualizada del primer ejercicio en el método IFR, el Ejercicio 1: Terreno.

Terreno Revisitado

Para comenzar oficialmente tu práctica del Ejercicio 5, tu primera tarea es volver a leer el Ejercicio 1 de nuevo. Nota si ahora las palabras tienen un significado diferente para ti, después de todo lo que has aprendido sobre la improvisación y la armonía. Prueba practicar la meditación diaria y observa cómo se siente. Escoge cualquier intervalo que te guste, y realmente tómate tu tiempo con el ejercicio. No pienses que ahora deberías ser capaz de hacer el ejercicio más rápidamente debido a toda la experiencia que tienes tocando intervalos en tu instrumento. La verdadera prueba para saber si has crecido como músico es si ahora eres capaz de hacer la meditación más *despacio*.

Piensa en cómo podrías ampliar el Ejercicio 1 para incluir cualquier frase musical, riff, melodía o figura de acorde que conozcas. Por ejemplo, podrías practicar moviéndote por todo tu instrumento usando cualquiera de estos *dos* movimientos: o el intervalo sencillo de una cuarta o el arpegio entero de un acorde menor séptima. Imagínate subiendo una cuarta, luego otra, luego otra, y luego bajando a través del arpegio de un acorde menor séptima como aprendiste en el ejercicio de Saltar de Roca en Roca.

Es muy importante que practiques estos movimientos arbitrarios porque los improvisadores desarrollamos muy rápidamente una impresionante capacidad para esquivar nuestras áreas de dudas. Siempre hay un millón de maneras de resolver cualquier situación musical, así que es fácil improvisar durante toda la vida sin ver con claridad ciertas cosas. Si te resulta difícil visualizar un movimiento determinado, entonces esta idea musical simplemente no se te ocurrirá cuando estás improvisando. La única forma de eliminar estas lagunas en nuestra comprensión es inventar algún juego que nos *obligue* a enfrentar movimientos que de otra forma no se nos ocurrirían. No tiene porque ocupar una gran parte de tu tiempo, pero tómate unos pocos minutos cada día para jugar libremente con alguna variación del ejercicio Terreno. Si lo encuentras demasiado fácil, es sólo porque no te estás desafiando suficientemente. Oblígate a ejecutar figuras más difíciles que realmente te abran la mente.

También puedes incorporar la improvisación libre en el ejercicio Terreno de una manera muy natural. Por ejemplo, imagínate que estás haciendo la meditación diaria del Ejercicio 1 con el intervalo de una sexta menor, y de repente sientes una inspiración para tocar una melodía particular. ¡Adelante, tócala! Este es un ejercicio tremendo porque es precisamente lo que nos sucede todo el tiempo en la improvisación libre. Te encuentras en alguna parte de tu registro musical cuando de repente tienes una inspiración musical, y debes pensar cuidadosamente cómo tocarla. Toca estas melodías cuando se te ocurran. Luego cuando la melodía haya terminado, puedes usar la última nota de la melodía como el nuevo punto de partida para la meditación diaria usando el intervalo de la sexta menor de nuevo.

Sé juguetón e inventa tus propias formas de fortalecer tu confianza moviéndote por todo tu terreno musical. No pienses en el Ejercicio 1 como una técnica específica sino más bien como una *meditación* personal a la que puedes acceder de muchas maneras. Cada vez que enfoques tu atención en los detalles puramente físicos de moverte por tu terreno musical, estás practicando el Ejercicio 1.

Melodía Revisitada

En el Ejercicio 2 aprendiste a usar un mapa visual de la escala mayor como punto de referencia para hacer la traducción entre los sonidos que imaginas y tu instrumento. Para fortalecer tu consciencia personal de estos sonidos, evitábamos las notas fuera de la escala. Siempre supiste dónde estabas en la escala, y siempre supiste qué nota era el centro tonal. Por ejemplo, en los ejercicios de Siete Mundos, primero elegiste una nota concreta como tu centro tonal y luego improvisaste usando esta nota como el suelo y el techo de tu registro musical. Este ejercicio tan sencillo, repetido a lo largo del tiempo, te ayudó a desarrollar tu consciencia musical de tres formas muy importantes:

- Practicaste los *intervalos* que componen cada uno de los siete modos de la escala mayor.
- Aprendiste a reconocer el *sonido* de cada nota en todos los siete ambientes armónicos.
- Llegaste a conocer y a reconocer la *sensación* general de cada uno de los ambientes armónicos.

En el Ejercicio 5, nuestra manera de estudiar Melodía cambia de dos formas importantes:

1. El mapa tonal que usamos para orientarnos es ahora puramente subjetivo. Puesto que se puede localizar cualquier melodía en cualquier mapa tonal, ahora podemos usar el mapa tonal que queramos. Lo único que importa es que tengamos alguna manera de dar sentido a lo que estamos sintiendo.
2. Siempre consideramos que nuestra paleta musical está compuesta por todas las doce notas de la escala cromática. Sin importar en qué acorde estemos, siempre tenemos la libertad de usar cualquier nota que se nos ocurra.

Por ejemplo, digamos que estás improvisando en un contexto musical sofisticado que tiene muchos sonidos ambiguos y libres. Acabas de tocar la nota D y ahora estás imaginando un nuevo sonido en tu mente que quieres tocar. (El nuevo sonido que estás imaginando es la nota F, pero en nuestro ejemplo tú no lo sabes todavía. Para ti es sólo un sonido, y tu tarea es identificar dónde está localizado este sonido para que puedas tocarlo.)

Si el ambiente musical es muy ambiguo, entonces es difícil predecir qué tono podrías estar sintiendo en ese momento. Miremos algunos ejemplos entre las muchas posibilidades:

> Quizás sientas que acabas de tocar la fundamental del acorde 2-. (En otras palabras, la nota D que acabas de tocar te suena como la nota 2 en el dibujo de abajo.) Cuando imaginas el nuevo sonido (la nota F) en tu mente, *se sentirá* como la nota 4. Subiendo a la nota 4, tocarás correctamente la nota F que estabas imaginando:

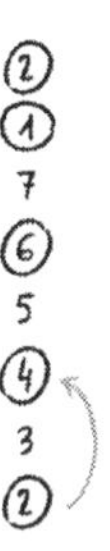

> O quizás estabas sintiendo algo totalmente diferente. Quizás la última nota que tocaste (D) te sonó como la quinta del acorde 4. (En otras palabras, la nota D que acabas de tocar te suena como la nota 1 en el dibujo de abajo.) Cuando imaginas el nuevo sonido en tu mente, *se sentirá* como la nota b3. Subiendo a la nota b3, tocarás correctamente la nota F que estabas imaginando.

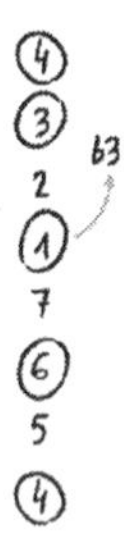

> O quizás sientas que acabas de tocar la cuarta sostenida del acorde 5D. (En otras palabras, la nota D que acabas de tocar te suena como la nota #1 en el dibujo de abajo.) Cuando imaginas el nuevo sonido en tu mente, *se sentirá* como la nota 3. Subiendo a la nota 3, tocarás correctamente la nota F que estabas imaginando.

Podríamos continuar imaginando interminables posibilidades. El caso es que no importa si es "correcta" tu sensación sobre en qué parte del tono estás. El hecho es que *cualquier* forma de sentir dónde estás te dará toda la información que necesitas para tocar la siguiente nota que estás imaginando. En otras palabras, cuando aplicas el mapa tonal a tu propia imaginación, no hay manera de equivocarte. Simplemente aclara lo que estás sintiendo y siempre podrás tocar cualquier nota que imagines.

Dependiendo de tu nivel de comodidad con los siete ambientes armónicos básicos, estos conceptos pueden continuar formando parte de tu pensamiento musical o no. Algunas personas tienen la tendencia natural de pensar en términos de los siete ambientes armónicos básicos. Otras personas gradualmente se alejan del concepto de los siete ambientes armónicos y empiezan a referirse a cualquier centro tonal simplemente como su "nota 1". Cualquiera de estas formas de imaginar las notas está perfectamente bien, siempre y cuando tu modelo mental se corresponda con lo que realmente sientes en tu cuerpo.

Para conseguir este nuevo nivel de libertad, necesitarás convertirte en un experto absoluto en lo que yo llamo "la escala cromática tonal". Con esto quiero decir las doce notas de la escala cromática, en relación con un centro tonal determinado. Ya no puede quedar ninguna duda en tu mente sobre cómo suena cada una de estas notas. En la improvisación libre no puedes contar con estar orientado en una escala para identificar las notas que oyes en tu mente. Tendrás que reconocerlas *instantáneamente* y puramente por su sonido.

La buena noticia es que ya conoces todos estos sonidos íntimamente. Puede que necesites trabajar un poco para aclarar qué sonido es cada uno, pero has estado haciendo música con *todos* estos sonidos desde el Ejercicio 2. Por ejemplo, cuando practicas Siete Mundos y eliges la nota 2 como tu centro tonal, tu improvisación está basada en la siguiente serie de notas:

2 · 3 4 · 5 · 6 · 7 1 · | 2

Probablemente no te diste cuenta en el principio, pero mientras estabas improvisando con este material estabas también conociendo el sonido de dos de las notas que están fuera de la escala mayor. Las dos notas son b3 y b7. Esto es porque, en relación con el centro tonal que estabas sintiendo, las notas que estabas tocando podrían también ser descritas por los números que se muestran a continuación en azul:

1 · 2 b3 · 4 · 5 · 6 b7 · 1

Este es el mismo tipo de análisis que realizamos en el capítulo "Medir distancias" para determinar que el acorde 2 es una acorde menor, pero ahora estamos extendiendo nuestro análisis a la escala entera. Lo que realmente estamos haciendo es analizar este modo en particular de la escala mayor para descubrir la nueva escala que existe en este lugar. Esta observación permite que nos llevemos con nosotros mismos la magia del acorde 2 sin importar a dónde vayamos. Todos esos hermosos sonidos y melodías que descubriste improvisando en el acorde 2 están a tu disposición siempre, independientemente de lo que esté pasando a tu alrededor armónicamente. Lo único que necesitas entender es *dónde* encontrar estos sonidos relativo a cualquier centro tonal que estés sintiendo. Este es el propósito de la escala que se muestra arriba en azul.

Estudiar la conexión entre las dos escalas dibujadas arriba te permite "aprender las lecciones" que cada modo de la escala mayor puede enseñarte. Mirando la escala de arriba dibujada en azul, te das cuenta de que ya eres un experto en el sonido de dos notas que están fuera de la escala: las notas b3 y b7. Para mí, una de las lecciones más lindas del modo 2 es el sonido de la sexta mayor en un acorde menor. (Fíjate que en la escala de arriba dibujada en azul, la nota 3 es bemol pero la nota 6 es natural.) Esta es una combinación única que solo sucede en el modo 2. Para mí, esta es la belleza esencial del modo 2. Pero tú puedes decidir por ti mismo lo que te parece importante y especial en cada modo. Yo solamente quiero que comiences a mirar estos sonidos en un contexto más abstracto, el contexto que se muestra arriba en azul.

Quiero recalcar que *no* estoy sugiriendo que memorices la nueva escala y que busques oportunidades de escupirla en tus solos. No se trata de eso. El nuevo dibujo es simplemente una nueva forma de ver las notas del modo 2. Son las mismas notas pero ahora las estamos viendo desde un punto de vista diferente. El beneficio de estudiar cada modo de esta manera es que eventualmente tendrás un dominio de la octava entera. Cada una de las doce notas de la escala cromática tonal estará llena de significado para ti, porque te recordará todos los modos diferentes en los que aparece este sonido.

Una manera de practicar los nuevos nombres de las notas es volver a los mismos acompañamientos que usaste cuando estudiabas por primera vez el acorde 2-. Quizás usaste una grabación de un piano o un acompañamiento de guitarra que creaste tú mismo, o quizás usaste las "IFR Jam Tracks" que ofrecemos en nuestro sitio web. En todo caso, ahora puedes practicar improvisando sobre estos mismos acompañamientos pensando en los nuevos nombres de las notas que se muestran arriba en azul. Una de las maneras más rápidas y efectivas de aprender a usar este nuevo mapa tonal es con el ejercicio "Cantar el Mapa", pero ahora cantarías los *nuevos* números (1, 2, b3, etc.).

Cuando hayas aprendido a ver el modo 2 de la escala mayor desde los dos diferentes puntos de vista, puedes estudiar los demás ambientes armónicos de la misma manera. El modo 3 de la escala mayor tiene un sonido especialmente interesante porque empieza de inmediato con un semitono:

3 4 · 5 · 6 · 7 1 · 2 · | 3

1 b2 · b3 · 4 · 5 b6 · b7 · | 1

De nuevo, puedes practicar esta nueva visión de las notas usando los mismos acompañamientos que usaste cuando empezaste a estudiar el acorde 3. La única diferencia es que ahora usarás los nuevos números (1, b2, b3, etc.) para pensar en las notas que estás tocando.

El modo 4 de la escala mayor es casi idéntico al modo 1. (El modo 1 es simplemente la escala mayor en su orden original.) La única diferencia entre el modo 4 y el modo 1 es la cuarta sostenida que tiene el modo 4, que le da una sensación aún más ligera que la del modo 1:

4 · 5 · 6 · 7 1 · 2 · 3 | 4

1 · 2 · 3 · #4 5 · 6 · 7 | 1

El modo 5 es también muy similar al modo 1, con solamente una sola nota alterada que es la séptima bemol. Esta escala tiene un sonido que es ligeramente más oscuro que la escala mayor en modo 1. Este es el sonido que caracteriza la mayoría de la música blues, funk y rock.

5 · 6 · 7 1 · 2 · 3 4 · | 5

1 · 2 · 3 4 · 5 · 6 b7 · | 1

Si la escala de arriba te parece familiar, es porque ya la viste en el Ejercicio 4. En ese momento le llamamos el ambiente armónico 1D.

El modo 6 es muy similar al modo 2. La única diferencia es que el modo 6 tiene una sexta bemol donde el modo 2 tiene una sexta natural:

6 · 7 1 · 2 · 3 4 · 5 · | 6

1 · 2 b3 · 4 · 5 b6 · b7 · | 1

Y por último llegamos al modo 7, que tiene el sonido más extraño de todos debido a su quinta bemol:

7 1 · 2 · 3 4 · 5 · 6 · | 7

1 b2 · b3 · 4 b5 · b6 · b7 · | 1

Estos son todos. Como dije antes, no hay ningún nuevo contenido musical aquí. Ya has estado improvisando libremente con todos los siete modos de la escala mayor desde el Ejercicio 2. Tus oídos y tus manos ya están muy acostumbrados a trabajar con este material. Lo que estamos practicando ahora es simplemente un nuevo *punto de vista* desde el que miramos las notas.

Practica esta nueva consciencia usando el ejercicio “Cantar el Mapa” como lo has hecho siempre, pero ahora usando los *nuevos* números. Los nuevos números no reemplazan los números de antes, sino que tenemos que aprender a ver las notas desde *ambos* puntos de vista al mismo tiempo. Puesto que ya eres un experto en el punto de vista tonal (en negro), ahora sólo tienes que dedicar algún tiempo a desarrollar el punto de vista modal (en azul).

Quiero decir otra vez que nuestro trabajo no es simplemente memorizar los siete modos de la escala mayor, ni buscar lugares donde insertarlos en nuestra música improvisada. La razón por la que estamos practicando esta nueva visión es para darnos cuenta de que *ya* conocemos el sonido de todas las notas de la escala cromática tonal. Las muchas horas que has pasado improvisando en los siete ambientes armónicos básicos de la escala mayor ya te han enseñado el sonido de cada una de las notas de la escala cromática tonal:

1 b2 2 b3 3 4 b5 5 b6 6 b7 7 | 1

Y *esta* es realmente la verdadera paleta de colores melódicos que están a tu disposición cuando estás improvisando. Nuestro trabajo en Melodía Revisitada es aprender a orientarnos en esta escala cromática tonal sin importar lo que esté sucediendo a nuestro alrededor.

La Armonía Pura Revisitada

En el capítulo "Los siete ambientes armónicos" definimos los acordes como la fundamental, la 3ª, la 5ª y la 7ª de cualquier escala determinada. Llamamos a estas notas las "notas del acorde" y dejamos a un lado las tres notas restantes de la escala como las "otras notas". De hecho, esto fue una simplificación un poco exagerada. Pero nos fue útil en su momento porque nos permitió empezar a trabajar con los siete ambientes armónicos y llegar a conocer cómo suenan y cómo se sienten.

Ha llegado la hora de incluir estas "otras notas" en nuestra comprensión del acorde. El concepto de un acorde no tiene porque limitarse a sólo cuatro notas. Puede extenderse más allá de la 7ª para incluir la 9ª, la 11ª y la 13ª En realidad estas son simplemente las notas 2, 4 y 6 de la siguiente octava. En total, la verdadera definición teórica del acorde 1 está representada en el siguiente dibujo:

(1)	2	(3)	4	(5)	6	(7)	1	(2)	3	(4)	5	(6)
fund.		3ª		5ª		7ª		9ª		11ª		13ª

De la misma manera que estás aprendiendo a pensar en términos de la escala cromática tonal de doce notas en tu visión actualizada de Melodía, ahora podemos adoptar un punto de vista nuevo hacia las "otras notas" en cada uno de los siete ambientes armónicos. Desde este nuevo punto de vista, no son "otras notas" sino *extensiones* del acorde mismo. En vez de imaginar dos categorías diferentes de notas como aprendimos a hacer en la Armonía Pura, ahora vemos todas las notas como parte de una continuidad, la cual se muestra en el dibujo de arriba.

Tal como te comenté antes sobre los siete modos de la escala mayor, nuestro objetivo no es simplemente buscar lugares en donde insertar las notas 9ª, 11ª y 13ª en tu música. El cambio que nos interesa está en nuestra *consciencia*. No te preocupes por cómo vas a usar estos sonidos en tu música. Sencillamente disfrútalos y deja que penetren profundamente dentro de tu consciencia musical. Confía en que estos sonidos enriquecerán tu imaginación musical, y que todo esto saldrá de forma natural en la música que imaginas.

Deberías investigar las extensiones superiores de los acordes para todos los ambientes armónicos que has visto tanto en la Armonía Pura como en la Armonía Mixta. Pero concéntrate especialmente en los siete ambientes armónicos básicos de la escala mayor porque son el origen de todos los otros sonidos. Vuelve al Ejercicio 3 y piensa en cómo podrías modificar las actividades de ese capítulo para trabajar con los acordes extendidos. Todavía puedes conservar el concepto de las "notas del acorde" y las "otras notas", pero tendrás que ser más sofisticado en tu uso de esta metáfora. Mira de nuevo el dibujo de arriba y fíjate en que a lo largo de las dos octavas todavía se ve el mismo patrón familiar de la alternancia de círculos. Lo que es nuevo es la idea de que la nota 1 puede ser una "nota de acorde" en una octava ¡y una de las "otras notas" en la siguiente octava! Obviamente esta es una contradicción pero no te asustes. Lo que realmente estamos intentando hacer es crecer en nuestra propia capacidad para sentir cada nota como *ambas cosas:* "nota de acorde" u "otra nota" según su uso. Incluso esta afirmación es un poco simplista. Pero creo que verás lo que quiero decir cuando lo pruebes por ti mismo.

Un buen lugar para empezar es el ejercicio "Siete Mundos Expandidos" en el Ejercicio 3. Después de que hayas elegido tu nota de partida y el ambiente armónico que quieres explorar, toca en tu instrumento las siete notas de este ambiente armónico sobre un registro de *dos octavas*. Improvisa durante unos minutos usando todas las notas de la escala en las dos octavas. Luego, improvisa durante unos minutos usando solamente el acorde extendido sobre este registro de dos octavas: la 1ª, 3ª, 5ª, 7ª, 9ª, 11ª y 13ª. Creo que si haces este ejercicio, podrás sentir la 9ª, la 11ª y la 13ª no como "otras notas" sino como extensiones del acorde mismo.

Este concepto puede resultar inquietante porque plantea preguntas teóricas que parecen paradójicas. "¿Cómo puede una nota pertenecer al acorde y también no? ¿Cómo voy a saber cuándo tengo que pensar en la 2ª como si fuera la 9ª?" La respuesta es que ambos conceptos (el de la 2ª y el de la 9ª) son sólo metáforas. Cuando estudiamos las notas 2, 4 y 6 imaginándolas como "otras notas" que no forman parte del acorde, estamos practicando nuestra habilidad de usar estas notas de una forma concreta. Las usamos para crear una tensión que luego vamos a resolver en una de las notas del acorde. Pero cuando las estudiamos como la 9ª, la 11ª y la 13ª, que es decir como extensiones del acorde mismo, estamos practicando otra forma de usar estas notas. Ninguna de estas formas es "correcta". Sólo queremos desarrollar nuestra propia capacidad de ver las notas desde ambos puntos de vista, y por eso practicamos esta consciencia usando Siete Mundos Expandidos de esta nueva manera. Luego, esta comprensión de la doble función de cada nota formará parte de ti y no tendrás que pensar en ella conscientemente. Una vez que hayas aprendido a apreciar las notas de esta nueva manera, esta sensibilidad automáticamente enriquecerá tu música.

En resumen, nuestra práctica actualizada de Armonía Pura incluye los siguientes dos pasos:

1. Vamos a *enfocarnos* en las extensiones superiores de los acordes y vamos a *expandir* nuestra imaginación musical para poder apreciar estas notas como notas del acorde.

2. Nos acordaremos de *soltar* todos estos conceptos a la hora de tocar nuestra música. Cuando estemos improvisando siempre apreciaremos cada sonido *por lo que realmente es* y tocaremos desde nuestra imaginación, sin intentar ponerles etiquetas a las notas que tocamos.

La Armonía Mixta Revisitada

En el Ejercicio 4, te mostré una gran variedad de ambientes armónicos alterados que crean diferentes sonidos y sensaciones. Cuando practicamos la improvisación libre, nuestra atracción hacia un centro tonal determinado es puramente subjetiva. Como consecuencia, muchos de los ambientes armónicos del Ejercicio 4 pueden ser intercambiables, simplificados o incluso eliminados.

Como ejemplo, considera la siguiente progresión de acordes que nos lleva al acorde Dm:

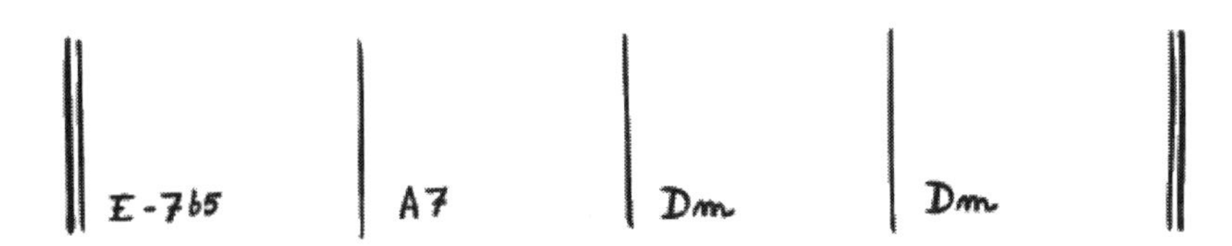

Si encontráramos esta progresión en el tono de F, la reconoceríamos inmediatamente como la progresión hacia el acorde 6-:

7-b5 | 3D | 6- | 6-

En cambio si estuviéramos tocando una canción en el tono de C, entenderíamos la progresión de arriba como el camino hacia el acorde 2-:

3-b5 | 6D | 2- | 2-

Y si estuviéramos tocando una canción en el tono de D mayor, podríamos incluso pensar sobre la progresión de arriba de la siguiente manera:

Cuando estás tocando canciones como los standards de jazz que vimos justo después del Ejercicio 4, estas diferencias son muy importantes. Contrario a la manera en que la mayoría de las escuelas enseñan la improvisación, la verdad es que las tres progresiones de arriba *no* son iguales, aunque todas te lleven a tocar exactamente las mismas notas. Lo que es diferente es tu *orientación tonal*, que es la cosa más importante del mundo para un verdadero improvisador. Los improvisadores no buscamos reglas y atajos para llegar a las "notas correctas". Lo que deseamos es un dominio de la octava, la habilidad de visualizar dónde estamos y cómo localizar cualquier sonido que podamos imaginar. Es por este motivo que tratamos cada progresión de acordes en la Armonía Mixta como algo único y especial que debe ser estudiado independientemente.

Esto sigue siendo la verdad en el Ejercicio 5. Todavía consideramos que cada una de las progresiones de arriba es única y especial. Lo que es nuevo en el Ejercicio 5 es que nuestra percepción de estas progresiones es ahora enteramente *subjetiva*. Como ya no estamos anclados en un tono concreto, podremos sentir cualquiera de las progresiones de arriba (y también muchas otras) en cualquier momento. Nuestra única orientación es nuestro propio oído. Por eso, un complemento natural a tu nuevo enfoque de Melodía es una simplificación en tu uso de la Armonía Mixta.

Como mencioné anteriormente, no todo el mundo piensa en la armonía de la misma manera. Algunas personas se orientan de forma natural en los ambientes armónicos que estudiaste en los Ejercicios 3 y 4, mientras que otras tienden a sentir *cualquier* centro tonal como su "nota 1". En el caso de la progresión hacia Dm mostrada arriba, la persona que tiende a orientarse en la escala mayor probablemente sienta la progresión de arriba como 7-b5, 3D, 6-, mientras que la persona que se suele orientar en la escala cromática tonal probablemente la sienta como 2-b5, 5D, 1-.

En el contexto de la improvisación libre ambas interpretaciones son correctas. De hecho, *cualquier* interpretación es correcta. Incluso podría ser que los acordes de arriba te suenen como la progresión hacia un centro tonal inusual como el 4-. Pero si esto es lo que estás sintiendo entonces está perfectamente bien interpretar los sonidos de esta manera. Como viste anteriormente en nuestra visión actualizada de Melodía, lo único que necesitas para tocar el siguiente sonido que imaginas es alguna manera de orientarte en el tono que *tú* estés sintiendo.

Por lo tanto, nuestra nueva practica en el Ejercicio 5 es aplicar tu conocimiento sobre la Armonía Mixta de una manera más flexible. Cuando estés improvisando libremente, sé atento a las *sensaciones* que descubriste en los ambientes armónicos alterados del Ejercicio 4. A pesar de que ya no estás atado a un tono específico, todavía tendrás estas sensaciones mientras tocas. Y cuando las tengas, podrás aprovecharlas para orientarte en la música usando cualquier concepto de la Armonía Mixta que estés sintiendo en ese momento.

Ejercicio 5: Nuevos Ejercicios en Sentir, Imaginar y Crear

El resto de las actividades en el Ejercicio 5 están organizadas en las tres categorías de habilidades de Sentir, Imaginar y Crear. Obviamente se solapan las tres áreas. Muchas de las siguientes actividades podrían figurar en más de un área. Pero he intentado asociar cada actividad con el área de habilidad que le beneficia más directamente. Así siempre podrás escoger fácilmente una actividad que te permita trabajar en cualquier área de habilidad que te apetezca practicar.

sentir

Sentir se refiere a tu capacidad de reconocer los sonidos que oyes o imaginas. Es lo que te permite orientarte en cualquier tono que estés sintiendo simplemente con escuchar el sonido de la última nota que tocaste. Es también lo que te permite localizar en tu mapa tonal la siguiente nota que estás imaginando.

Escalera Invisible. Este es un ejercicio fascinante que puedes realizar tú solo o con otras personas. Consiste en tocar unas pocas notas al azar en un piano y luego usar tu oído para "rellenar" las notas que faltan. Comienza por tocar un patrón repetitivo en el piano usando solamente tres notas. Puedes elegir las notas que quieras, así que no huyas de las combinaciones extrañas y los sonidos inusuales. Toca un pequeño patrón con estas notas y escúchalo unas cuantas veces. A continuación, canta la nota más aguda de las tres. Partiendo de esta nota, comienza a bajar con tu voz por una escala cantando las notas que se te ocurran de forma natural. Cantar esta escala es como bajar una "escalera invisible" que conecta las tres notas aleatorias que estabas tocando. Casi siempre las notas que imaginas formarán una escala mayor perfecta, y muchas veces esta será la única escala mayor que incluye todas las notas que estabas tocando en el piano. En otras palabras, tu mente musical subconsciente es capaz de instantáneamente imaginar la única escala que contiene las tres notas que estabas tocando. Si no hay ninguna escala mayor que contenga las tres notas que estabas tocando, entonces tu mente subconsciente imaginará la escala en la que las tres notas tengan el mayor "sentido". Esta es una capacidad natural que todas las personas poseen. Si no me crees, prueba este ejercicio con principiantes absolutos o incluso con niños pequeños. Te quedarás asombrado de con cuánta frecuencia completan las notas que faltan con una escala mayor perfecta, ¡incluso aunque no tengan ni idea de lo que es una escala mayor! Todos hacemos esto de forma natural porque la música a la que hemos estado expuestos durante toda nuestra vida ha creado una especie de programación subliminal que hace que nuestro oído intente sentir la escala mayor *todo el tiempo*. Tan pronto como oigas las primeras notas de una pieza de música, tu mente subconsciente automáticamente imagina la escala mayor entera (o el "tono") que contiene estas notas. Este es un ejercicio importante porque te muestra que el tono de la música es subjetivo. La "tonalidad" de hecho ocurre dentro de tu propia mente. Incluso cuando se le presentan tres notas completamente aleatorias, tu mente subconsciente automáticamente rellena la escala con las notas restantes basándose en un tono imaginario. Este tono te suena tan "real" como si estuvieras literalmente oyendo las siete notas en el piano. Practica este ejercicio y aprende a encontrar esta "escalera invisible" dentro de ti. Cuando domines esta técnica, podrás orientarte de oído e improvisar tu propia música incluso sobre los ambientes musicales más sofisticados y extraños.

Figuras de Acorde Ambulantes. Un ejercicio de calentamiento que a menudo practico con mis alumnos consiste en acompañarles con una figura de acorde determinada en el piano (por ejemplo "menor"). Yo toco un acompañamiento en esta figura de acorde mientras el alumno improvisa. Luego periódicamente muevo esta figura de acorde a un nuevo lugar. El alumno entonces tiene que orientarse en el nuevo tono. Es muy importante que el alumno no vaya buscando a tientas las nuevas notas. Recuerda que la pregunta no es, ¿cuál es el nuevo tono? La pregunta es siempre, ¿dónde en el nuevo tono estoy yo? El deber del alumno es quedarse en cualquier nota que él o ella esté tocando cuando cambie el tono. El alumno tiene que *sentir* dónde está localizada esta nota en el nuevo mapa tonal, y sólo entonces puede continuar improvisando en el nuevo tono. Para practicar este ejercicio tú solo, puedes crear estos acompañamientos tú mismo o puedes descargar pistas de acompañamiento de nuestra escuela en línea. Cuando seas capaz de orientarte con facilidad usando una sola figura de acorde ambulante (por ejemplo "menor"), puedes pasar a hacerlo con un acompañamiento más difícil que *mezcla* figuras de acorde diferentes (mayor, dominante, menor y menor b5), además de cambiar la nota fundamental. Esta es una excelente preparación para improvisar libremente sobre música de jazz moderna que conlleva cambios armónicos constantes.

Progresiones Ambulantes. Una extensión de la idea anterior es hacer lo mismo con las progresiones cortas que aprendiste en el Ejercicio 4. Las más importantes son 2-, 5D, 1 (el camino hacia mayor) y 7-b5, 3D, 6- (el camino hacia menor). Por ejemplo, podrías tocar los acordes 2-, 5D, 1 en un tono durante un minuto y luego cambiar a la progresión 7-b5, 3D, 6- en un tono completamente distinto. Sigue cambiando de tono aproximadamente cada minuto, usando tanto la progresión mayor como la menor. Cuando improvises sobre este acompañamiento grabado, recuerda no buscar a tientas el nuevo tono. La clave del ejercicio es quedarte en cualquier nota que estés tocando cuando cambie el tono, y simplemente sentir *dónde* te encuentras en el nuevo mapa tonal. Cuando reconozcas dónde estás en la octava tonal, puedes continuar improvisando en este nuevo tono.

Seguir la Melodía, Revisitado. En el Ejercicio 2 aprendiste a escuchar una grabación y a seguir la melodía para identificar cada nota como una de las siete notas de la escala mayor. En esta versión actualizada, tenemos los mismos dos cambios que vimos anteriormente en Melodía Revisitada. Los dos cambios son que (1) el tono ya no es constante y (2) la nota de la melodía puede ser cualquiera de las doce notas de la escala cromática tonal. Para practicar esta nueva capacidad, es conveniente trabajar con música que sea armónicamente sofisticada pero rítmicamente lenta. Cualquier pieza lenta compuesta por un compositor de música clásica del siglo XX será excelente. Mientras escuchas la música, intenta reconocer cada una de las notas como una de las doce notas de la escala cromática. Cuando cambie el tono, olvídate del viejo tono y oriéntate inmediatamente en el nuevo tono. No te preocupes por llevar un registro de todos los cambios de tono. Simplemente trata de orientarte siempre en el nuevo tono que estás sintiendo *ahora*. Si te quedas atrasado, simplemente pausa la música y aclara lo que estás sintiendo. Con cantar unas pocas notas hacia arriba y hacia abajo en la escala que se te ocurra, deberías poder reconocer dónde estás. El nivel maestría de esta práctica es coger tu instrumento y seguir escuchando la pieza, tocando exactamente lo que toca la melodía o el solista principal, nota por nota. Intenta seguir la melodía, doblándola perfectamente sólo un segundo detrás de ella.

imaginar

Imaginar se refiere a tu capacidad de imaginar sonidos que cuentan una historia significativa. Como improvisadores, siempre buscamos experiencias que puedan contribuir algo a la riqueza y a la profundidad de nuestras ideas musicales. Cuando trabajes en Imaginar, intenta olvidarte de todo el trabajo técnico que hacemos en IFR para poder tocar nuestras ideas en un instrumento. Este es tu momento para trabajar únicamente en cultivar las ideas en sí.

Tocar la Música de Otros. Por fin llegamos al único lugar en todo mi método dónde mencionaré la música de otras personas. En IFR, estudiamos la música de otros de la misma manera que estudiamos las siete notas de la escala mayor. Nuestro único objetivo es *contemplar* estos nuevos sonidos y posibilidades. Nunca estudiamos la música de otras personas con la intención de copiarlas conscientemente o de meter sus ideas en nuestra música de forma forzada. Tocar una pieza de música clásica o una transcripción de un solo de jazz es una forma de mostrar tu respeto por otros músicos. Escuchar y contemplar lo que otras personas tenían que decir demuestra que tienes curiosidad, que eres respetuoso y que tienes la mente abierta. La razón por la que te digo que no copies las frases de otros músicos no es porque yo no quiera que aprendas de ellos. Al contrario, ¡es porque quiero que aprendas de ellos! Lo que pasa es algo similar a cuando estás escuchando a tu sabio abuelo contándote una historia. Si tu atención está puesta en buscar frases que suenen inteligentes, frases que puedes robarle para sonar tan inteligente como él, entonces te estás perdiendo el verdadero tesoro que tu abuelo está intentando darte. Pero si simplemente *escuchas*, si escuchas con paciencia y con la mente abierta y si reflexionas sobre las cosas que te dice, *esta* es la manera de llegar a ser tan sabio como tu abuelo algún día. Es por esta razón que te animo a estudiar composiciones clásicas, arreglos, transcripciones de solos y cualquier otra cosa que encuentres hermosa. Practica estas piezas una y otra vez hasta que puedas tocarlas de memoria. Disfruta cada nota y celebra la bellísima música que ha sido creada por otros. Este es uno de los mayores tesoros de la vida moderna, y es tuyo para disfrutar todo lo que quieras. Pero toca su música con sinceridad y respeto. No abarates esta forma de arte buscando frases impresionantes que puedes robar. Asegúrate de recibir el verdadero regalo que te están ofreciendo, que es la oportunidad de enriquecer tu imaginación musical con sus hermosas ideas. Toca su música sin ni siquiera pensar en cómo la usarás. Confía en que toda la nutrición musical que recibes se reflejará de forma natural en tu propia música.

Cantar Libremente, Revisitado. En esta actividad del Ejercicio 2, te animé a que a veces cantaras música libremente sin hacer ningún intento por orientarte en un tono o ponerle nombre a las notas que cantabas. La versión actualizada de esta práctica es simplemente hacer lo mismo sobre la música más sofisticada que puedas encontrar. Inténtalo con la música jazz contemporánea y con compositores de música clásica del siglo XX como Hindemith, Shostakovich y Bartok. Te parecerá extraño al principio pero no dejes que tu torpeza inicial te desaliente. Tu oído es un absoluto genio musical que puede imaginar melodías bonitas incluso en los ambientes armónicos más difíciles o inusuales. Pero tu imaginación musical no puede desarrollar sus habilidades si no le dejas practicar. Deberías ser igual de paciente con tu imaginación como lo eres con tu técnica física. Puede que necesites practicar cantando libremente sobre música sofisticada cada día durante *años* antes de que realmente empieces a sentirte seguro. Pero consuélate sabiendo que cada minuto que dediques a este tipo de ejercicio hace que tu mente crezca en formas que ni siquiera puedes percibir en el momento. Intenta no obsesionarte por el resultado deseado. Sólo reserva un poco de tiempo cada semana para disfrutar de cantar libremente sobre ambientes musicales complejos, y le estarás dando a tu imaginación musical las experiencias que necesita para crecer.

Memorizar el Sonido. Este último ejercicio consiste en cantar tus melodías favoritas o solos nota por nota. No intentes cantar los números ni pensar en dónde estás en el mapa tonal. Simplemente escucha una grabación de tu solo favorito y trata de cantar junto con el solista. Probablemente no serás capaz de cantar todo el solo entero la primera vez. Lleva mucha práctica cantar un solo entero nota por nota. Pero cuando empieces a cantar junto con el solista, te sorprenderás por la cantidad de nuevos detalles que oyes de repente. Cuando hay una frase que te guste especialmente, detén la grabación y canta la frase en cámara lenta. Aclara el sonido de cada una de las notas hasta que puedas cantar la melodía perfectamente a cualquier tempo. No te preocupes por intentar averiguar cuáles son las notas en tu mapa tonal. Simplemente concéntrate en *memorizar el sonido* y confía en tu propia capacidad para traducir estos sonidos en números cuando se te ocurran durante tus propias improvisaciones.

crear

Crear se refiere a tu capacidad de expresar en tu instrumento el sonido que estás imaginando. Esto significa entender dónde está localizado el sonido en tu mapa tonal (que es parte de *Sentir*) y ser capaz de ejecutar en tu instrumento el intervalo musical necesario.

Estudios Técnicos. Una de las cosas más importantes que puedes hacer para que sea más fácil expresar tu música es desarrollar un alto nivel de dominio físico de tu instrumento. Esto incluye la meditación de Terreno del Ejercicio

1 pero va mucho más allá para incluir todos los aspectos de tu relación física con tu instrumento. Muchos músicos no se dan cuenta hasta qué punto la creatividad y la técnica física están interrelacionadas. Pero tener un alto nivel de control de tu instrumento es absolutamente esencial para el proceso creativo. Si te resulta difícil tocar tu instrumento, entonces tu cerebro tiene que dedicar una enorme cantidad de energía para manejar este proceso físico. Puede que no te des cuenta de ello, pero tu música sufre en todos los sentidos por este gasto de energía. Tu ritmo no es tan preciso, tu sonido no es tan hermoso y tus ideas no son tan brillantes. Pero sería erróneo concluir que tengas un problema con el ritmo o con la creatividad, aunque sean estos los síntomas que estás percibiendo. El problema a menudo está relacionado con tu técnica física. Dicho de otro modo, tocar tu instrumento te está requiriendo demasiada energía cerebral. La única forma de superar este problema es estudiar el aspecto físico de tocar tu instrumento con un excelente profesor. Haz que sea una prioridad para ti estudiar con profundidad los movimientos más básicos involucrados en tocar tu instrumento. Te sorprenderá ver cuánto mejora tu *creatividad* después de solamente unos pocos meses de estudio técnico serio.

Improvisación Libre Sin Acompañamiento. Una excelente práctica diaria para el libre improvisador es simplemente coger tu instrumento una vez al día y, sin hacer ningún tipo de calentamiento, crear una improvisación libre totalmente espontánea a partir de la *primera nota* que toques. Cuenta una historia, y crea un corto poema musical que sea una declaración perfecta de una cosa muy precisa. Quizás te ayude ponerte en contacto con tus propias emociones antes de empezar a tocar. Pausa un momento antes de empezar y aclara lo que estás sintiendo en tu corazón y en tu cuerpo en ese preciso momento. Te contaré un tremendo secreto de la improvisación libre. Es muchísimo más fácil expresar algo que *realmente sientes*. Por lo tanto, tómate un minuto para reflexionar y darte cuenta de los pensamientos y sentimientos que están corriendo por tu mente. Toca todo eso. Sé que conseguirás expresar algo muy profundo y muy sincero con solamente *creer en ti mismo*. Puede que no siempre te encante lo que pudiste crear. Pero como con cualquier otro aspecto de nuestro arte, sé paciente contigo mismo y date la oportunidad de practicar. Si tu sueño es algún día ser capaz de improvisar hermosas composiciones espontáneas para un público, entonces empieza a ensayarlo *ahora*.

Grabaciones del estilo 'Añadir una Parte'. Muchos estudiantes de música jazz están familiarizados con las grabaciones que fueron diseñadas específicamente para practicar la improvisación. Hay cientos de estos productos en el mercado, y algunos son de una calidad excelente. En estas grabaciones, una canción conocida de jazz se toca por un grupo de músicos pero siempre falta una parte, y esta es la parte que pones tú. Por ejemplo, un estudiante de piano puede comprar la versión en la que no hay piano, pero todos los demás instrumentos están presentes. Estas grabaciones generalmente vienen con partituras que te dicen los acordes de cada canción. Puedes convertir estos productos en un fantástico ejercicio de la Armonía Libre simplemente tirando la partitura por la ventana. Esto es lo más cercano que puedes estar de la experiencia de improvisar libremente en un contexto de jazz usando nada más que tu oído para orientarte. Incluso aunque no sientas que tus primeros intentos sean del todo exitosos, te animo a que practiques esto como una parte normal de tu vida musical.

Participar Sin Miedo. Este concepto no es un ejercicio musical tanto como una práctica psicológica, pero es sumamente importante y requiere práctica de verdad. Lo que queremos cultivar es una actitud de seguridad y humildad que nos permite participar en cualquier conversación musical sin preocuparnos por si lo haremos bien. En solitario, esto puede significar coger tu instrumento mientras estás escuchando la radio, y empezar a tocar antes de aclarar los acordes. Con otras personas, puede significar que te ofrezcas para participar en cualquier jam antes de saber el nivel de habilidad de los demás participantes. Los dos actos requieren que te sientas cómodo con la posibilidad de que quizás no siempre toques un solo brillante. Si puedes aceptar esto, entonces realmente estás en el camino. Una vez que hayas echado a un lado tu ego, no hay límite de lo rápidamente que puedes crecer porque la vida siempre nos presenta infinitas oportunidades de aprender. Piensa en la rapidez con la que una persona aprende un nuevo idioma si está viviendo en el país extranjero donde está inmerso en el idioma y debe usarlo para todo lo que hace. Intenta crear una vida musical para ti mismo en la que estés inmerso en el idioma de la improvisación musical. Si participas sin miedo en todas las conversaciones musicales que te ofrece la vida, tu seguridad en ti mismo crecerá tan rápidamente que pronto ni siquiera recordarás por qué te sentías inseguro al principio.

Improvisación Libre Grupal. Obviamente, la mejor preparación para la improvisación libre es la propia improvisación libre. Tómate la iniciativa de invitar a amigos a tu casa para experimentar con la improvisación libre. Incluso una sola persona además que tú es suficiente para brindarte una experiencia creativa y fascinante. Algunos de los momentos más hermosos de música improvisada que he oído en mi vida fueron creados por solamente un dúo. Para las personas interesadas en la improvisación sincera (en la que los músicos realmente se escuchan unos a otros e intentan crear algo juntos), lo que funciona mejor son las pequeñas formaciones como los dúos y tríos. Pero pase lo que pase, siempre aprenderás algo y estas experiencias te harán crecer. Incluso en los días frustrantes en los que te reúnas con alguien y no puedas hacer música para nada, estas pueden ser algunas de las lecciones más valiosas de todas. En ese momento quizás te sientas desanimado porque no entiendes por qué no funcionó. Pero después de que hayas tocado con cientos de músicos, empezarás a ver el patrón y reconocerás los factores que determinan si puedes hacer buena música con una persona o no. La única manera de descubrir todo esto por ti mismo es a través de la experiencia. Por lo tanto, no esperes para comenzar tu carrera como improvisador libre. Empieza hoy y date permiso para aprender mientras avanzas. Recuerda que descubrir lo que *no funciona* es tan importante como descubrir lo que sí funciona.

Resumen

En el Ejercicio 5: La Armonía Libre aprendimos muchas maneras de aplicar nuestras habilidades musicales a un ambiente armónico que es ambiguo o que está en movimiento constante. En este contexto no podemos confiar en un centro tonal constante así que necesitamos incorporar nuestra percepción de la tonalidad en cada nota que toquemos. Los mismos conceptos de la armonía tonal que hemos aprendido en los ejercicios anteriores son igual de relevantes ahora, pero ahora necesitamos aplicar estos conceptos de una forma más subjetiva, basada en lo que sentimos en cada momento. A continuación hay un resumen de los nuevos ejercicios que te ayudarán a desarrollar esta capacidad:

1. Terreno Revisitado
2. Melodía Revisitada
3. La Armonía Pura Revisitada
4. La Armonía Mixta Revisitada
5. Ejercicios de Sentir
    - Escalera Invisible
    - Figuras de Acorde Ambulantes
    - Progresiones Ambulantes
    - Seguir la Melodía, Revisitado
6. Ejercicios de Imaginar
    - Tocar la Música de Otros
    - Cantar Libremente, Revisitado
    - Memorizar el Sonido
7. Ejercicios de Crear
    - Estudios Técnicos
    - Improvisación Libre Sin Acompañamiento
    - Grabaciones del estilo 'Añadir una Parte'
    - Participar Sin Miedo
    - Improvisación Libre Grupal

Como con todos los demás ejercicios en mi método, te invito a que te unas a nuestra escuela de música en línea en www.improviseforreal.com para que hagamos juntos este trabajo. Encontrarás una serie completa de actividades musicales y acompañamientos que te llevarán paso a paso por el camino entero de convertirte en un improvisador libre seguro de ti mismo. A cada paso el material se vuelve sólo un poco más abstracto, para que te puedas mover a tu propio ritmo y ganar confianza mientras avanzas.

El viaje comienza

El Tao que puede llamarse Tao no es el verdadero Tao;

El nombre que se le puede dar no es su verdadero nombre.

Sin nombre es el principio del Cielo y la Tierra;

Lo nombrado no es sino la madre de las diez mil cosas.

- Lao Tzu, China, 550 a.C.

En las artes marciales japonesas, cuando un estudiante alcanza el nivel de cinturón negro gana lo que se llama Shodan, que significa "título de principiante". El viaje no termina ahí. Al contrario, ese es el momento en que el viaje comienza. Ganar el nivel de Shodan significa que has estado expuesto al conjunto completo de ideas, y ahora puedes *comenzar* a estudiar.

Durante el tiempo que has pasado aprendiendo y practicando el método IFR, has ganado tu propio "título de principiante" de algún modo. Has adquirido una compresión personal y profunda de la armonía, has desarrollado un dominio sobre los sonidos de nuestro sistema musical y has aprendido a expresar cualquier idea musical que puedas imaginar en cualquier tono en tu instrumento.

Pero tal como en las artes marciales, tu viaje como improvisador está solamente comenzando. Ahora tienes un conjunto potente de habilidades que te permiten practicar tu arte. Pero tu contribución como artista depende de lo que tú hagas con estas habilidades. En tus momentos de expresión personal, ¿qué es lo que quieres decir? ¿Qué es lo que *necesitas* decir?

Cuando escuchas a los grandes improvisadores, sientes algo en tu alma que no se puede nombrar con palabras. Te sientes superado por una voz poderosa e inmensa que parece contar la historia entera de nuestra experiencia humana compartida. Su música trasciende la armonía, y su mensaje parece infinitamente mayor que las notas individuales que puedan estar tocando.

Este es el misterio eterno de la música. Podemos hablar sobre la música durante toda nuestra vida pero nunca podremos capturar su esencia en palabras. La música, como todo en la naturaleza, pertenece al Sin Nombre. Nuestros intentos de explicarla en palabras o reducirla a técnicas solamente generan más de esas diez mil cosas de las que Lao Tzu escribió hace tanto tiempo.

Esta es la última idea que me gustaría dejarte sobre el tema de la música. Espero que este viaje que comienzas te lleve a un conocimiento más profundo de ti mismo y a una conexión más profunda con las personas que te rodean. Espero que nunca olvides que la verdadera magia de la música no está en las notas. Está en esos poderosos momentos de expresión humana que nos recuerdan el significado y la majestuosidad de esta vida que se nos ha dado.

Sobre el autor

Me llamo David Reed. Quiero darte las gracias por leer mi libro. La verdad es que nunca pensé convertirme en escritor, ni en profesor de música. Nunca quise crear una forma "diferente" de estudiar la armonía. Como la mayoría de músicos de jazz, sólo quería tocar.

Pero durante una gran parte de mi vida me sentía como si estuviera fuera de la música, mirando hacia dentro y viendo algo que no podía comprender del todo. Pasaba incontables horas debajo de un árbol en un parque tocando acordes y melodías sencillas en mi guitarra. Estaba fascinado por los sonidos bonitos y quería oírlos una y otra vez. Pero todo lo que sabía tocar estaba aislado. No tenía ninguna visión global de lo que estaba haciendo, ninguna manera de relacionar los sonidos de una melodía con los sonidos de otra. Por esta razón, tampoco entendía cómo era posible la improvisación musical. Los primeros años que estudié música no podía improvisar nada. La gente me animaba a que simplemente "me dejara llevar" y tocara "lo que me saliera". Pero ¡nunca salió nada!

A pesar de mis limitaciones, yo amaba la música más que a ninguna otra cosa de este mundo. Mi padre era un trompetista de jazz y crecí escuchando discos de Miles Davis, Chet Baker y Billie Holiday. Empecé a tocar la guitarra cuando tenía nueve años. Pocos años más tarde estaba tocando en bandas de rock, cantando en la coral del colegio y ahora también tocando la trompeta. Cuando tenía dieciséis años me ofrecieron un trabajo fijo tocando en un quinteto de jazz. Esa fue una de las mejores experiencias de aprendizaje de toda mi vida. Tocábamos durante cuatro horas seguidas todos los viernes y sábados durante casi dos años mientras todavía estaba en el instituto.

No tengo un título universitario en música. En la universidad estudié diferentes cosas que me interesaban, desde la mecánica cuántica hasta la ficción experimental. Pero no me atraía la idea de ir a una escuela de música. Yo ya tenía una relación muy personal con la música y no me gustaba la idea de que unos profesores universitarios me dijeran cómo se tenía que tocar el jazz.

Pero al mismo tiempo, estaba fascinado por la armonía del jazz y quería comprenderla. Leí todos los libros sobre la teoría de la música que llegaron a mis manos. Transcribí álbumes enteros de Charlie Parker, Chet Baker y Sonny Rollins. Durante un verano me pasé todos los días en la biblioteca musical de la universidad escuchando la discografía completa de Miles Davis, uno tras otro, desde su primer disco hasta el último. Incluso ponía los discos de Ornette Coleman en mi reproductor de CD y lo programaba para que las canciones se repitieran sin parar durante toda la noche porque pensaba que de alguna forma nutririan mi mente mientras dormía.

Mi fascinación con la música luego me llevaría a estudiar y tocar en Nueva York, Los Angeles, Argentina, Brasil, Uruguay, Senegal, Guinea Bissau y España. Fue en Barcelona, España, dónde fue creado realmente mi método. Durante siete años di clases de improvisación musical para todos los instrumentos. Tuve la oportunidad de trabajar con cientos de alumnos con diferentes niveles de capacidad y experiencia musical. Además de darme la oportunidad de explorar modelos alternativos para visualizar la armonía, la experiencia me obligó a reexaminar mis propias creencias y actitudes sobre la improvisación. Todos los descubrimientos importantes que me llevaron a crear este método fueron resultado de este periodo de experimentación en Barcelona.

Otros acontecimientos importantes en mi vida también tuvieron lugar durante el tiempo que pasé en Barcelona. Cambié la afinación de mi guitarra para permitir un enfoque totalmente visual a la armonía, lo que me obligó a volver a aprender a tocar la guitarra desde cero. Empecé a practicar el Aikido, que me ha dado una nueva perspectiva de todos los aspectos de mi vida, particularmente mi música y mi enseñanza. Y el acontecimiento más importante fue que me enamoré de una hermosa violinista llamada Mireia que ahora es mi esposa. Mireia creó todas las ilustraciones que aparecen en este libro.

Me llevó muchos años encontrar todas las piezas de mi propio rompecabezas personal. Hoy en día, la improvisación musical es la mayor fuente de placer en mi vida. Estoy profundamente agradecido por este regalo y estoy muy feliz de poder compartirlo con todas las personas que yo pueda. No pretendo tocar mejor que ningún otro, que eso realmente no me importa mucho. Pero espero que este libro pueda ayudarte de alguna manera a encontrar tu propio placer en la música.

35594562R00146

Made in the USA
Lexington, KY
05 April 2019